本书受兴义民族师范学院
博士科研基金（18XYBS09：问题与对策：英美文学课程设置原则与实践）资助

高中英语文学阅读教学行动研究

何泽　著

Action Research on English Literature Reading
Teaching in Senior High School

WUHAN UNIVERSITY PRESS
武汉大学出版社

图书在版编目(CIP)数据

高中英语文学阅读教学行动研究/何泽著 . —武汉：武汉大学出版社，
2019.9

ISBN 978-7-307-21105-6

Ⅰ.高⋯　Ⅱ.何⋯　Ⅲ.英语—阅读教学—教学研究—高中　Ⅳ.G633.412

中国版本图书馆 CIP 数据核字(2019)第 180019 号

责任编辑:郭　静　　　责任校对:汪欣怡　　　　版式设计:韩闻锦

出版发行：**武汉大学出版社**　（430072　武昌　珞珈山）

（电子邮箱：cbs22@whu.edu.cn　网址：www.wdp.whu.edu.cn）

印刷:北京虎彩文化传播有限公司

开本:787×1092　1/16　印张:14　　字数:321 千字　　插页:1

版次:2019 年 9 月第 1 版　　　2019 年 9 月第 1 次印刷

ISBN 978-7-307-21105-6　　　定价:42.00 元

前　　言

　　英语教育被高度重视同时却低效重复一直是英语教育的一大顽症。如何破解这一顽症，已成为当前英语教学和研究中的紧迫问题。造成这一大顽症的原因聚焦于：英语学习功利化、英语教学工具化、英语教育缺失人文性等。本研究认为：发展学生的英语阅读能力有助于破解英语教学低效重复这一顽症；尤其是将文学阅读作为提高英语阅读能力的核心，它将有助于提升英语语言能力、养成英语思维方式，同时也有助于提升人文素养、陶冶人格品质等。

　　本书主要采用教育行动研究方法，研究问题是高中英语阅读教学中如何采用文学作品以及效果如何，整个行动研究历时近 5 年，研究对象是 N 市两所重点中学 F 中学和 X 中学共 535 名学生。行动研究共分为 3 轮：第一轮是高中英语文学阅读教学的尝试和摸索阶段，主要聚焦于文学阅读的课堂教学；第二轮是调整和改进阶段，主要聚焦于文学阅读的课程建设；第三轮是提升和应用阶段，主要聚焦于复习教学中的文学阅读。除行动研究外，本研究还结合了反思性研究和发展性研究：反思性研究是针对三轮行动研究的总结和反思；发展性研究所探讨的是高中文学阅读的前景及其质量提升问题等方面。

　　本研究结论主要为：

　　1. 通过行动研究，探讨了高中英语文学阅读教学实践的教学策略和教学模式，并提出高中英语文学阅读教学的四种课堂教学模式：任务展示课、综合分析课、读写实践课以及影视表演课。

　　2. 建立了适合校情的高中英语文学阅读教学的课程体系，提出文学阅读课程必修和选修结合的课程框架，并提出"文学圈"阅读模式有利于培养学生的自主学习能力和高阶思维能力。

　　3. 通过调查、访谈、个案研究等方法，论证了高中英语文学阅读的实践能显著提升学生的读写能力和阅读素养，而且它还具有特殊的思想、人文等诸方面的课程价值。

　　本研究的创新之处为：

　　1. 拓展了高中英语课程资源。现行高中英语教材更新速度较慢，内容缺乏经典的完整的文学语篇。本书为课程阅读教学注入了新鲜的血液，有力拓展了现有高中英语课程资源。

　　2. 建构了本土化的阅读教学模式。本书中"文学圈"模式、群文阅读、持续默读等阅读模式在国外文学课教学中已经流行多年，本书借鉴这些理念，建构了适合我国高中生的阅读教学模式，并且在阅读选材和文学阅读教学模式等方面进行了探究性研究，在"外国经验"的本土化进程中实现了自我创新。

3. 探索了学科核心素养的培养机制。本书与国内"核心素养"研究大环境同步，实施文学阅读过程中，尝试把发展学生的核心素养作为英语学科的教学目标，在高中英语文学阅读教学中寻找培养学科核心素养的触发点、关联点和结合点，探索了培养学生的语言能力、思维品质和文化品格的可行路径。

综合来看本书对于改进英语课堂生活质量，提升学生的人文素养，促进学生的精神成长，实现学科育人，从而实现从英语教学到英语教育的转变具有重要的意义。

目　　录

第一章 绪 论

笔者从事英语教学工作已经二十余年了，先后任教过初中、中专、高中等学段，工作过的学校有农村初中、中专①、市区重点高中、全国重点外国语学校等，既见证了农村学子因为地域条件限制缺少英语学习资料甚至由于师资缺乏导致英语课开不足的状况②，也目睹了城市孩子从幼儿园就开始学英语，课外上各种英语辅导班、购买各种辅助设备学英语，甚至参加各种国外游学项目学习英语等现象，但这些年来不管在哪里任教，英语教学基本千篇一律，始终被应试绑架，英语课堂教学大多沦为语法点、知识点的灌输，现在的英语课堂教学和十年前的课堂教学模式基本没有变化，依然还是教师主讲、学生主听的模式。而且从英语学习的内容来看依然陈旧落后，现在采用的英语教材大多还是十年前的教材③。在信息时代，阅读是英语学习中最重要的活动之一，它是传递信息、交流情感、认识大千世界和人生变化的重要途径，但我们学生的阅读被窄化为阅读教材、做阅读理解试题等层面。这种表层的浅阅读以及受信息时代的影响，网络阅读、手机阅读等碎片化阅读都在影响着学习者的阅读质量。不仅如此，在应试教育的压力下，学生课外自由自主的阅读量极其少，有限的学习时间被各种试题和试卷瓜分，由此英语学习中阅读量少而窄的被动局面，必然导致学生视野狭窄，缺乏发自内心的学习兴趣，沦为被动应试的机器。面对这样的现实，作为一名一线教师，笔者对自己所教的学科越来越困惑，英语教学的本原在哪里？英语教学的价值是什么？如何才能使英语教学更加有效？这不仅是一名一线英语教师束手无策的问题，甚至专家、学者们面对这些问题同样是困惑不堪："英语教学是什么？抽象得老师离开教室后不知道他教了点什么，但也很具体，具体得老师每天都得讲一大堆'知识点'，改一大堆作业本，命名一大堆分数。"④正是基于以上困惑，本书从一个一线英语老师的视角，用行动研究的方法，尝试在当前英语教学的教学内容和教学方法方面做出些改进，期望起到抛砖引玉的作用。

---

① 中专是中等专业学校的简称，通常是在九年制义务教育结束后进行，属于高级中等教育范畴，中专重视专业技能的培训，毕业后一般已经掌握了相应的职业技能，步入社会可以胜任某种职业。中专这一概念现在逐渐淘汰，逐渐被我国职业教育所替代，每年为社会提供大量应用型人才。

② 二十年前笔者工作的农村初中由于英语师资缺乏每周只能开设三节外语课，但按大纲规定英语课应该是每周安排五课时。

③ 被广泛采用的人教版的教材是 2007 年版。

④ 葛炳芳. 外语教师的专业成长：阅读教研与行动改进(第二版)[M]. 杭州：浙江大学出版社，2013：3-4.

第一节 研究背景

2019 年两会期间人大代表针对我国的英语教育又发表了引起热议的言论，有的建议高考取消外语，把外语改为选修。据调查，以在校中小学生每天 8 小时的学习时间计算，每个学生有近 20% 的时间花在学习英语上。[①] 中小学生的英语学习大多是以出国留学或者考试为动机的，缺少这些动机后很少有同学主动学习英语，面对如此尴尬的局面，作为英语教育工作者更应该思考怎么去面对这些问题和解决这些问题。

一、英语教育被过度重视却低效重复

目前，中国英语学习者的人数远远超出世界上其他国家，我国小学生从小学三年级就开始学习英语，一些城市的家庭甚至从幼儿园就开始让孩子到各种培训机构去学习英语，高达 47% 的孩子从 3 岁到 6 岁就开始学习英语[②]。而且英语在高考、大学四六级考试、研究生考试、部分职称考试中都是必考科目，但这并没有确保我国公民的英语熟练水平。早在 20 多年前，李岚清就总结我国外语教学存在"费时较多，收效较低"的问题。随着我国政治、经济事业的不断发展，外语水平的高低事关经济发展的速度和改革开放的深入，这种"费时较多，收效较低"的状况有改变吗？英孚教育《英语熟练度指标》报告每年发布一次，为比较不同国家、不同时期的成人英语熟练程度提供了标准化工具。2013 年对 60 多个国家和地区成人的英语熟练度进行了排名，中国属"低熟练度"，与其他亚洲国家相比，中国的英语熟练度也仅高于泰国。[③] 2016 年最新公布的排名中中国排名虽然有所上升，但仍处于低熟练水平徘徊。[④] 可见我们英语教育中"费时较多，收效较低"的状况依然没有改变。

2013 年底，中央文件《中共中央关于全面深化改革若干重大问题的决定》对外语首次提出了社会化考试、一年多考等的改革方向。[⑤] 此后关于外语教育的价值，英语学科教育及评价方式的改革成为人们广泛热议的话题。长期以来，"英语被过度重视""英语学习低龄化""英语影响母语学习""哑巴英语"等针对英语教育的诟病不绝于耳。[⑥] 很多人认为从表面上看，我国英语学习非常热，但这股热潮多半是功利性的。为了考试而学

---

① 李光宇. 建议高考取消英语科目改必修为选修. 中国网. [EB/OL]. [2017-3-4] http：//media. china. com. cn/cmyw/2017-03-04/992011. html.

② 白皎宇. 十问英语[J]. 上海教育，2014 (7A)：29.

③ 白皎宇. 十问英语[J]. 上海教育，2014 (7A)：29.

④ 2016 全球英语熟练度指标出炉上海领跑中国. [EB/OL]. 搜狐网，2016-11-16. http：//mt. sohu. com/20161116/n473300261. shtml.

⑤ 中共中央关于全面深化改革若干重大问题的决定. [EB/OL]. 新华网，2013-11-15. http：// news. xinhuanet. com/2013-11/15/c_118164235. htm.

⑥ 胡俊杰. 理性审视下的英语教育[J]. 上海教育，2014 (7A)：26.

的最终结果大多是花了大力气通过了考试，但实际中还是应用得不好，"真正把英语学得好的顶端人才，尤其是还能熟知两国文化的外语人才在我国仍然稀缺。"①可见英语教育的被重视是功利主义的结果，它并不是一种长期和有远见的教育行为。

二、英语教学中工具论盛行而人文性被漠视

《义务教育英语课程标准(2011 版)》提出英语课程具有工具性和人文性的双重性质的理念。②《普通高中英语课程标准(实验)》(下文简称《课程标准》)明确把培养"文化意识"作为基础教育阶段英语课程的总体目标之一。③ "语言教学要通过体验其他民族的文化，提高文明素养。也就是说，最终目的是要培养一个人"。④ 即将颁布的修订版《高中英语课程标准》中首提核心素养，其中文化品格是核心素养之一。并明确提出高中"英语课程作为一门学习英语语言及其运用的课程，强调对学生语言能力、文化品格、思维品质和学习能力的综合素养，具有工具性和人文性融合的特点"。"高中段开设英语课程，是为学生用英语学习其他学科知识、汲取世界文化精华、传播中国文化创造必要的条件。"⑤语言是文化的载体，学习英语的一个重要目的是学习西方优秀的文化传统、欣赏西方优秀的文学作品并用英语来向世界介绍我国优秀的文化传统或优秀的文学作品，但就拿目前高中学段采用最多的人教社的教材来说，依然是 2007 年版，已经沿用了十多年，而且该教材缺乏经典的完整的文学语篇，从模块一到模块八中只有 *The Million Pound Bank Note* 和 *Pygmalion* 等少数课文涉及文学原著，且以剧本的形式出现，学生接触原汁原味的文学原著的机会少之又少，这在一定程度上影响了学生语言能力和人文素养的提高，也不符合英语课程具有工具性和人文性的双重性质的理念。《课程标准》对阅读能力的八级要求是：学生"能在教师的帮助下欣赏浅显的英语文学作品；除教材外，课外读物量累计达到 30 万词以上"。九级目标指出："学生能阅读一般英文原著，抓住主要情节，了解主要人物。"《课程标准》同时也指出："语言有丰富的文化内涵。在外语教学中，文化是指所学语言国家的历史地理、风土人情、传统习俗、生活方式、文学艺术、行为规范、价值观念等。"可见英文原著阅读是高中英语课程中不可缺少的一部分。

但现行的中小学英语教材大多围绕功能和话题，注重教学内容的工具性，缺乏经典的文学语篇，从而导致中小学教材备受诟病。据统计，现行中小学英语教材有十种之多，这些教材大多是中外专家合作编写的，有的是经引进后适当加以改编的，但无论何种形式的教材"仔细分析不难发现，这些教材话题重叠，理念一致，内容大同小异"⑥。

① 张云龙，王笛. 中国式英语教育引发热议. [EB/OL]. 新华网，2013-3-13. http：//news. xinhuanet. com/edu/2013-03/13/c_124455435. htm.

② 教育部. 义务教育英语课程标准(2011 版)[M]. 北京：人民教育出版社，2012.

③ 教育部. 普通高中英语课程标准(实验)[M]. 北京：人民教育出版社，2003.

④ 夏谷鸣. 以文化为导向的外文特色教育[J]. 英语教师，2014(7)：37.

⑤ 教育部高中课程标准修订组，普通高中英语课程标准(征求意见稿)，2016 年.

⑥ 韩宝成. 关于我国中小学英语教育的思考[J]. 外语教学与研究，2010(4)：301.

有英语教育专家在北京的中小学教师中做过调查，他们用比喻的方式对英语教材做出评价，其答案是："甲骨文、白开水、科研论文、百科全书、遥控器、囚禁、木偶、八股、垃圾桶、大杂烩、导游手册、老人"等，从这些比喻可以看出现行的英语教材"枯燥无味、程式化、不鲜活"。① 如果师生这样评价教学内容，这势必最终导致教得无趣，学得无味，要提高素质教育，只怕"又是竹篮打水一场空"。② 有学者系统分析了我国现行的高中英语教材，得出的结论是：我国高中英语教材在思想内容、语言特点、文化知识和语言学习观等方面存在诸多不足。③ 有学者也比较了目前初中应用率较高的三套英语教材的阅读文章体裁分布情况④（见表1-1），可见就体裁而言都比较注重生活实际，而忽略文学体裁。

表 1-1 三套教材阅读文章体裁分布情况

文体 教材	叙述文体	实用文体	口语文体	文学体裁
A 版	47%	45%	8%	0%
B 版	65%	18%	8%	9%
C 版	37%	39%	12%	12%

二十几年前，许国璋曾对当时的中小学英语课本做过一番评价。他说："中小学十几年，大部分时间用来学习百十篇从几十字到几百字的对话或短文，操练一些四会五会的技术，束缚了孩子的智育发展，忽视了心智健全成长，我们对不起他们。"用许先生的话来评价当今的英语教材亦不过分。⑤ 近年来有关英语教育忽视了心智发展的论述很多，有学者呼吁我国英语教育存在"思辨缺席"症状⑥，可见英语教育要改变"费时低效"的局面必须改进教学内容。

三、英语学习中阅读量少而面窄

《课程标准》总目标中描述高中英语课程应强调用英语获取信息、处理信息等能力⑦，其中语言技能八级目标对于阅读的要求是"能在教师的帮助下欣赏浅显的文学作

---

① 韩宝成. 关于我国中小学英语教育的思考[J]. 外语教学与研究, 2010(4): 301.
② 韩宝成. 关于我国中小学英语教育的思考[J]. 外语教学与研究, 2010(4): 301.
③ 邹为诚. 对我国部分高中英语教材内容的分析性研究[J]. 山东师范大学外国语学院学报（基础英语教育）, 2015(5): 3-11.
④ 熊金霞. 谈英语教材阅读文章的选编[J]. 中小学外语教学（中学篇）, 2010(10): 7-11.
⑤ 韩宝成. 关于我国中小学英语教育的思考[J]. 外语教学与研究, 2010(4): 301.
⑥ 黄源深. 思辨缺席[J]. 外语与外语教学, 1998(7): 1.
⑦ 教育部. 普通高中英语课程标准（实验）[M]. 北京: 人民教育出版社, 2003: 6.

品，除教材外，课外的阅读量要达到 30 万次以上。"①阅读是人类最主要的学习活动和最重要的文化技能，阅读是学习者的主要活动，阅读意味着学习，学习就是阅读。② 同样英语阅读作为高中英语学习的核心，阅读内容、阅读时间和阅读量等会直接影响学生的英语运用能力，但根据《中国日报社》对近 70 万师生的调查显示：在初中阶段，70.3%的学生课外日均阅读时间不到 10 分钟。80.3%的学生课外阅读材料为习题集。而在高中阶段，92.3%的学生课后的阅读量为 15~20 分钟，其中 98.2%的学生课后阅读的是习题集，有读过英文小说的学生不到 10%。③ 而近期《欧洲全日制义务教育年度教学时间建议报告》发布，报告显示，在所有教育学段中，阅读、写作和文学是核心科目，占最大比重的教学时间，特别是在初等教育中占主导地位。④《课程标准》中语言技能九级目标对于阅读的要求中有"能阅读一般的文学原著"，而中小学阅读教学中文学阅读一直被漠视，面对这些鲜活的事实和数据我们一线教师能够做些什么？扪心自问我们是否也是现状的推波助澜者之一，现实常常令我们焦虑不安，难道英语教学就是为了一个冰冷的分数吗？作为一名资深外语教师，笔者每天阅读的也是教材，教师承载着培养下一代的使命，教师不勤于读书，怎么能够提高教书育人的能力，怎么能够培养爱读书的学生？上海市教师学研究会曾经做的调查显示，六成的教师过去一年中的阅读量少于 4 本，86%的教师在过去一年中的期刊杂志订阅低于两本。⑤ 笔者和笔者身边的大多教师何尝不是如此，师生同样面临阅读量不足，阅读范围不广、阅读程度不深的状况如何能够保证外语教学的高效呢？如何能够保证外语教学的育人价值？

第二节 研究问题

任何的研究都是起源于问题的，"科学只能从问题开始"，"科学和知识的增长永远始于问题"。⑥ 作为一名一线的教学工作者，教书育人即是笔者的工作，也是笔者的日常生活，问题自然来源于和笔者工作和生活密切相关的教学生活。

一、初始的研究问题

在开始研究的时候，阐明研究者对问题的思考以及不同时期解决问题的不同对策是研究者的职责，只有明确了研究问题才能为后续的研究奠定基础、指明方向，也才能让读者了解研究的思路变化及价值意蕴。要说研究的初始问题，得从笔者二十多年来英语

① 教育部. 普通高中英语课程标准(实验)[M]. 北京：人民教育出版社，2003：12.
② 曾祥芹，韩雪屏. 国外阅读研究[M]. 郑州：大象出版社，2002：132.
③ 中国中小学生课外英语学习现状[N]. 二十一世纪英语教育，2014-4-1(A3).
④ 李倩雅. 阅读、写作和文学占据课时最大份额[N]. 中国教育报，2016-10-14(05).
⑤ 陈之腾. 教师读书报告[J]. 上海教育，2014(9B)：11.
⑥ 纪树立. 科学知识进化论——波普尔科学哲学选集[M]. 北京：三联书店，1987：184.

教学经历来说，笔者每天身在教育现场，所感受到的中学外语教学仍然是围绕考试来教学的，可以说目前不论是小学、中学还是大学，外语教学的主要形式基本上是课堂为主。课堂教学中大多仍然采纳的是传统讲授法为主。① 毋庸置疑目前外语学习的目的大部分也是围绕考试的，各种升学考试、等级考试、出国留学考试、职称考试等，就拿基础教育的外语教学来说，小学毕业生为了升入当地知名初中而不得不参加各种形式的选拔考试，其中外语是必考的，初中和高中生为了进入理想的高中和大学必须参加中考和高考，其中英语学科是主要学科，而中小学学习外语的方式大多是背记教材内容和课外阅读一些零碎的语言材料，并通过大量的书面练习来完成的，而且90%以上的学校都会选择在初三和高三进行多轮的复习备考②，复习备考的法宝就是做题。也就是说，在初中和高中生活最后一年中，同学们不会再学习什么新内容，大部分时间是用于不同轮次的复习和准备不同类别的模拟考试。③ 这正是本书提到的"费时较多，收效较低"在中小学英语教学中的反映，面对这样的现状，我们一直在思考一线教师如何改变现状并提高中学英语教学的效率呢？带着这样的疑问笔者经常阅读一些有关英语教学的书或者论文来获得启发，其中《外语教育往事谈》④一书中外语教育老前辈都非常重视阅读在外语教学中的重要作用，葛传槼强调"阅读最为先"，许国璋说"只有通过读，你才能获得最大的实践量"，陈冠商认为"大量阅读有助于培养语感"等，黄源深的系列论文也引起了笔者的关注，他多次指出"好的英语是'读'出来"，并批判当前英语教学中的"打勾练习"（multiple choice）⑤。通过一系列的学习和反思笔者逐渐相信老前辈许国璋讲的一个道理："我们是在中国学英语，我们的老师也大多是中国人，在中国缺少外语交际的环境，有这些条件的限制，要选择一种有效的学习方法，所谓的外语学习方法不外乎听、说、读、写，如果单纯想依靠大量的听说来提高语言能力是缺乏语言环境的，所以只有通过读，才能尝到外语学习的甜头，读，给你一个崭新的世界。"⑥基于多年的教学实践和学习反思笔者认为除了读以外，基于阅读适量的写也是英语学习的有效方法，所以笔者最初假设高中英语只有通过大量的阅读，并基于读的输入的基础上适量的写才是提高英语教学效率的有效途径(多年后印证当年笔者假设的读写结合的教学模式在浙江新高考中就是写作的新题型⑦)，但高中生应该阅读什么呢？2007年笔者带着疑惑来到杭州师范大学攻读硕士学位，笔者的硕士论文的选题是"如何提高高中英语阅读教学的有效性"。其间本人到上海、南京、杭州等地学习，还去了很多名校如华东师大二附

① 束定芳. 外语教学改革：问题和对策[M]. 上海：上海外语教育出版社，2004：6.
② 通常是三轮复习，第一轮是围绕教材按模块进行基础知识的复习，第二轮是围绕语法项目的专题复习，第三轮是综合模拟卷的训练。
③ 束定芳. 外语教学改革：问题和对策[M]. 上海：上海外语教育出版社，2004：5.
④ 季羡林等. 外语教育往事谈[M]. 上海：上海外语教育出版社，1988.
⑤ 黄源深. "好的英语是'读'出来的"[J]. 外语界，2006：63-66.
⑥ 许国璋. 1987年5月在全国优秀青年外语教师座谈会上的讲话[A]. 胡春洞. 英语学习论[M]. 南宁：广西教育出版社，1988：37.
⑦ 教育部. 普通高等学校招生全国统一考试英语科考试说明(高考综合改革试验省份试用. 第一版)[M]. 北京：高等教育出版社，2015.

中、南京外国语学校、南京金陵中学、杭州外国语学校等地去现场听课。笔者发现一个共同的现象：这些学校语言学习的材料很丰富，除了统编教材①，还有一些引进版教材，课外还补充阅读各种英文报纸、杂志。所以笔者从 2009 学年起也决定让学生课外阅读英文报纸、杂志，并建议学生们课外自主阅读，做好阅读摘抄笔记，每周撰写一篇阅读周记，学期末的时候挑选优秀的周记编写一本优秀作文集，分发给同学作为纪念。课外阅读英文报刊和杂志并撰写英文周记成为笔者英语教学中的一个特色，并且持续了两个学年。这期间共编写了 3 本作文集，分别取名为 New Journal、New Challenge、New Youth，这一举动得到了家长和同行的赞许，这里把 New Youth 这本优秀作文集中外教和家长写的序言摘录如下：

> Reading your writings, my own emotions welled up unexpectedly at the sincerity of Mr. Xiao. He's admiration and affection for his students. This academic year I, too, have taught the same students. To them I wish to say, how I envy you your teacher! His commitment to the craft of education is surpassed only by his commitment to you. (Justin Berg)
>
> After my reading your passages, it is so good to feel that all of you have individual thinking—you have your own opinions about movies and novels; you have kindly hearts to help people actively; you like nature, like to climb the mountains and know to cherish our environment. I can feel that you are optimistic, active, lively, hard-studying, and the most important, you are full of enthusiasm for lives.

这些赞许暂时掩盖了职业倦怠产生的松懈和麻木，它成为笔者职业生涯中的一剂缓解良药，这段时间里我对"大量阅读、读写结合"等教学理念深信不疑，笔者也立志在今后的教学生涯中进一步从事阅读教学的研究。有了研究的方向笔者的内心也慢慢平静了，但暂时的平衡和安静总有一天会被击溃的，因为生活中总是充满更多的新奇和美好。

二、研究问题的变更

这份新奇和美好发生在 2012 年 5 月 22 日周二，它促成了笔者对研究问题的进一步思考，这是一个普通的工作日，那天我校(以下称 X 中学)首次举办国际部外教课程开放日，X 中学国际部是我市(以下称 N 市)第一家引进 IB 国际文凭课程班②的学校，国际部的主干课程全部是外教用英文授课的，教材也是原版引进的，带着好奇和仰慕的心

---

① 统编教材有不同版本，比如江苏省大多采用译林牛津版，而浙江大多数地区采用人教版。

② IB 即国际文凭组织 IBO(International Baccalaureate Organisation)，为全球学生开设从幼儿园到大学预科的课程，为 3~19 岁的学生提供智力、情感、个人发展，社会技能等方面的教育，使其获得学习，工作以及生存于世的各项能力。IBO 成立于 1968 年,迄今为止遍布 100 多个国家。

态笔者当天连续听了两节英语文学课，两节课居然都是让学生读英文原著，第一节是国际部学术校长 Richard 先生的课，他让学生读的是 *Tuesdays With Morrie*，笔者读过这本书的中文版本，当时影响深的是这本书的序言是余秋雨先生写的，中文版本对笔者触动并不大，类似于心灵鸡汤的故事，故事的内容是一个临终的老教师给自己最得意的学生上的最后的十四堂人生课。当时上课的内容是 *The Eighth Tuesday：We Talk About Money*。金钱这个话题也没什么特别的，但 Richard 时而联系生活生动活泼的诠释，时而让学生分组讨论、朗读重点语句等形式让笔者激动不已，原来阅读课可以选择这些材料(这些学生进入高中不久，是高一的学生)，阅读课的内涵可以变得这么丰富，学生反复朗读的书中有关金钱的箴言式语言在笔者耳边一直回想：Wherever I went in my life, I met people wanting to gobble up something new. Gobble up a new car. Gobble up a new piece of property…；Devote yourself to loving others, …devote yourself to creating something that gives you purpose and meaning…；另一堂课更让我目瞪口呆，这堂课是学生读完《罗密欧与朱丽叶》后，外教 Peter 和学生一起分析整部作品，第一次在中学课堂里接触到大学文学课里才接触到的术语，诸如：narrator(叙事者)、point of view(视角)、tone(语气)、setting(场景)、major conflict(主要冲突)、rising action(起势)、climax(高潮)、motifs(主题)、figure of speech(修辞)等。特别是分析修辞时，一个 metaphor(隐喻)的例子让笔者终生难忘，"You are my sun"是罗密欧的一句话，他将朱丽叶比作太阳，这么简单的三个英文单词，但通过 Peter 和同学们的共同分析，笔者明白了这是一个隐喻，它有很多层意思，比如，朱丽叶像太阳一样给予温暖和光明，像太阳一样唯一等。这么简单平白的三个单词在文学作品中竟然充满内涵和意蕴，这在枯燥的练习中怎么能够体会得到呢？这两堂课简直是惊醒了梦中人，笔者一直困惑的教和学，难道这不就是答案吗？N 市作为沿海开放城市，N 市的英语教育不管是在教育理念和教学方法上，一直走在全省甚至全国的前列。近几年随着 N 市改革开放事业的进一步发展，人们经济、文化生活水平的大幅提高，人们对优质教育的需求越来越强烈，近年来 N 市高中相继引进国外的优质教育资源(如 X 中学的国际文凭课程，F 学校的 AP 课程等)以及大批学生选择出国留学，这从另一方面也说明人们对现行教育状况的不满足，为了满足广大人民对教育新的需求，特别是对国外优质教育资源的需求，我们的英语课堂教学承担的责任更加重大，我们的英语课堂应该率先引进国外优质的教育资源，而英语文学名著就是优质的语言学习的重要资源。

而且笔者任教的 X 中学有良好的英语教学传统，近年来在英语教学中先后引进国外原版教材《环球英语》、《联想英语》、《3L 英语》等，但这些教育资源大多是以教材文本的形式出现，随着时代的发展，学生英语水平的提高，我们的英语课堂引进英文名著的时机也已经成熟。

阅读文学作品，在文学作品中学习语言和感受语言的魅力！文学作品的语言既生动又真实，重视阅读教学但为什么就不能给学生提供更加鲜活的、整体而非零碎的阅读材料呢？带着这样的惊喜笔者查阅了大量的相关文献，并认识到近几十年来，中小学外语教育经历了从"文"到"语"的演化，这种演化的结果是语言的工具性得到了强化，却大大削弱了人文性。一项调查表明，我们中小学英语教育远离文学阅读，文学教育几乎是一个空白地带，对文学阅读感兴趣的学生凤毛麟角，阅读量更是少得惊人。① 而在外语教育史上，文学阅读是我国早期外语教学的优良传统。中华人民共和国成立前初中外语教学常把文学名著作为教材或补充读物，高中英语教学中也常采用一种文选或一种名著。② 近些年来，国内学者对加强英语文学阅读教学的呼声越来越高，国内著名学者如胡春洞、黄源深、黄远振、王初明等都呼吁在英语教学中要加强文学阅读教学，胡春洞认为"离开文学的英语学习路线是一种实用主义哲学思想为主导的路线，是近视而无远见的路线，是抄近路而反绕远的路线"。③ 黄源深呼吁开展文学阅读，培养学生的思维能力。④ 黄远振认为无论是培养阅读习惯、增强语感和思维能力还是人文素养，文学阅读都是有效途径。⑤ 王初明认为英语学习者读英文小说帮助很大，读英文长篇小说帮助更大，一部长篇小说会反复出现某些词语和句型，作品越长，其复现率就越高，从而不仅提供了依赖于文字创造、促进外语学习必不可少的丰富情境语境，而且还为加速掌握外语语言结构提供了高效平台。⑥ 而且近年来在基础教育界英语教学实践中越来越多的老师尝试文学阅读教学。⑦ 通过这些理论的学习笔者认为在基础教育英语教学中文学阅读教学的相关研究仍然比较薄弱，实践更是个别行为，而且实践主要集中在文学阅读教学在选修课中的尝试，文学阅读的选材也大多集中于美文或者少量的短篇小说，实践的时间也多是短期的，在高中英语阅读教学中长期、系统地采用整本文学作品进行阅读教学的行动研究仍是空白，而语文教学中阅读的理论研究和实践值得我们学习和借鉴，虽然语文是我们的母语，但同属语言在学习的规律上还是相通的，语文教育前辈叶圣陶在20世纪40年代就提出要读"整本的书"，那是因为在他看来——"单篇短章"的教材"将会使学生眼花缭乱，心志不专，仿佛走进热闹的都市，看见许多东西，可是一样也没有看清楚"。"并且，读惯了单篇短章，老是局促在小规模的范围之中，魄力就不大了；等遇到规模较大的东西，就说是两百页的一本小书吧，将会感到不容易对付。"而以"整本的书"为教材，虽然在短短数年间读不了几部，但"心志可以专一，讨究可以彻底"。⑧ 语文阅读教学中整本书阅读已经写进了课程标准，"要重视培养学生广泛的阅读兴趣，扩大知识面，增加阅读量，提高阅读品位。提倡少做题，多读书，好读书，读好书，读整本书"。⑨ 很多语文教学名家在教学实践中实践阅读教学的研究，如李希贵

---

① 柯安利. 中小学英语也要重视文学阅读[N]. 光明日报，2007-7-18(10).

② 付克. 中国外语教育史[M]. 上海：上海外语教育出版社，1986：83-217.

③ 胡春洞. 英语学习论[M]. 南宁：广西教育出版社，1996：41.

④ 黄源深. 多读多写——英语学习谈[J]. 外国语，2002(6)：13-17

⑤ 黄远振，兰春寿，黄睿. 英语文学体验阅读READ教学模式构建研究[J]. 外语界，2013(1)：11-19

⑥ 王初明. 学相随用相伴——外语学习的学伴用随原则[J]. 中国外语，2009(5)：53-59.

⑦ 黄瑞贤. 基于学生体验的高中英语文学阅读导读[J]. 中小学外语教学(中学篇)，2015(6)：34-37.

⑧ 叶圣陶. 叶圣陶语文教育论集[M]. 北京：教育科学出版社，2015：81-82.

⑨ 教育部. 义务教育语文课程标准(2011版)[M]. 北京：北京范大学出版社，2012.

倡导的海量阅读①，吴泓的专题阅读②，倪江的自由阅读③等成熟的实践都值得我们英语阅读教学借鉴和学习。正是基于以上的思考、对前期文献的梳理和对当地的教学条件的综合考虑，笔者决定开始高中英语文学阅读研究之旅，但和前期英语文学阅读的研究比较，本书有以下几点不同：首先，本书不是一堂文学阅读课的尝试，也不单纯是文学阅读选修课的尝试，而是一项系统工程，它既包括文学阅读选修课，也包括文学阅读必修课；文学阅读教学既嵌入日常阅读教学，也辅助高三复习教学，所以该文学阅读行动研究涵盖整个高中教学段。其次，这项研究持续时间长，在两所学校已经持续近5年，三轮行动研究循环往复，不断提升，并建立了系统的文学阅读课程体系。再次，本书借鉴语文阅读教学的理念，采用整本书作为文学阅读的素材，整本书既有原著，也有简写本。所以本研究的问题确定为：高中英语阅读教学中如何长期、系统地进行文学阅读教学以及效果如何？围绕这一核心问题，可分解为以下几个子问题：

　　子问题1：高中英语阅读教学中如何更有效实践文学阅读教学？

　　子问题2：如何建立高中英语文学阅读的课程体系？

　　子问题3：高中英语文学阅读的教学的效果如何？

　　子问题4：高中英语文学阅读教学中的问题及如何改进？

　　针对以上问题，已有的研究认为高中英语的文学阅读是可行的，并提出了一些教学模式④，首先，本书假设在高中阶段可以采用整本文学作品甚至原著作为教学内容，那么就可以通过长期的行动研究探讨高中文学阅读有效的课堂教学模式和教学策略。其次，假设在整个高中三年英语教学中践行文学阅读教学，必须建立科学的课程体系，课程体系应该满足不同同学的需求。再次，本书正处于学科核心素养制订之时，在此期间进行文学阅读还能培养学生良好的阅读习惯，提升阅读素养，当然文学阅读的教学肯定存在一些困难，比如选材、教学模式等，如何改进和提升文学阅读的效果，这也是本书要研究的内容之一。

　　确定好研究问题和假设后，笔者当时正被指派到某所外国语学校新成立的高中部支教(以下简称F中学)。F中学是我市最好的初中之一，高中部的成立必将吸收大量初中的优质生源，而且该校是当地以市命名的唯一一所外国语特色公办学校，是我市教育国际化的窗口，而高中部的几位英语教师都是刚入职的新教师，笔者支教面临着双重任务：帮带新教师和建立适合外国语学校的高中外语特色课程体系的双重任务，文学阅读教学研究之旅就机缘巧合地从F中学开始了，这项研究迄今已经近5年了，先后在N市的两所重点(F中学和X中学)高中进行，参加实验的学生共535人⑤。本书就是本研究的成果之一。

①　李希贵.中学语文教改实验研究——语文实验室计划[M].北京：人民教育出版社，2012.

②　吴泓.专题百问：教学实施中的行与思[M].北京：北京师范大学出版社，2015.

③　倪江.理想语文——自由阅读与教学[M].南京：江苏凤凰科学基础出版社，2013.

④　见文献综述部分。

⑤　这535人只包括文学阅读必修课班级的人数，选修课因为每学期选课人数都在变动，并没有统计在内。

三、高中文学阅读教学研究的重要性

随着基础教育改革的不断深入，学生人文素养的培养也越来越受到关注，英语文学作品因其蕴含着丰富的文化内涵和具有饱满的情感体验而理应成为基础外语教育阅读教学的重要资源。特别是近些年来，随着人们对语言学研究的不断深入，文学又开始逐步回到中学英语课堂教学中来。《课程标准》中对高中毕业生的阅读能力(八级和九级)都提出了具体的文学作品的阅读要求。八级中要求能在教师的帮助下欣赏浅显的文学作品；九级中的要求是能够阅读简单的英文原著。而在实际阅读教学中学生阅读应试化、碎片化现象严重，阅读的内容少而面窄，学生缺少良好的阅读习惯，自主阅读的愿望不强烈，要改变这些弊端就要注重选材，注重激发学生的阅读欲望，改变阅读教学的方式，让阅读成为学生的自主行为，而文学作品充满情节、情感和丰富的主题内涵，在青少年中注重文学作品的阅读近年来在教育界中也成为共识。

高中阶段的学生语言和思维能力快速发展，也是世界观和价值观形成的关键时期，在高中英语阅读教学中，如果能充分发挥文学作品的教学功能，学生不仅能够理解作品，发展自己的图式知识(语言知识、历史知识及文化知识等)，而且在具体的教学实践中，文学语言的精巧优美可以让学生在真实的语境中感受到语言的魅力，还能培养学生语言学习能力和分析问题、解决问题的能力。可见，英语文学作品是英语教学中重要的教学资源，它具有特殊的课程价值，在英语课堂教学中，将文学作品阅读融入语言教学中，学生不仅可以利用英语文学作品来扩大词汇量，学习和掌握语言结构和语言特点，提高学生的英语表达能力，另一方面学生还通过阅读英语文学作品学习和了解英美文化传统、社会政治和经济制度等背景知识及作品的写作风格和思想内涵，提高他们的文学素养和人文素质。

高中英语文学阅读对于拓展英语学科的育人价值也具有不可比拟的作用，英语教育的价值正在转向多元，学科育人价值已经得到广泛的认可，文学阅读作为一种特殊的载体在丰富读者的精神生活、培养健全的人格、树立积极的人生观、价值观方面都具有积极的作用。通过对高中英语文学阅读的教学实践，拓展英语学科的育人价值，践行基础教育立德树人的教育理念具有重要的意义。

从研究意义上看，首先，本研究对教师更准确把握新课标的内涵，并正确地把它应用到英语教学实践中具有一定的理论指导意义。即将颁布的《课程标准》对高中英语的课程性质的描述是：英语课程作为一门学习英语语言及其运用的课程，强调对学生语言能力、文化品格、思维品质和学习能力的综合培养，具有工具性和人文性融和统一的特点。可见新课标强调了高中英语教学的"人文性"特征。对这一理念的准确把握可以促进教师在英语教学中有意识地引进一些好的文学作品，拓展学生的思维，从而达到提高学生的文化修养和人文素质。其次，本研究有利于丰富基础教育中英语文学教学的理论研究，随着人们对文学教学的关注，近年来不少学校虽然开始重视英语文学教学，但缺乏相关理论指导，从现有文献来看，迄今为止还没有博士论文是研究中小学英文文学阅读教学的，希望本研究能起到抛砖引玉的作用，

从而推动中学英语文学阅读教学相关理论的研究。而且，本研究对课外阅读课程的拓展也起到了理论指导的作用，如对文学阅读课程或文学选修课的开展具有一定的理论导向和指导意义。

第三节　研究设计

本书研究的是文学阅读教学在高中英语阅读教学中的实践应用，在介绍本研究前，笔者首先从宏观上介绍本研究的设计，内容包括研究的概念和方法、研究对象和过程、资料的收集和处理、研究思路和论文结构。

一、概念界定和研究方法

概念是反映对象的特有属性的思维方式。人们通过实践、从对象的许多属性中，抽出其特有属性概括而成。① 对本研究中核心概念的界定是为了使研究领域更加聚焦，问题界定更加明晰。本研究的核心概念有文学、阅读以及行动研究等。

(一)核心概念的界定

1. 文学的概念

何为文学？这个看似寻常的提问着实令古往今来的文学理论家们绞尽脑汁。文学是如此感性、微妙、幽深、神秘，似乎哪种谨严而深刻的言说都穷尽不了文学的"所指"，企望以一种科学的定义来澄清文学内外的种种关系很可能是一种徒劳。② 尽管定义"文学"是如此之难，但人们一直在努力尝试明确其内涵和外延，并力求求得共识。在英语中文学一词是 literature，《牛津高阶英汉双解词典》的解释是 Pieces of writing that are valued as works of art, especially novels, plays and poems(in contrast to technical books and newspapers, magazines, etc.)③. 该定义强调文学包括小说、戏剧和诗歌等艺术形式，是科技类的书、报纸、杂志等的对应形式。著名的文学理论家童庆炳先生曾提出了三种文学定义的方式：广义的文学视文学为文化；狭义的文学指当下通行的文学，即包含情感、虚构和想像等综合因素的语言艺术行为和作品，如诗、小说、散文等；折中义文学指介于广义文学与狭义文学之间而难以归类的口头或书面作品。④ 根据上述定义，本书研究的文学阅读是指狭义的文学，并且主要是指英文小说阅读的研究。

① 夏征农，陈至立主编. 辞海(第六版缩印本)[M]. 上海：上海辞书出版社，2010：551.
② 黄耀红. 百年中小学文学教育史论[M]. 长沙：湖南师范大学出版社，2008：40.
③ [英]霍恩比. 牛津高阶英汉双解词典(第八版)[M]. 赵翠莲，邹晓玲译. 北京：商务印书馆，2014：1217.
④ 童庆炳. 文学理论教程[M]. 北京：高等教育出版社，1992：50.

2. 阅读的定义

阅读的过程我们无法观察到，所以要对阅读下准确的定义是很困难的，不同的时代、不同的研究者对阅读的定义也各不相同，以下是几种常见的对阅读的定义。

阅读是一种人们通过对一切书面语言的视觉接受而获得信息和意义理解的心理过程和实践活动。①

阅读是人们日常生活不可或缺的一项活动，读书、看报、欣赏散文和诗歌等，然而，人们对阅读的了解非常有限，因为阅读是人们大脑中快速发生的一种认知活动。②

有学者认为阅读是心智活动，认为"阅读是一种积极的思维活动，在阅读过程中，读者需要同时使用它所具备的各种能力积极参与活动"③。这些能力尤其包括对所学语言国家的社会和文化背景知识的掌握、对所读材料的熟悉程度、个人的生活经验和基本生活常识及逻辑知识等已有的知识结构的综合。也有学者认为阅读是心理过程，根据这一观点，阅读是读者通过把文本与自己已有的知识联系起来从而理解文本的"意义构建体系"。④ 阅读的心理学观点主要从阅读过程这个角度给阅读下的定义，既强调阅读是译码的过程，也强调阅读是意义的获得。也有学者认为从语言学角度给阅读下定义，著名的心理语言学家 Goodman 认为阅读是一个"语言心理的猜测过程"。他认为读者在阅读时需要理解三种信息：一种是文字表层的理解；一种是语义层面的信息；还有一种则是句法层面上的理解。⑤ 国内学者张必隐汲取了西方学者的观点并加以融合，提出"阅读是从书面材料中获得信息，是对词语、句子、段落甚至是整个文本的理解的过程，也是影响其非智力因素的过程"。⑥

综上所述，阅读是从书面材料中获取信息的过程，是读者和文本之间进行互动的有意识的思维过程，是一种十分复杂的认识过程。本研究中的文学阅读是阅读的一部分，它是一种特别的内容形式，进行文学阅读也要求读者具备一定的文化背景知识，因为无论运用哪种语言书写的文学作品，都包含着该语言民族深厚的文化和习俗作为书面文章的背景。

3. 行动研究的定义

行动研究源于国外，关于"行动研究"国内外学者给出了不同的定义，其中有代表性的有：Lewin 提出的定义为：行动研究是将科学研究者与实际工作者之智慧与能力结

---

① 中国大百科全书(教育卷)[M]. 北京：中国大百科全书出版社，1985：505.

② Harris, A. J. & Sipay, E. R. How to Increase Reading Ability[M]. New York：Longman, 1990.

③ Wardhaugh. R. Reading：a linguistic perspective[M]. Cambridge：Harcourt, Brace and World, 1969.

④ Bernhardt. E. Proficient texts or proficient readers？[J]. AdFl Bulletin, 1986 (18/1)：25-28.

⑤ Goodman. K. S. Reading：A psycholinguistic guessing game[J]. Journal of the Reading Specialist, 1967 (6/1)：126-135.

⑥ 张必隐. 阅读心理学[M]. 北京：北京师范大学出版社，1992：4.

合起来，以解决某一事实的一种方法。并提出"为行动研究，由行动者研究，在行动中研究"。是行动研究的基本特征。① 澳大利亚学者 Stephen Kemmis 和 Robin Mc Taggart 认为行动研究是一种自我反思的方式，社会工作者和教育工作者可通过反思来提高对自身所从事的社会或教育事业的理性认识和评价，对自身的工作过程和工作环境作出理性认识和正确评价。② 英国学者 John Elliott 认为行动研究是对社会情境（包括教育情境）的研究，是从改善社会情境中行动质量的角度来进行研究的一种研究取向。③ 英国学者 Wilfred Carr 与澳大利亚学者 Stephen Kemmis 将行动研究定义为由实践者作为研究者展开的自我反思性探索，旨在提升其对自己教学实践和教学环境的理解，增强其自身社会和教育行为的合理性与正当性。④

综上可以看出行动研究的基本特点是行动和研究的结合，在实践中探索改进教学的新观点和新方法。教师行动研究在中国教育实践领域和教育理论界越来越受到重视，主要是因为其在一定程度上解决了教育理论脱离教育实践的问题，并被当成教师专业化发展，推动课堂改革的一种有效途径。⑤

（二）研究方法

本研究主要采用行动研究的方法，教学行动研究的目的是改进教学，笔者是教学的直接参与者和实施者，本人作为研究的工具，尝试在自然的情境下采取多种资料收集的方法对社会现象进行探究，使用归纳法分析资料和形成理论，通过与研究对象互动对其行为和意义建构获得解释性理解的一种活动。⑥ 在整个研究过程中笔者通过课堂教学实践、课堂观察、师生访谈、教学日记、自我反思等所收集的数据和信息进行分析研究。除行动研究方法外，本研究还辅助采用文献法、经验总结法、个案研究等方法，文献研究法是根据国内外研究的动态，借鉴已有的研究成果和经验教训，梳理英文名著在英语教学中的可行性、有效性和具体的应用模式从而探索适合自己的学生的教学模式。经验总结法具体是指及时积累研究案例，在反思中不断提升自己的经验，总结筛选出研究中的具体做法从而更加有效地指导今后的实践。个案研究法主要是针对课堂教学中表现比较典型的个体作为研究样本，以点带面，对他们的成功经验进行深入的研究，为今后的行动提供依据和保障。

① 陈向明. 质的研究方法与社会科学研究[M]. 北京：教育科学出版社，2001：448.
② Kemmis, S. & Mc Taggart, R. The Action research Planner[M]. Victoria（Australia）：Deakin University Press, 1982：5.
③ Elliot, J. Action Research for Education Change[M]. Milton Keynes & Philadephis：Open University Press, 1991：69.
④ Burns. A. Doing action research in English language teaching：a guide for practitioner[M]. Beijing：Beijing Foreign Language Teaching and Research Press. 2011：6.
⑤ 卢立涛、井祥贵. 教育行动研究在中国：审视与反思[J]. 教育学报，2012(1)：49-53.
⑥ 陈向明. 质的研究方法和社会科学研究[M]. 北京：教育科学出版社，2000：12.

二、研究对象和过程

本研究对象为 F 中学 2012 届（3 个班级共 109 名同学）和 X 中学 2014 届（10 个班级共 426 名同学）共 535 名学生，为什么选择这些研究对象呢？这两所学校是当地的重点中学，而且英语教学都是采用小班教学①。X 中学是省一级重点中学，是一所百年老校，具有扎实的英语教学基础，英语组是省学科基地，而 F 中学是当地一所外国语特色中学，是 N 市基础教育国际化的窗口。这两所学校的学生英语基础较好，具有阅读英文文学作品的基础，其中笔者正好在 2012 年秋季在 F 中学支教两年，这就具有了在两所学校进行行动研究的条件。当然这 535 人的实验对象的参与也是复杂的，其中 F 中学在文学阅读的初期只有我任教的两个班级 36 人参加，历时一学期后，全年级 3 个班级才参与后期的实践，F 中学在初中有充足的简写本文学作品阅读的基础，所以第一轮文学阅读实践采用的阅读材料全部是英文原著。X 中学的文学阅读实践由必修课和选修课部分组成，必修课部分是从高一开始在 10 个班级 426 名同学中开展的，但文学阅读的选修课是在高一、高二年级自主选择的。本书中所用的案例大多是本人教学中所用的案例，在讨论文学阅读的效果时所选取的个案或者访谈的学生也多是来自我所任教的班级。

本研究从 2012 年开始迄今为止已接近五年，先后在 N 市两所重点中学实践，试验总共分为三个阶段

1. 2012 年 9 月—2014 年 7 月，行动研究的第一阶段：尝试和摸索阶段。

2. 2014 年 9 月—2016 年 7 月，行动研究的第二阶段：调整和改进阶段。

3. 2016 年 8 月—2016 年 12 月，行动研究的第三阶段：提升和应用阶段。

本研究按照行动研究的基本步骤进行，即：首先对教学现状进行分析并确定研究问题，然后提出解决问题的假设，制定研究计划并按行动计划实施行动过程，最后反思行动计划，发现新的问题，提出新的假设和实施新的行动计划，整个行动研究共实施三轮，最后，对整个研究结果进行讨论与总结。整个行动研究过程总体设计如图 1-1。

行动研究的第一阶段主要聚焦于如何教，是文学阅读研究的尝试和摸索阶段，主要采取的行动措施有文学阅读教学的选材、课堂教学策略和教学模式；行动研究的第二阶段主要聚焦于文学阅读课程模式的建立，是文学阅读研究的调整和改进阶段，采取的行动措施有文学阅读的选修课的开设，基于"文学圈"的阅读模式和基于思维培养的文学阅读的实践。行动研究第三阶段主要聚焦于复习测试，是文学阅读研究的提升和应用阶段，采取的行动措施是基于自由自主原则的文学阅读和基于文学阅读的读写实践。整个研究成螺旋式上升，逐步递进，不断改进文学阅读教学的效果和探讨文学阅读教学的理想模式，整个研究和改进过程如图 1-2。

---

① 英语课按学号分成两个行政小班，分别由两名英语教师上课，小班人数 16~25 人不等。

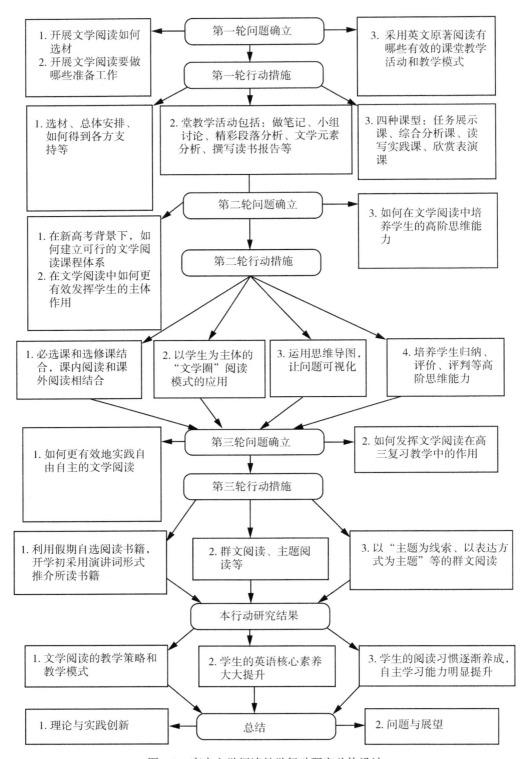

图 1-1　高中文学阅读教学行动研究总体设计

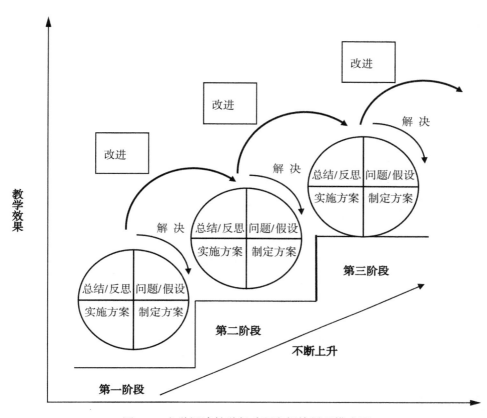

图 1-2   文学阅读教学行动研究螺旋循环模式图

三、资料的收集和处理

本研究资料的收集主要有以下几种方法：（1）实物资料，包括教案、学生作业、公开课录像、邮件、照片等。（2）教学日志，笔者在整个行动研究过程中坚持撰写教学日记，为了提高自己的英文表达能力，教学日记大多是用英文撰写的，这些教学日记包括教学实录、教学反思、读书报告、读书笔记等。（3）访谈，访谈是研究者为了进一步了解研究相关的情况而进行的交谈和访问，整个研究过程的访谈包括正式的访谈和非正式的访谈，正式的访谈通常是约好时间和地点就某一特定话题进行的，而非正式的访谈是指课间或者课外和某一不固定的对象就教学情况做的闲聊，或问问效果，或让被访问者提提建议等。访谈的形式除了上述的面对面的交流形式，当然也包括邮件、微信等新媒体交流形式。

资料的分析整理的方法主要有以下三种方法：（1）日志数据的分析，日志是一个记忆数据库，在分析日志时需要区别客观描述和主观分析，以及反思等内容，根据Altrichter①等学者的建议，笔者对日志采用标注的方式，用 D = Descriptions，表示对客观的描述；C = Comments，表示对某一问题的评述；R = Reflections，表示个人反思；MN 代表对研究的反思和建议等。下文中摘录的日志后会按顺序标注相关日志，如 D1 就代表客观描述的日志 1，以此类推。

（2）访谈的数据的处理主要是采用扎根理论的研究方法分析数据。扎根理论在教育研究中被广泛应用，它旨在填平理论研究和经验研究之间的鸿沟，通过编码技术的运用，并在充分分析数据的基础上建构理论，下面举例说明本研究在数据分析过程中如何利用扎根理论。本研究在使用扎根理论对访谈资料通常采用三级编码的方法处理相关数据。首先对访谈的资料进行初始编码，即对每一个资料进行编号、初步整理，然后开始分析。初步提炼并找出有标志意义的词或句子，每一个这样的词语或句子是一个意义单位。表 1-2 就是初步提炼出的有标志意义的句子。

表 1-2　　　　　　　　　　　　　　**访谈数据一级编码示例**

> 1. 选材由简单到深刻，培养兴趣为主；
> 2. 符合年龄的文章，太难看不懂，硬要去看也浪费时间；
> 9. 以兴趣为主，结合学习，建议学习国外的分级阅读，从易到难；
> 11. 阅读时的功利性太强，会将眼光集中在好词好句上，导致忽略文章的本质。建议学校不要强制阅读某几本名著，而是规定每一学期每人自由阅读一本，以 book report 的形式演讲，汇报成果；
> 12. 可以推荐一些不做强制性要求，难度较高的几本书，要求一学期读一本，然后期末分享，写书评或读书报告。还可以看一些大家对中文版比较熟悉的书，这样读起来比较轻松，也能提高阅读水平，至少能看懂且不易丧失兴趣；
> 14. 有情节、故事性强的书；
> 17. 可由老师推荐几本易懂的，语言好的，较短的名著让同学们一起阅读，然后在课堂上精读一些段落积累新词。

然后针对以上数据进行二级编码如表 1-3，寻找关联：在初步提炼的基础上，找到它们所代表的不同现象之间的关系②，形成概括性更强的新的意义单位。

表 1-3　　　　　　　　　　　　　　**访谈数据二级编码示例**

> A. 选材应该由易到难，注重趣味性。（1、2、9、14、17③）
> E. 不要强制性阅读某名著，应让学生自己选择喜欢阅读的文学作品。（11、12）

---

① Altrichter, H., Posch, P., & Somekh, B. Teachers Investigate Their Work：An Introduction to the Methods of Action Research［M］. London & New York：Routledge, 1993：24.

② 陈向明. 教师如何作质的研究［M］. 北京：教育科学出版社, 2001：209.

③ 句末括号中的数字为初步提炼环节学生的回答序号。

最后是三级编码，即核心式提炼，它指在这些中级意义的单位的基础上再次进过系统的分析选择一个"核心类属"①。例如：

选材方面的建议：注重难度和趣味性，可考虑发挥让学生自主选材；（A、E②）上面的三级编码展现了扎根理论在处理访谈数据中的运用。

对数据进行分析的第三种方法是寻找关键概念，通过下画线等方式找到有意义的本土概念，感受其初步意义③。如访谈资料中有段原始数据是：积累了一些生词，在写作中尝试运用一些高级词汇……上例中下画线的关键词语"运用一些高级词汇"体现的是有关文学阅读的益处。

四、研究思路和论文结构

本书研究的思路以为什么要研究（Why to research）、已经研究了什么（What has been done）、本研究如何做（What is being done）、本研究做的如何（How this research is done）、如何做得更好（How this research is done better）的逻辑思路作为主线贯穿整篇论文。

为什么要研究，主要是背景研究，从研究的缘起、英语教学方式、教学内容等层面的诉求提出英语教学的问题。

已经了研究什么，从文献入手，重点探讨英语文学阅读教学已经做了些什么以及如何做的。

本研究如何做是本研究的核心部分，是通过三轮行动研究来探索高中英语文学阅读教学的可行性和对策性。主要内容包括高中英语文学阅读教学的策略、课堂教学模式，基于"文学圈"模式的文学阅读、文学阅读中高阶思维能力的培养和高考备考中的文学阅读等。

本研究做的如何，主要是通过反思、问卷调查以及个案研究等讨论本研究的经验和改进措施。

如何做得更好属于前瞻研究和保障对策研究，重点讨论高中文学阅读的理论基础和如何更加有效地开展高中文学阅读。

本书分为背景研究、理论研究、实践研究、反思性研究、发展性研究五个研究板块，针对这五个板块确立了英语教育教学的现状和诉求、文学阅读教学的现状，文学阅读教学的对策、文学阅读教学的经验和改进、文学阅读教学的前瞻和保障五个方面作为研究重点，运用文献研究法、行动研究法、问卷调查法、经验总结法和个案研究等方法，紧紧围绕现状如何、已经做了什么、本研究做了什么，效果如何以及怎么做的更好的逻辑结构来展开论述。本研究思路如图1-3所示：

---

① 陈向明. 教师如何作质的研究［M］. 北京：教学科学出版社，2001：210.
② 句末括号里的字母为二次编码环节的总结序号。
③ 王蔷，张虹. 英语教师行动研究［M］. 北京：外语教学与研究出版社，2014：208.

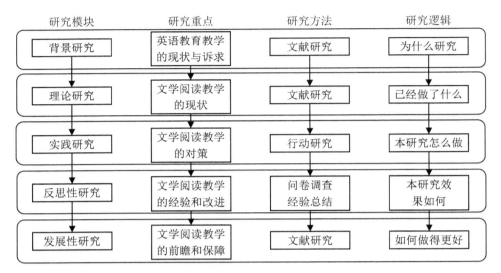

研究模块	研究重点	研究方法	研究逻辑
背景研究	英语教育教学的现状与诉求	文献研究	为什么研究
理论研究	文学阅读教学的现状	文献研究	已经做了什么
实践研究	文学阅读教学的对策	行动研究	本研究怎么做
反思性研究	文学阅读教学的经验和改进	问卷调查经验总结	本研究效果如何
发展性研究	文学阅读教学的前瞻和保障	文献研究	如何做得更好

图 1-3 高中英语文学阅读教学研究思路

　　本书共分为七章。第一章是绪论部分,包括本文的研究缘起、研究的问题和意义以及研究设计。第二章是文献综述部分,笔者首先梳理了阅读教学方面的研究,接着就国内外语言教学中的文学教学现状,我国中小学文学阅读教学的研究现状,行动研究在外语教学中的应用等方面进行了综述。第三章、第四章和第五章分别是高中英语文学阅读的实践研究部分,这三章是高中英语文学阅读教学的第一轮行动研究:尝试和摸索阶段,主要聚焦于文学阅读的课堂教学;第四章是高中文学阅读教学的第二轮行动研究:调整和改进阶段,主要聚焦于文学阅读的课程建设;第五章是高中文学阅读教学第三轮行动研究:提升和应用阶段,主要聚焦于自由自主的文学阅读和复习教学中的文学阅读。每轮行动研究由研究问题、问题分析、行动研究的具体措施、经典课例、研究反思等部分构成。除行动研究外,第六章是文学阅读的反思性研究和发展性研究。反思性研究是针对三轮行动研究的总结和反思;发展性研究所探讨的是高中文学阅读的前景及其质量如何提升等问题。第七章是本研究的发现和启示,并指出了研究中存在的不足,对未来研究也提出了建议。

第二章　文献综述

本研究的中心是高中英语文学阅读教学的行动研究，从总体上讲它是一项阅读教学的研究，研究的方法是行动研究，研究的中心是文学阅读教学，所以在研究前笔者运用文献研究的方法，分别梳理了有关阅读教学、文学阅读教学、我国中小学文学阅读教学的现状、行动研究等几个方面相关的已有研究成果。

第一节　有关阅读教学的相关研究

阅读是英语学习最重要的途经之一，文学阅读教学是阅读教学的一部分，要研究文学阅读教学先得梳理下有关阅读教学的研究。

一、阅读的目的

日常生活中，读者会接触到不同类型的读物，他们在阅读不同类型的读物时会产生不同的阅读目的。有研究者认为阅读的目的分为两类，一种阅读是为了学习而阅读，另一种是为了娱乐而阅读。为学习而阅读不太能激发读者的阅读兴趣，阅读过程牵涉不断的回读、理解和记忆，读者在阅读中可能会因为要完成学习任务而无法感受到阅读的乐趣。而休闲阅读则能够更多关注内容和情节，读得更投入，也能获得更多的乐趣。① 也有研究者认为阅读主要有三种目的：一种是为生存或生活而读，如阅读地图、说明书等等，主要为了找路、了解产品说明等。一种为了学习或获取信息而阅读，如阅读报纸、杂志、教材等，这种阅读主要是为了了解一些信息。还有一种是为了消遣娱乐而阅读，如阅读小说、诗歌等。读者在阅读这些作品的时候，主要是为了欣赏作品，从阅读中获得享受。② 总之阅读给予了读者无穷的乐趣，读者不仅可以从中汲取自己所需要的相关信息和知识，而且也可以从阅读中品味到语言美、意境美及思想美。

阅读的目的极为重要，因为它可以直接左右阅读的内容和教学模式。也就是说，阅读内容和教学模式会随着阅读目的不同而随之改变。在外语学习中阅读的目的不单单只是学习单词和语法，更重要的是理解作者用文字表达的思想。可见阅读的真正目的是读

---

① Narvaze, D., Van den Broek, P: & Ruiz, A. B. The influence of reading purpose on inference generation and comprehension in reading[J]. Journal of Educational Psychology, 1999, 91(3): 488-496.

② 陈则航. 英语阅读教学与研究[M]. 北京：外语教学与研究出版社，2016：4.

懂隐含在文本里作者所要表达的思想、感情、态度和价值观，并能与作者产生共鸣。特别是在外语学习中，阅读是为了扩大学生的词汇量，增强他们的语感，提高学生理解文本信息的能力和他们的语用能力，从而使他们能够得体地运用语言。可见，阅读的目的在学生外语学习中起着极其重要的作用，它可以使学生更加有针对性地挑选出适合自己的阅读材料、获取自己所需的信息。同样，在外语学习中，阅读目的对教师来说也是相当重要的，它可以促使教师选择更合适的教学模式，更好地指导学生进行阅读和学习。

二、阅读教学的模式

近几十年来，随着认知心理学和心理语言学的发展，国内外的许多学者在对阅读过程进行深入研究的基础上，探讨出了一系列的阅读模式，极大地推动了英语阅读教学的发展。在这些阅读模式中，其中比较有影响的有以下三种模式。

(一)"自下而上"的模式

"自下而上"模式被视为传统的阅读模式。20世纪60年代粗具模型，而后经过国外学者 Gough 提出"自下而上"的阅读加工过程被引入使用。[1] 他认为阅读是个解码的过程，读者通过各个语言层次，"从下至上"地进行一系列语码解译，即读者的阅读过程是经由字母—单词—短语—句子—语篇，这几个层次(由底层到顶层)，逐级加工进行理解的过程。运用这种模式教学的教师，着眼于帮助学生克服一些语言障碍，但一定程度上还是会影响到学生对整体篇章的理解。这种模式虽有助于学生语言基础知识的掌握，但由于它过分关注个别词的意义，造成学生在遇到生词或者长难句时会觉得读不下去，从而降低阅读速度。这种传统的阅读模式也深深地影响着我国的英语阅读教学，认为只要扩大学生的词汇量，让学生熟记语法规则，阅读能力就会相应地得到提高。于是很多英语教师把课上的重点都放在单位语言的解释上，而忽略了在阅读理解过程中更重要的影响因素，那就是语境。

(二)"自上而下"的模式

"自上而下"的模式是美国著名心理语言学家古德曼(K. S. Goodman) 20世纪70年代初提出的阅读模式。[2] 这种模式与"自下而上"的模式完全相反，它反对在阅读过程中进行逐字逐句的阅读，强调读者已有的经验或知识在整个阅读过程中的作用，它要求读者要积极地参与到阅读中来，发挥主观能动性，对文本信息进行解译，同时它也对读者的预测能力、认知水平、理解能力及分析能力都有着较高的要求。这种模式要求读者须具备一定的知识基础，适合语言功底比较扎实的读者。根据这种模式，在阅读时，读者要从整体上去理解文章，对于一些具体信息只是略过或跳过，甚至仅凭自己的猜测去理解文章，这样很容易会造成理解偏颇或错误，同时它也不利于语言基础知识的掌

① Gough, P. B. One Second of Reading. Language by Ear and by Eye：The Relationship Between Speech and Reading[M]. Cambridge, MA：MIT Press, 1972：331-358.

② Goodman. K. S. Behind the Eye：What Happens in Reading[M] New York：International Reading Association, 1976.

握，往往会导致读者因忽略了细节语言信息而囫囵吞枣地去理解语篇。但这种阅读模式的好处是可以培养学生的速读能力，由于着眼于从整体上去把握文章，在阅读过程中往往采取跳跃式的方法去搜索信息、猜测信息，这就加快了猎取有助于理解整篇文章的相关信息。当然，这对读者的阅读能力也提出较高要求，读者在阅读过程中要善于运用一定的阅读技巧。因此，这种模式有利也有弊。在外语阅读教学中，这种模式也通常会使教师在阅读课上一味要求学生进行快速阅读，造成学生不注意对词汇和句法的理解，预测有偏差或不符合文意，使得阅读无法顺畅地进行下去。

(三)"相互作用"模式

"相互作用"模式是研究者 Rumelhart1977 年在《论阅读相互作用模式》①一文中提出的。他认为阅读不单单只是"自下而上"或"自上而下"的过程，而是二者相互作用、有机加工的过程。这种模式强调阅读并不仅仅基于表层文字的理解，而是读者利用大脑中的背景知识对文本进行加工理解的过程。"相互作用"模式也被称之为图式理论模式。图式是指读者大脑中的文化背景知识，阅读理解的过程实际上就是读者利用已有的背景知识激活相关的图式，因为一旦相应的图式被激活，就能加速读者对文本的理解过程。

"相互作用"模式或图式理论模式是以交互补偿论为基础的，认为阅读是语言与图式的相互补偿，是读者与作者、读者与文本"相互作用"的复杂过程。阅读不仅包括对文本的理解，同样也需要了解相关的历史、地理、文化等方面的信息。任何单一的语言知识都不能促成对阅读材料的真正理解，读者如果想仅仅靠自己所掌握的语言知识去理解文本材料的真正内涵，那就显得特别荒诞。所以，这种模式有助于发展学生的图式知识，是真正能够理解文章的阅读模式。

长期以来，我国外语阅读教学主要强调对学生进行语言知识的讲解和语言技能的训练。在教学过程中，教师十分注重讲授语音、词汇、短语、句法等层面上的语言知识和训练学生听、说、读、写、译等各方面的语言技能，同时也很强调学生的速读能力，要么采取的是"自下而上"的模式，要么就运用"自上而下"的模式。但外语阅读教学不应只关注语言教学本身，应同时兼顾工具性功能和人文性功能。在阅读过程中，应将"自下而上"和"自上而下"两种模式有机结合起来。在阅读教学时，如能把"相互作用"模式贯穿于整个教学过程的始终，往往可取得意想不到的教学效果。

综上可得，"自下而上"模式和"自上而下"的模式都因其自身存在着一些缺陷，在教学运用中难免会出现一些不足，而"相互作用"模式或图式理论模式恰恰可以弥补这些不足，因此它成为近年来我国外语阅读教学的主旋律，被广大的外语研究学者和一线英语教师所认可。

三、高中英语阅读教学的问题

阅读教学在我们英语教学中的地位越来越重要，得阅读得天下在英语学习者中基本

---

① Rumelhart, D. Toward an interactive Model of Reading. In D. Stanislaw (ed.). Attention and Performance[M]. New York：Academic Press，1977，Vol. 1：573-603.

已经形成共识，阅读在英语教学中的地位是举足轻重的，虽然在我国高中英语阅读教学的研究和实践方面已经取得了很多的进步，但阅读教学无论在选材和教法上还存在着诸多问题。譬如，正如前文研究背景中所讨论的当今中学生英语学习中阅读量少而窄，同样在选材上当前高中英语阅读教学中选用的阅读材料绝大多数是介绍事件、人物、知识或道理的文章。对于一般学生而言，它们蕴含的信息并不丰富，所以都属于以事实信息为主的材料。资源方面的缺陷导致学生在阅读中很少能体验到情感的共鸣和心灵的震撼，从而阅读者就难以通过阅读来形成品格和价值观。① 总之当今阅读教学的选材单一，课本中阅读材料多是事实性阅读材料，课外多是练习中的阅读语篇，这些材料设置的目的大多基于语言知识和应试，信息单一，语言质量层次不齐，内容大多缺少真实性、教育性和趣味性，单调乏味，缺乏梯级，缺乏相关阅读策略的指导等，难怪大多学生觉得英语阅读很无聊。

在阅读教学方法上当今的阅读教学模式化，英语阅读教学千篇一律遵循着读前热身、读中提问、读后讲解语言点等这种模式，具体教学步骤大多是走程序：Pre-reading（一般是用几张多媒体展示几张图片或者是做 1~2 个问题）—— Skimming（通常伴 1~2 个选择题）——Scanning（通常伴随更多的选择题）——Language points（如果是公开课则十有八九改成了）Discussion，因此阅读课的教学多存在"碎片化"倾向。碎片化阅读就是多以阅读的名义进行单纯的词汇、语法教学，即课型定位与实际操作不一致；阅读课的导入犹如"打太极"，圈子绕得过大；朗读没有引起足够的重视；阅读的过程也往往被听一遍的录音代替；出现这种现象的原因很复杂，但主要是困于阅读课教学语言第一、应试第一的价值取向和已经形成机械式重复的、程序化的教学流程。②

综上所述当前阅读教学在选材和教学模式上仍然存在很多问题，要破解这些问题，真正让阅读回到既能增长知识、又能启迪智慧、陶冶情操的原点，充满情感信息和思想信息的文学作品是一种理想的选择，文学阅读是英语阅读的灵魂，特别是整本书的阅读它更能够引起读者的思考，而且还可以从一本书中读出深刻的道理来，这些道理既包括做人也包括做事的道理，这也是本研究选择文学阅读教学的重要原因之一。

第二节 国内外语言教学中的文学教学

文学和语言教学密切相关，教师在进行英语教学时，应当把文学融入到语言教学中来，在文学欣赏中学习语言，在语言学习中欣赏文学。③ 下文从文学的功能，国内外语言教学中的文学教学等方面讨论文学和语言教学的关系。

---

① 姚生军. 短篇阅读为何让学生感到"无聊"？——论当前高中英语阅读资源之缺乏[J]. 中小学外语教学（中学篇），2009（2）：28-31.

② 葛炳芳. 高中英语阅读教学改进策略的思考[J]. 课程·教材·教法，2012（2）：94.

③ 徐枫. 高中开设英语文学欣赏选修课的可行性研究[D]. 东北师范大学学报，2008：10.

一、文学的功能

在悠久的英语文学历史长河中，诞生了许多优秀的文学作品。它们历经岁月的考验，仍然经久不衰，传世不绝，吸引了一代又一代的读者。它们是语言的精品、文化的荟萃、思想的典范，具有极高的学习和欣赏价值。

文学作品反映和记录了人类的生产和生活活动，是历史的积淀，表现了人们对生活的需求、理想和愿望，是人们认识自然，思考自己，以及精神得以寄托的归宿。文学具有"随风潜入夜，润物细无声"的教育功能，具有扩大人生经验、认识社会生活的认识功能，具有激发审美情趣、唤起审美想像、培养审美能力的审美功能。① 而且它还具有教育的功能，一方面在教人以知识和技能，另一方面在教人做人的道理。文学教育的功能属于后者，它教人自处之道，而更重要的还是教人处世之道。总之，是教人以做人的态度。②

文学作品作为语言精华的"密集区"，读者在阅读欣赏过程中可以得到语言美的强烈熏陶③。文学作品中的语言是对生活语言的高度提炼和总结，浓缩了人类语言的精华；文学作品具有鲜明的时代特色和文化特色，它体现了所处时代的特点及文化特征。因此，文学作品(特别是文学名著)阅读是极为重要的语言学习和文化习得材料。文学作品阅读是一种语言行为，是语言教学和实践的基础。学生在阅读过程中，不仅要在作品所营造的氛围中学习、掌握语言的使用特点，了解语言结构的运用，而且要能着眼于作品本身所具有的美感，真切地去感受文学的魅力④。

总之文学作品阅读在教学中兼有工具性和人文性两方面的特点。文学作品阅读的工具性特点主要在于：文学作品中的语言生动活泼、思想丰富深刻，内容波及生活中各个层面，是学生理想的语言素材。学生在欣赏的过程中，也在不知不觉地习得语言，欣赏的过程其实就是语言学习的过程。文学作品阅读的人文性特点主要体现在：阅读和欣赏文学作品，可以使学生了解到世界上优秀的文化及思想，获得对人生和世界的感悟，从而能够提升学生的文学感悟和人文素养。⑤

二、国外语言教学中的文学教学概况

从国外母语课程形态看，母语课程一般呈现为两种形态：一种是综合型语言课程，

---

① 黄耀红. 百年中小学文学教育史论[M]. 长沙：湖南师范大学出版社，2008：3.

② 李广田. 论文学教育[M]. 上海：文化出版社，1950：23.

③ 马隽. 新课程标准下普通高中英语文学选修课程的开发和实施[D]. 上海：华东师范大学学报，2006：24.

④ 马隽，新课程标准下普通高中英语文学选修课程的开发和实施[D]. 上海：华东师范大学学报，2006：24-25.

⑤ 徐枫. 高中开设英语文学欣赏选修课的可行性研究[D]. 长春：东北师范大学学报，2008：10.

一种是分列型，即语言课和文学课分列的形态。不管是哪种形态的母语教学，几乎都包括两大板块：语言教学与文学教学。① 比如英国的母语课程分为英语和英国文学。英语包括阅读、写作、口语和听力三部分，阅读部分的一个重要内容是英国传统文学，包括英国传统文学、莎士比亚戏剧和诗歌三部分。②

　　在国外，关于文学与外语教学的理论研究同样相当丰富，这些研究主要集中在三个方面：是否要将文学纳入二语或外语课堂、文学教学的作用和意义、文学的教学模式及教学目的。首先，关于是否应该将文学纳入二语或外语教学课堂方面，西方学者和语言学家一致赞成将文学纳入二语或外语课堂，他们认为文学在语言学习中扮演着极为重要的角色。文学是二语课堂上极具吸引力的资源；文学作品是学生文化学习的一个舞台，学习文学作品可以提高学生的文化感知能力③。Carleworth 认为在外语教学中如果割裂文学就相当于剥夺了学生语言学习中宝贵的课程资源，其结果会导致学生不能真正掌握语言。他同时也指出轻视文学是一种普遍的现象，也是一种不合理的现象④。Stern 认为 19 世纪的语言教学是为文学学习做准备的⑤。当前，西方的外语教学尽管强调交际能力的培养，可依然没有忽视文学教学的重要性作用，一直保持文学教学的传统。美国 1999 年公布出版了《21 世纪外语学习目标》这本书，书中提出了典型的"5C"教育，即：Communication、Cultures、Connections、Comparisons and Communities。特别在 Culture Content（文化）方面提出了明确的要求，即学生必须学习蕴含丰富文化知识的文学作品⑥。

　　其次，关于文学在外语教学中的作用和意义方面，国外学者和专家主要是从三个方面进行阐述：文学在语言教学中的作用；文学和动机以及文学作为改变的原动力⑦。本研究主要讨论文学在语言教学中的作用。有关文学在语言教学中的作用的主要论述有：A. H. Marekwardt⑧；C. J. Brumfit⑨ 和 A. Carter⑩ 分别在他们的著作中阐述了文学教学在英语作为外语的语言教学中对于提高学生的语言能力等方面具有重要的意义和作用。

　　① 余虹. 文学作品解读与教学[M]. 北京：高等教育出版社，2011：6.

　　② 洪宗礼，柳士镇，倪文锦. 母语教材研究（6）[M]. 南京：江苏教育出版社，2007：1-92.

　　③ Arthur，B. Reading literature and learning a second language[J]. Language Learning，1968(18)：199-210.

　　④ Carleworth，R. A. The role of literature in the teaching of english as a second language or dialect[J]. English Quarterly，1978(11)：157-177.

　　⑤ Stern，H.，H. Fundamental Concepts of Language Teaching[M]. Oxford：Oxford University Press：1983：246.

　　⑥ 陆效用. 美国 21 世纪的"5"C[J]. 外语教育，2001（05）：23-25.

　　⑦ Mohammad Khatib. Why & Why Not Literature：A task-based approach to teaching literature[J]. International Journal of English Linguistics，2011(1)：214.

　　⑧ Marekwardt，A. H. The Place of Literature in the Teaching of English as a Second Language or Foreign Language[M]. Hawaii：University of Hawaii Press，1978.

　　⑨ Brumfit，C. J. Literature and language Teaching[M]. Shanghai：Shanghai Foreign language Education Press，2001.

　　⑩ Carter，R. &Long. M. Teaching Literature[M]. Harlow，Essex：Longman，1991.

Van 认为文学包含现实生活中不同情境中的事例，所以给学习者提供了前所未有的提高学生句法、语用、文化和话语等方面的意识①。Joanne Collin 和 Stephen Slater 认为文学因其语言和丰富的文化，所以在语言教学中应该成为宝贵的资源，它能激发学习者学习的热情②。就外语教学中的文学阅读教学模式和教学目的，国外学者和专家也进行了不同的探讨。其中比较有代表性的是 Carter 和 Long 提出的三种模式，基于语言的模式（Language-based Model），即通过文学来学习语言；内容或文化模式（Literature as Content or Culture Model），即通过文学来学习文化；和个性培养模式（Literature as personal Growth or Enrichment），即通过文学了解人的本质，探讨人生。③

综上得之，把文学作品运用于外语课堂教学中，已经得到了国外学者和专家的认可和推崇；文学作品也以其自身的优势，成为西方外语和二语课堂上不可或缺的课程资源；教授文学作品一直是西方外语教学的传统。国外学者和语言专家对文学作品在外语教学中的重要性及文学的教学模式的研究，在当时都比较具有代表性。他们的这些研究也为笔者的研究提供了理论基础和指导方针。

三、国内语言教学中的文学教学回顾

我国的外语教育从 19 世纪的京师同文馆算起有近一个半世纪的历程，受政治的影响在不同的时代英语教学中对待英语文学作品教学的态度是不一样的，对于英语文学作品教学在整个外语教育史上大致经历了从重视到丢失再到逐渐复归的曲折道路。

(一)早期重视文学教学的传统

早期的外语教育是走通才的路子，当时培养了一批既熟谙中国文化又精通西学的大师，如当时清华大学国学院四大导师(王国维、梁启超、陈寅恪、赵元任)和吴宓、钱锺书、季羡林等学者，在国史和外文之中纵横捭阖，游刃有余，他们学习外语的方法就是通读国外经典文学著作，这些学者"对外国语言文化的认识，其立意之高，境界之高，目标之高，值得我们借鉴"。④

从 1911 年辛亥革命到 1949 年中华人民共和国成立这段期间，我国处于半殖民地半封建时期，很多学校的英语教师是由教会或外国教员担任。虽然当时我国英语教学一直处于畸形发展状态，但仍保持着文学教学的特色，课堂上以教授文学作品为主。这个阶段里，初、高中使用教材的情况不一样。初中一般使用商务印书馆、中华书局、开明书店等出版的课本，有些学校另外加一点补充材料。这些课本，名义上都是根据当地政府的"课程纲要""课程标准"的要求编写的，实际上出入很大，流行较广的，除前一阶

---

①　Van, T. T. M. The Relevance of Literary Analysis to Teaching Literature in the EFL Classroom[J]. English Teaching Forum, 2009(3): 2-9.

②　Joanne Collin & Stephen Slater. Literature in the Language Classroom[M]. Cambridge: Cambridge University, 1983: 115.

③　Carter, R. & Long. M. Teaching Literature[M]. Harlow, Essex: Longman, 1991: 2-9.

④　朱刚. 外语专业教育中的经典阅读[N]. 中华读书报, 2009-08-19.

段出版的《英语模范读本》《英文津逮》之外，又有以下几种如表2-1所示：

表2-1　　　　　　　　　　　**1911—1949 年主要英语教材**

书名	编者	出版者	出版年份
《英文读本合编》	胡宪生等	商务印书馆	1923 所
《开明初中英文读本》	林语堂	开明书店	1927 年
《文化英文读本》	李登辉	商务印书馆	1928 年
《初中标准英语读本》	林汉达	世界书局	1930 年
《直接法英语教科书》	张士一	中华书局	1930 年
《国民英语读本》	陆步青（即陆殿扬）	世界书局	1932 年
《综合英语读本》	王云五	商务印书馆	1933 年
《直接法英语读本》	文幼章	中华书局	1935 年

表2-1 中的这些教材选用的大多是经典的文学作品，其中《开明初中英文读本》是流行的时间最长，范围最广，影响最大的一种。《开明初中英文读本》共三册，林语堂编，丰子恺绘插图，该读本第二、第三册则以短、长篇文章为主，内容多选自中外经典故事，如《论语》《史记》《安徒生童话》《希腊神话》等，使得这套教材有着非同一般的文化含量。此外，有的初中还常常采用下列名著作为教材或者补充读物，如表2-2所示：

表2-2　　　　　　　　　　　**民国初中采用的文学名著常见读本**

《鲁滨逊漂流记》（*The Life and Adventures of Robinson Crusoe*）
《木偶奇遇记》（*The Adventures Of Pionocchio*）
《伊索寓言》（*Aesop's Fables*）
《天方夜谭》（*Stories from Arabian Nights*）
《金河王》（*The King of the Golden River*）
《泰西五十轶事》（*Fifty Famous Stories Retold*）
《泰西三十轶事》（*Thirty Famous Stories Retold*）

民国时期高中多半不用课本（当时出版的高中课本极少），一般是采用一种文选，或者一两种名著，同时采用一种语法书。当时流行较广的名著如表2-3所示：①

表2-3　　　　　　　　　　　**民国高中采用的文学名著常见读本**

《莎士乐府本事》（*C. Lamb & M. Lamb：Tales from Shakespeare*）
《金银岛》（*R. L. Stevenson：Treasure island*）

---

① 刘道义. 新中国中小学教材建设史.（1949—2000 研究丛书）. 英语卷［M］. 北京：人民教育出版社，2010：355-357.

《伊尔文见闻杂记》(*W. Irving*：*Selections from the Sketch-book*)
《富兰克林自传》(*The Autobiography of Benjamin Franklin*)
《块肉余生述》(*C. Dickens*：*David Copperfield*)
《威克裴牧师传》(*O. Goldsmith*：*The Vicar of Wakefield*)

1936 年至 1949 年间《高中英语课程标准》中对英语教学的目的是这样描述的：使学生略见近代文学作品之一斑；使学生从英语方面发展其语言经验，使学生从英语方面增加其研究外国文化之兴趣。①

当时的英语教学的状况，也可以从我国英语届老前辈的回忆录中略见一斑，下面是许国璋先生在回忆自己的中学时代学英语的经历时这样写的：

十五岁读的是周越然注的《莎氏乐府本事》。读时非常吃力……高二有《英美文学入门》一课，书的最后有一长篇，三十页，一万二千字。"②

在中学时……英文课是怎样进行的，我已经忘记了。我只记得课程是《泰西五十轶事》《天方夜谭》《莎士乐府本事》(*Tales from Shakespeare*)、Washington Irving 的《拊掌录》(*Stetch Book*)，好像还念过 Macaulay 的文章……③

"文化大革命"之后，英语教学逐渐得到恢复和发展，渐渐走上正轨。教学中仍然以教授文学作品为主，这一点从教材的选编就可以看得出来。中学英语教材中的课文，文学作品独占鳌头。以这一时期高二英语教材(人教版)教材为例，就选用了《麦琪的礼物》《最后一课》等文学作品，据统计，文学作品的篇目占了当时英语教材的 80% 左右，而且所选英文文学作品的体裁丰富多彩，有小说、人物传记、戏剧等。这一时期，英语教学还是以学习文学作品为主。

(二)国内英语教学中文学传统的流失

从 20 世纪 80 年代中期开始，随着对外开放政策的实施，英语受到空前的重视，英语的工具性就凸现出来，为了交际的需要直接法和交际法等教学法在我国流行起来，这对我国外语教学产生了巨大的影响。各种英语教材也大量选用和日常生活有关的题材和内容，而体现人文性的文学作品就受到冷落，慢慢淡出英语教育的视线，在教材中也很难找到文学作品，最新的 2007 年版的人教社的教材以模块的形式编写，这些模块大多是围绕日常生活的话题，和文学相关的只有不到 5 个单元，占整个教材的 10% 都不到。而且随着英语标准化考试的影响，词汇、语法等知识点的测试长盛不衰，于是在基础外语教育阶段，不赞成文学作品教学的呼声还是很高的。大多数专家和教师认为：英语文学作品包含的生词多，篇幅长，学生读不懂，也没有足够的时间去阅读文学作品。而通

---

① 刘道义. 新中国中小学教材建设史(1949—2000 研究丛书). 英语卷[M]. 北京：人民教育出版社，2010：358.

② 许国璋. 回忆学生时代[J]. 外语教学与研究，1995(2)：75-76.

③ 李良佑等. 中国英语教学史[M]. 上海：上海外语教育出版社，1988：133.

过大量标准化练习学生出成绩快，所以大多老师不愿意冒风险去让学生阅读文学作品。于是英语教学中仍然偏重语言知识的分析。这就造成当今高中生的英语文学素养不足，英语人文情怀缺失。

（三）国内英语教学中文学教学的逐步回归

文学是语言教学的肥沃土壤，离开了文学，语言教学就会黯然失色。如今，我国外语学界已经开始意识到"语言与文学无法分家"。文学课在英语课堂教学中具有重要的地位。文学是学生英语学习重要和理想的课程资源，它能够给予学生多方面知识，促进学生的全面发展，使之成长成才。语言学习离不开文学的学习，所以要把文学和语言学习很好地结合起来①。同时，很多专家、学者也通过自己的文章论述文学和语言教学的关系以及文学在语言教学中的重要作用。一线英语教师也结合自己的课堂教学，积极尝试采用文学作品作为教学资源，在基础教育阶段，英语课堂中采纳文学作品进行教学，如今已是被越来越多的教育者接受。特别是 2003 年颁布的《课程标准》，将文学作品列为选修类的课程，而且明确规定了学生的英语课外阅读量，并提出了文学阅读的要求。这就保障了文学的教学地位。在课标的指导下，不少中学也开始重视文学的课堂教学，特别是一些有条件的重点中学，这一切都呈现出文学阅读将逐步回归中学英语教学课堂这一迹象。

第三节　我国中小学英语的文学阅读教学研究现状

很多国内学者提出要把文学融入语言学习中，认为在外语学习中不学文学就想把语言学到家是很难的，只学语言不学文学，至多只能算个"话匠"而非"话家"。② 文学作品作为语言的百宝箱，它源于生活，新鲜活泼，如果要想让学生接触生成力强的资源，选取文学作品是再合适不过的。③

虽然越来越多的学生甚至一线教师认识到文学阅读的重要性，但国内有关中学英语文学阅读及教学等方面相关理论的研究还相当薄弱，笔者在中国知网的数据库中，对 2000—2016 年期间的论文以"英语文学阅读教学"为主题进行检索，只找到 12 篇相关的文章，倒是近几年的中小学外语教学的几份期刊④越来越重视文学阅读的研究，甚至以专题的形式讨论文学阅读教学实践。

一、文学阅读教学的专题研究

近两年先后有 4 期杂志以"文学阅读教学"或相关实践为专题发文或转载相关文章

---

① 熊英. 文学在英语教学中的地位[J]. 辽宁高职学报，2002：29-30.
② 闫建华，张平. 英语专业诗歌教学初探[J]. 外语教学，2004(3)：63-66.
③ 张正东. 英语教育自选集[M]. 北京：外语教学与研究出版社，2007.
④ 有些期刊的文章没有收录进知网。

讨论文学阅读教学问题。其中《英语学习(教师版)》先后在 2015 年 10 月和 2016 年 12 月两期以专题的形式讨论文学阅读教学问题，《英语学习(教师版)》2015 年 10 月以"原版文学作品与基础英语教学"为主题登载了 4 篇文章，这 4 篇文章的具体内容见表 2-4。

表 2-4　　　　　《英语学习(教师版)》(2015 年 10 月)
"文学教学"专题论文

作者	文章标题	主要内容
徐浩	《"语文并重"的理念与基础教育英语课程改革》	20 世纪以来外语教育发展的不同时期处理"语"和"文"关系的探讨和实践的回顾，并提出了"语文并重"的理念
谢慧艳	《在生态学习环境中开展英语文学阅读工程——促学生自主持续发展》	以清华附中的实践为背景，介绍了生态英语学习环境中开展英语文学阅读工程的意义和实践模式
程岚	《面向全体学生引导自主阅读——高中英语文学阅读七步法探索与研究》	以人大附中的实践为背景，介绍了高一年级实施"文学圈"文学阅读模式
尹秀梅，向瑞芳	《让青少年文学作品走进高中英语课堂》	以北京市第二中学的实践为背景，介绍将文学作品引入课堂教学，让学生接触大量地道的语言，提升了阅读能力，培养了积极的情感态度

《英语学习(教师版)》2016 年 12 期再次以"经典文学作品进教材"为主题讨论文学阅读教学问题，刊登的文章见表 2-5。

表 2-5　　　《英语学习(教师版)》(2016 年 12 月)"文学阅读教学"专题论文

作者	文章题目	主要内容
葛炳芳	《漫议中学英语教学中的经典作品阅读教学》	由于文学作品和经典美文在帮助学习者从理解到鉴赏再到创写等方面都有独特的教学价值，因而中学英语教材需要选编足够的此类文本
肖菲	《中学英语教科书中的莎士比亚戏剧作品》	介绍莎士比亚戏剧作品在不同时期被选作教科书并举例说明在教学中如何解读莎士比亚戏剧简易剧本
徐浩	《经典文学作品与中小学英语教学和教材——意义诠释与教材改编》(魏静静采写)	解读经典文学作品的意义，既要注重作品的历史背景，又要结合当代诠释作品的意义

《中学外语教与学(人大复印资料)》在 2015 年 12 月以"文学篇章教学"为主题刊载了 5 篇文章，这 5 篇文章的题目分别是：文学篇章在英语阅读教学中的应用①；面向全

---

① 朱峰颖，冷德荣.文学语篇在英语阅读教学中的应用[J].现代中小学教育，2015(5)：44-46.

体学生引导自主阅读——高中英语文学阅读七步法探索与研究①；基于两节同课异构高中戏剧课的教学探讨②。基于人文素养培养的高中英语戏剧教学——以人教版选修 10 Unit 2 King Lear 为例③，诗歌在初中英语教学中的运用④。这 5 篇文章从文学作品的选择、课堂组织等方面探讨了文学语篇教学的有效策略，其中包括小说、戏剧以及诗歌的教学。

中文核心期刊《外语教学理论与实践》在 2016 年 2 月也开设"英语学科文学阅读教学"特别专栏，这组专栏主要是介绍大学开展文学阅读课教学的经验，对我们中小学文学阅读教学也很有借鉴意义，这组文章见表2-6。

表2-6　　《外语教学理论与实践》(2016 年 2 月)"英语文学阅读教学"专题论文

作者	文章题目	主要内容
金衡山⑤	《问题与对策：英语文学阅读课程设置原则与实践——基于华东师大英语系文学阅读课程的实验》	以华东师大英语系综合改革过程中设置的系列文学阅读课程的实践为例，阐述文学阅读课程的作用、教学过程中得到的收获与碰到的问题以及课程设置的原则
周郁蓓⑥	《文学：研究型大学英语学科转型之要》	以文学入手进行大学英语学科教学的改革和转型，逐步达到以文养言的语言教学目标
金雯⑦	《情感与形式：论小说阅读训练》	探讨小说阅读教学中如何使学生发现小说阅读的意义，形成阅读的动力，进而操练分析小说的基本方法
顾悦⑧	《回顾经典阅读：英语专业的人文性与基于阅读经验的文学教育》	文学教育应回归英语专业教育的核心地位，一方面有利于提高英语技能，一方面完成人文通识教育的使命
陈俊松⑨	《英语文学阅读课程有效教学模式的建构——基于教学系统设计理论的探索》	提出了 CREAM 教学模式，旨在提升学生的课堂学习体验感

---

① 程岚. 面向全体学生引导自主阅读——高中英语文学阅读七步法探索与研究[J]. 英语教师，2015(10)：16-21.

② 张世建. 基于两节同课异构高中戏剧课的教学探讨[J]. 山东师范大学学报(基础英语教育)，2015(3)：91-95.

③ 薛蓉. 基于人文素养培养的高中英语戏剧教学——以人教版选修(Unit 2 King Lear)为例[J]. 福建教育(中学版)，2015(6)：47-48.

④ 马海青，高霄霄. 诗歌在初中英语教学中的运用[J]. 教学与管理，2015(4)：61-64.

⑤ 金衡山. 问题与对策：英语文学阅读课程设置原则与实践——基于华东师大英语系文学阅读课程的实验[J]. 外语教学理论与实践，2016(2)：14-21.

⑥ 周郁蓓. 文学：研究型大学英语学科转型之要[J]. 外语教学与实践，2016(2)：28-34.

⑦ 金雯. 情感与形式：论小说阅读训练[J]. 外语教学理论与实践，2016(2)：35-41.

⑧ 顾悦. 回归经典阅读：英语专业的人文性与基于阅读经验的文学教育[J]. 外语教学理实践，2016(2)：42-46.

⑨ 陈俊松. 英语文学阅读课程有效教学模式的建构——基于教学系统设计理论的探索[J]. 外语教学理论与实践，2016(2)：22-27.

这组文章是针对当下大学英语专业对语言基础知识及基本技能训练的片面重视从而正在把英语系变成培训中心，其实中小学英语教学的现状何尝不是如此，片面重视技能的训练从而导致英语教学中阅读量少、分析能力弱、深度思考缺失而这一切都与忽略文学教育有着密切的关系。

二、中小学外语教学中的文学阅读研究现状

本研究的范围是中小学外语教学，从中小学外语教学的两本核心期刊(北京师范大学主办的《中小学外语教学(中学篇)》，华东师范大学主办的《中小学英语教学与研究》)近5年登载的有关文学阅读的主要文章来看，它们主要就以下几方面进行探讨：

首先，关于高中英语文学教学(特别是文学选修课的开设)可行性和必要性的研究是比较丰富的。阮旦君提出高中教材文学阅读教学资源的不足和拓展策略①。张千的短篇小说作品赏析策略②。彭莉高中英语教学中的文学渗透策略。③ 王琳琳例谈和开发英美文学选修课的实施④。戴建敏的高中英语时文品读选修课策略⑤。戴军熔的区域高中英语文学欣赏选修课的教材开发：实践与探索⑥。汪艳原版小说的教学实践⑦。徐卓，展鑫磊的文学欣赏课实践⑧。刘威的高中英语文学作品课外指导实践⑨。姚莉的高中英语小说欣赏课的实践探索⑩等，这些文章主要是以现行教材中文学资源不足为背景，讨论开设文学阅读选修课的必要性、如何选材以及选修课的教学模式等。纵览这些论文选修课的选材主要是美文和英文简易读本，教学模式主要是以文学作品的鉴赏和品读为主。

---

① 阮旦君. 高中英语教材文学阅读教学资源的不足与拓展策略[J]. 中小学英语教学与研究，2012(2)：48-51.

② 张千. 例谈英美短篇小说作品赏析在高中英语教学中的实践[J]. 中小学外语教学(中学篇)，2013(10)：34-37.

③ 彭莉. 高中英语教学中文学性的渗透策略[J]. 中小学英语教学与研究，2014(9)：9-13.

④ 王琳琳. 开发和实施高中英语美文欣赏校本选修课程的实践[J]. 中小学外语教学(英语篇)，2015(2)：42-47.

⑤ 戴建敏. 高中英语时文品读选修课的实践探索[J]. 中小学外语教学(英语篇)，2015(9)：20-25.

⑥ 戴军熔. 区域高中英语文学欣赏选修课的教材开发：实践与探索[J]. 中小学英语教学与研究，2015(11)：58-65.

⑦ 汪艳. 英语原版小说阅读选修课的实践与探索——以《穿条纹睡衣的男孩》为例[J]. 中小学外语教学(中学篇)，2015(8)：1-8.

⑧ 徐卓，展鑫磊. 高中英语文学赏析课 The Giving Tree 课例[J]. 中小学外语教学(中学篇)，2015(12)：55-59.

⑨ 刘威. 高中英语文学作品课外阅读教学指导模式探究[J]. 中小学英语教学与研究，2016(9)：43-46.

⑩ 姚莉. 高中英语小说欣赏选修课的实践探索[J]. 中小学外语教学(中学篇)，2016(10)：52-55.

　　其次，大量的文章是有关文学阅读教学模式的探讨：吴云开提出的三位体验模式①，盛艳萍的儿童文学在初中课堂中的实施②，吴思廉提出的 RAISE 教学模式③，张惠娥提出"为思而教"的教学模式④，卢健提出体验—表达—探究文学教学模式⑤，李兴勇介绍阅读圈模式的应用⑥，黄瑞贤基于体验的高中英语文学阅读导读⑦，李振来的高中英语简写读物读写指导实践⑧，张春良提出的语感阅读教学模式⑨，吴艺迪例谈 USE模式在文学阅读中的应用实践⑩。这些教学模式（教学方法），只是针对一堂课设计的教学模式，而且这些教学模式的实践也大多集中在选修课的文学阅读教学，而对于整本书的阅读，整个学期甚至高中段如何实践文学阅读教学都没有涉及，所以这些只是文学阅读教学的尝试性的见解和建议，还处在探索阶段，还不全面和成熟。而对教学效果应采取何种评价方式这个问题在研究中也是鲜有论及。

　　此外还有少量文章讨论文学阅读和思维的关系等，例如：徐孝邦，黄远振谈文学阅读对思维的影响⑪，陈素萍例谈小说阅读中培养批判性思维能力的实践⑫，刘威例谈如何在文学中培养高阶思维能力⑬。文学阅读对思维能力的关系这方面的研究还处于起步阶段。

---

①　吴云开. 初中英语文学阅读活动课"三维体验"模式探究[J]. 中小学外语教学（中学篇），2013（6）：24-28.

②　盛艳萍. 儿童文学阅读在初中英语课堂中的实施[J]. 中小学外语教学（中学篇），2013（11）：17-22.

③　吴思廉. 英语文学阅读活动课 RAISE 教学模式研究[J]. 中小学外语教学（中学篇），2013（10）：12-16.

④　张惠娥. 高中英语文学阅读"为思而教"的导学实践[J]. 中小学外语教学（中学篇），2015（3）：49-54.

⑤　卢健. 基于理解——表达——探究的文学阅读体验课[J]. 中小学外语教学（中学篇），2015（9）：38-42.

⑥　李兴勇. 阅读圈在高中英语阅读教学中的运用[J]. 中小学外语教学（中学篇），2015（6）：59-63.

⑦　黄瑞贤. 基于学生体验的高中英语文学阅读导读[J]. 中小学外语教学（中学篇），2015（6）：35-37.

⑧　李振来. 英语文学名著简易读物读写指导教学模式探究[J]. 中小学外语教学（中学篇），2016（1）：60-64.

⑨　张春良. 基于文学作品阅读的语感阅读教学模式研究[J]. 中小学外语教学（中学篇），2016（5）：23-26.

⑩　吴艺迪. USE 模式在初中英语文学阅读教学中的应用[J]. 中小学外语教学（中学篇），2016（10）：47-51.

⑪　徐孝邦、黄远振. 高中英语文学阅读对学业成绩及思维发展的影响[J]. 中小学英语教学与研究，2013（10）：27-31.

⑫　陈素萍. 培养批判性思维能力的解构式英语小说阅读教学[J]. 中小学外语教学（中学篇），2015（10）：27-31.

⑬　刘威. 通过读活英语原版小说培养学生的高阶思维能力[J]. 中小学外语教学（中学篇），2016（11）：27-31.

三、硕博论文对文学阅读教学的研究

此外，近年来还有一些硕士论文研究文学阅读教学，这些研究也主要集中在文学阅读的可行性和必要性、文学阅读的选材、教学模式等方面，从知网查阅迄今为止还没有博士论文研究英语文学阅读，但有几篇博士论文研究语文的文学阅读，如胡根林的博士论文《语文科文学课程内容研究》①，周燕的博士论文《语文科文学课程研究》②，史洁的博士论文《语文教材文学类文本研究》③，黄耀红的博士论文《演变与反思：百年中小学文学教育研究》④等，这几篇博士论文主要聚焦语文文学教学的历史、内容确定、课程设置、教学方法等方面。

下面分别从不同的方面来梳理下有关英语文学阅读教学的主要的硕士论文，首先是关于高中英语文学教学可行性和必要性的研究，这部分研究基本集中在高中英语文学欣赏选修课开设的研究上，这些论文见下表2-7。

表2-7 **高中英语文学教学可行性和必要性方面的硕士论文**

论文题目	作者/单位/完成时间	主要内容
《高中开设英语文学欣赏选修课的可行性研究》	徐枫/东北师范大学/2008年	探讨了高中阶段开设英语文学欣赏选修课的可行性，倡导在高中英语课堂教学中开展文学教学，让文学为语言教学服务
《在高中开设英语文学欣赏校本课程的可行性探析》	林斌/福建师范大学/2008年	探讨英语文学作为校本课程来开发是否可行和研究外语教学中文学学习对学生的英语水平的提高和学习积极性的影响
《高中开设英语文学选修课的可行性调查》	杜锐/华中师范大学/2012年	在湖北省襄阳市第一中学开展了英语文学选修课开设的可行性调查
《文学作品选读在高中英语课堂教学中的实践研究》	徐莉/苏州大学/2011年	采用实证研究的方法，论证了英语文学教学在学生语言学习、文化学习和人文素质培养等方面的重要作用，倡导教师在英语教学中要使用文学作品进行教学

其次就高中英语文学教学的选材方面的研究见表2-8，这些对文学作品选材的研究都有独到的见解，但仍多聚焦于选修课的选材，并且选材也主要局限于简易读物，所以这些研究缺乏系统性，没有可参考性。在人类悠久的文学历史长河中，文学作品不胜枚举，如何选择适合高中生阅读的素材确实是个难题，所以文学教学的选材问题还有待于

---

① 胡根林. 语文科文学课程内容研究［D］. 上海师范大学博士论文，2008.
② 周燕. 语文科文学课程研究［D］. 上海师范大学博士论文，2008.
③ 史洁. 语文教材文学类文本研究［D］. 山东师范大学博士论文，2008.
④ 黄耀红. 演变与反思：百年中小学文学教育研究［D］. 湖南师范大学博士论文，2008.

进一步去探索。

表 2-8　　　　　　　　高中文学教学选材方面的硕士论文

论文题目	作者/单位/完成时间	主要内容
《新课程标准下普通高中英语文学选修课的开发和实施》①	马隽/华东师范大学/2006 年	讨论文学选修课的探索过程，主要为高中英语选修课的教学实践提供指导
《英语简易读物与高中英语课程的结合》②	吴玉玲/福建师范大学/2008 年	通过在高中英语课程中融入英语简易读物，论证简易文学作品对学生的语言能力所产生的积极作用
《论高中英语文学欣赏选修课校本课程的开发——以长沙雅礼中学为例》③	牛艳敏/湖南科技大学/2011 年	对英语文学校本课程的开发为研究内容，以期能为高中英语文学欣赏选修课校本课程的开发(特别是文学教学选材)提供一些借鉴和参考

就高中英语文学的教学模式方面研究如表 2-9。这些教学模式比较具体，但大多仍然聚焦于一堂课，缺乏对于整本文学名著阅读的教学指导，所以这些教学模式只是对单独的某堂文学阅读课具有一定的教学实用价值，而对于整体的文学课程的建构仍缺乏专业性，也还不全面和成熟。

表 2-9　　　　　　　高中英语文学阅读教学模式方面的硕士论文

论文题目	作者/单位/完成时间	主要内容
《基于英语文学的高中英语阅读能力培养实验研究》④	范淑华/华东师范大学/2006 年	提出了利用建构故事结构图的方法来指导学生进行文学阅读
《高中英语文学阅读"持续默读"教学模式建构》⑤	黄少珠/福建师范大学/2012 年	试图把"持续默读"教学模式引入高中英语文学阅读教学实践中

还有的是在对文学教学现状进行调查分析的基础上，研究语言与文学的关系，提出在高中英语课堂教学中要结合文学进行教学(见表 2-10)。

---

① 马隽. 新课程标准下普通高中英语文学选修课程的开发和实施[D]. 上海：华东师范大学硕士论文，2006.
② 吴玉玲. 英语简易读物与高中英语课程的结合[D]. 福州：福建师范大学硕士论文，2006.
③ 牛艳敏. 论高中英语文学欣赏选修课校本课程开发——以长沙雅礼中学为例[D]. 湖南科技大学硕士论文，2011.
④ 范淑华. 基于英语文学的高中英语阅读能力培养实验研究[D]. 华东师范大学硕士论文，2006.
⑤ 黄少珠. 高中英语文学阅读"持续默读"教学模式建构[D]. 福建师范大学硕士论文，2012.

表 2-10   语言与文学的关系方面的硕士论文

论文题目	作者/单位/完成时间	主要内容
《中学英语课堂的文学教学》①	黄嵘/华中师范大学/2003 年	首先对中学英语课堂的文学教学现状进行问卷调查，并在课堂上进行文学教学实验，然后对调查和实验的结果进行分析与思考，就教学内容、教学模式及评价手段等方面给出了自己的一些见解和建议，旨在希望能在中学英语课堂恢复文学教学
《新课标下高中英语课堂中的文学教学》②	陈振兰/福建师范大学/2008 年	通过开展问卷调查和进行教学实验两种方式来论证文学与语言的密切关系，探讨恢复中学英语课堂的文学教学，发挥文学教学的功能，用以提高学生的综合素质，促进他们的全面发展
《高中英语教学中的文学教学》③	余俊/华东师范大学/2011 年	通过问卷调查了解当前高中英语文学教学现状以及师生对文学教学的态度，提出了在高中英语课堂教学中要把文学和语言教学有机结合起来，并呼吁教师们要更新教育观念、改革教学模式、优化教学策略

综观上述这些研究，对高中英语文学阅读教学的研究虽然近年来越来越重视，大多研究也具有一定的理论导向意义和实践指导价值。这些研究对于推动高中英语文学阅读教学的开展起到积极的引领作用，然而大多数的研究依然集中在高中英语文学阅读教学的课堂教学策略、选修课的开设、文学作品简写读物的阅读应用等话题，对于英文原著整本书阅读、文学阅读课程体系的建立，大规模文学阅读教学的实践，基于文学阅读的读写结合教学实践，基于文学阅读的高考复习实践等层面的研究仍然处于空白阶段。鉴于此，本研究希望能在前人研究的基础上进一步、更深入地去完善高中文学阅读教学的研究，尽量扩大研究对象的范围，加强对原著英文著作的阅读，并尝试多轮长期的行动研究，从如何教学、教学效果如何、如何提高教学效果等层面进行深入、细致的研究。

第四节 行动研究及在外语教学研究中的应用

本研究扎根于一线教学实践，采用的主要方法是行动研究。行动研究起源于美国，近年来在我国外语教学研究中被广泛采用。

---

① 黄嵘. 中学英语课的文学教学[D]. 华中师范大学硕士论文，2003.
② 陈振兰. 新课标下高中英语课堂中的文学教学[D]. 福建师范大学硕士论文，2008.
③ 余俊. 高中英语教学中的文学教学[D]. 华东师范大学硕士论文，2011.

一、行动研究的起源和发展

关于行动研究的起源，目前学界比较主流的观点是将其归功于"二战"时期，由美国联邦政府印第安人事务局长 Collier（柯立尔）提出，为了使民族问题得到良好的解决效果，他让科学家和实际工作者合作进行研究，这便是行动研究的最早尝试。20 世纪 40 年代著名社会心理学家 Kurt Lewin（科特·勒温）将其进一步发展，不仅在心理学界用于研究少数民族问题，而且还扩展到工业培训，在其著作《行动研究与少数民族问题》中提出了"没有无行动的研究，也没有无研究的行动"，突出了行动与研究相辅相成的重要性。① 进入 20 世纪 50 年代，在哥伦比亚大学教育学院院长 Stephen Corey 的推动下，行动研究开始被应用到教育界，他在其著作《改进学校实践的行动研究》②中对校本行动研究进行了详细的阐述，并鼓励教师、校长和督导运用行动研究的方式来改进教学和管理。行动研究很快引起重视，被广泛应用于社会性研究和教育行政管理、课程、教学、教师等研究之中。由于该研究方法特别适合于指导教师通过系统的课堂研究提升教学效果，因而尤其受到广大教学工作者的欢迎。但行动研究的兴起不久便受到科学界的质疑，有学者认为行动研究没有很大的价值，缺乏科学性和严谨性，自 50 年代后期起，行动研究逐步降温③

70 年代中期，在 Lawrence Stenhouse（1975）和 John Elliott（1976）研究的影响下，行动研究再一次兴起。Stenhouse 和 Elliott 在他们的研究中明确指出，行动研究是对教学理论的进一步发展，行动研究主要立足于解决实际问题。自此，有很多行动研究的案例报告发表。Stenhouse 认为，通过不断的研究和积累，通过综合性的分析，行动研究的结论是可以推广的。④

二、行动研究的特点

有关行动研究的特点的论述很多，国外比较经典的论述有 Kemmis，S. & Mc Taggart，R. 所归纳的三大行动研究特点：(1)由教学第一线教师参与；(2)具有合作的性质；(3)探究的目的是为解决教学中存在的问题，改变现状。⑤ 国内的论述多是这个总结的延伸或演绎，比如国内学者潘洪建总结的行动研究的三大特征是：(1)理论与实践互动，跨越理论与实践的鸿沟。(2)关注情境化问题，优化教学实践的品质。(3)不

---

① Levin K. Action research and Minority problems［J］. Journal of Social issues，2010(4)：34-46.

② Corey Stephen M. Action Research to Improve School Practices［M］. New York ：Bureau of Publications，1953：23-30.

③ Zuber-Skerritt，O.（ed.）New Directions in Action Research.［M］. London：Falmer Press，1996：4.

④ 王蔷. 英语教师行动研究［M］. 北京：外语教育与研究出版社，2002：4.

⑤ Kemmis，S. & Mc Taggart，R. The Action research Planner［M］. Victoria（Australia）：Deakin University Press，1982：5.

断尝试与反思，促进教师专业成长。① 国内学者王蔷认为和传统的量化研究或实验研究相比，教育行动研究具有以下特点②（见表 2-11）。

表 2-11　　　　　　　　　　行动研究和传统的量化研究的比较

	行动研究	传统的量化研究或实验性研究
问题的提出	由教师本人提出，是教师直接关心的问题	一般为研究员所选的课题，与教师和学生没有直接的关系
研究的对象	研究自己的学生和自己的教学，研究与本人有密切的关系	研究的对象为某些学校或某些教师或某些班级的学生，与研究者本人无直接的关系
研究者角色	设计者、实施者、参与者、评价者	设计者、指导者、评价者
研究的过程	自下而上、既重视结果，也重视过程	自上而下，重视结果是否验证假设
研究的方法	观察、反思、日志、座谈、调查问卷等	实验、对比、测试、调查问卷，数据统计等
研究的本质	强调过程和可持续发展（长期行为）	强调结果（短期行为）
数据的分析	重视客观的数据、主观感受以及自然环境的影响	重视客观数据，排除干扰，严密控制变量，量化分析
研究的意义	结论课直接应用于改进实践	一般得出普遍性的结论，用于提供宏观指导和参考
研究的目的	教师职业发展、改进教学的实践	验证理论，发现规律，提供宏观指导和决策

三、行动研究在外语教学研究中的应用

自 20 世纪 90 年代以来，教师认知研究的成果以及二语教学"后方法时代"观念的出现，极大推动了行动研究在外语教学领域的发展。至此，行动研究与语言教师的发展就紧紧联系了起来，成为教师解决专业问题以及通过对教学行动的反思来促进自身发展的一条重要的途径。③ 行动研究于 20 世纪 90 年代被介绍到国内，但我国外语教师对行

① 潘洪建. 教学行动研究：旨趣、问题与应对[J]. 当代教育与文化，2015(3)(Vol. 7 No. 2)：42-43.

② 王蔷. 英语教师行动研究[M]. 北京：外语教学与研究出版社，2002：23.

③ Wallace M. J. Action Research for Language Teachers[M]. Cambridge：Cambridge University press，1998：253.

动研究仍然缺少了解，还远远没有成为一种专业化发展的自觉行动。再者，行动研究作为一种质性研究，在学术界尚没有收到足够的重视，直到近年来，随着我国高校英语教学改革的持续发展，行动研究在教师的专业发展中越来越显示其重要性。① 并且越来越多的研究者和大学教师走进中小学课堂，开展行动研究，改进教学现状。其中比较典型的有北京师范大学外文学院外语教育与教师研究所和北京市海淀区教师进修学校合作开展的高中英语教师行动研究，课题于 2007 年 9 月立项，旨在通过高校与基础教育教师的合作，将课堂教学研究与教师专业化成长有机结合起来，推动高中英语新课程改革的升华。这项行动研究的成果 7 篇文章 2009 年陆续在中小学外语教学（中学篇）上发表，在基础英语届引起重大反响。这 7 篇文章如下表 2-12。

表 2-12 　　　　　**2009 年《中小学外语教学（中学篇）》有关行动研究的系列论文**

作　者	文　章　标　题	刊期页码
侯敏华、林周婧	《依托语境潜移默化地学习词汇》	6. 1②
刘丹、刘宇、马欣	《从循序渐进学词汇到逐层深入用词汇》	7. 13
凌蕙	《帮助普通学校高中生有效积累英语词汇的研究》	8. 14
刘桂章、谭松柏	《对子活动对高中生课堂活动参与积极性和情感态度的影响》	9. 25
张爱英、俞叶、刘芳等	《提高高中生英语听力水平的行动研究》	10. 28
孔繁华、霍艺红等	《高中英语过程写作行动研究》	11. 7
刘岩、张季红、陈则航	《高中学生英语写作中连接词使用的行动研究》	12. 8

从这些文章的标题可以看出这项行动研究涉及英语教学的方方面面，如听力教学、词汇学习、写作教学、如何调动学生课堂参与的积极性等，是理论工作者和一线实践教师的一次有效互动。

在教育改革不断深化的背景下，中小学外语教师不应局限于作为被研究的对象，而应当积极发展为教育研究者。许多中小学教师具备丰富的教学经历与实践知识，但理论基础和研究经历与经验则相对薄弱。面对数据收集和分析、信度与效度控制等方法论问题，许多教师缺乏必要的技能训练，对教育方法具有迫切的学习需求。基于新形势下的教师专业发展要求，《中小学外语教学（中学篇）》在 2014 年刊登由北京师范大学外文学院外语教育与教师教育研究所组织相关专家、学者撰写的关于行动研究的系列论文，这组论文旨在与中小学外语教师共同探讨行动研究的内涵、意义和方法等，这组文章共十篇，目录如表 2-13。

---

① 钱晓霞，陈明瑶，刘瑜. 基于课堂教学研究的外语教师专业自主发展：反思与行动［M］. 北京：中国书籍出版社，2016：57-58.

② 注：6. 1 代表该文中小学外语教学（中学篇）第六期第一页起，下同。

表 2-13　　**2014 年《中小学外语教学（中学篇）》刊载的如何做行动研究的论文**

作　者	文　章　标　题
王蔷、胡亚琳①	《通过开展行动研究做研究型外语教师》
胡亚琳、王蔷②	《访谈法在中小学外语教师行动研究中的应用策略》
国红延、陈则航③	《如何在行动研究中采用问卷调查方式收集数据》
张虹、王蔷④	《课堂观摩在外语教师行动研究中的应用》
张宁、敖娜仁图雅⑤	《如何收集和分析课堂话语》
孙晓慧、罗少茜⑥	《如何在行动研究中记录和分析教学日志》
陈则航、国红延⑦	《行动研究中测试和问卷数据的整理和分析》
胡新建、马欣⑧	《如何分析行动研究中访谈与反思的数据》
罗少茜、孙晓慧⑨	《如何撰写行动研究报告中的文献综述》
钱小芳、马欣⑩	《如何撰写行动研究报告》

　　从这些文章的标题可以看出，文章系统介绍了行动研究中常用的访谈、观察、问卷调查等数据收集方法，文献综述法以及主题分析、话语分析等数据分析的方法，行动研究报告的撰写等，这组文章为广大中小学教师开展行动研究提供了理论支持和帮助。
　　国内较早把行动研究引进到外语教学中的王蔷教授近年出版了两本有关行动研究专

---

　　① 王蔷，胡亚琳. 通过开展行动研究做研究型外语教师[J]. 中小学外语教学（中学篇），2014（1）：1-6.
　　② 胡亚琳，王蔷. 访谈法在中小学外语教师行动研究中的应用策略[J]. 中小学外语教学（中学篇），2014（2）：25-30.
　　③ 国红延，陈则航. 如何在行动研究中采用问卷调查方式收集数据[J]. 中小学外语教学（中学篇），2014（3）：32-37.
　　④ 张虹，王蔷. 如何在行动研究中采用问卷调查方式收集数据[J]. 中小学外语教学（中学篇），2014（5）：32-35.
　　⑤ 张宁，敖娜仁图雅. 如何收集和分析课堂话语[J]. 中小学外语教学（中学篇），2014（6）：35-38.
　　⑥ 孙晓慧，罗少茜. 如何在行动研究中记录和分析教学日志[J]. 中小学外语教学（中学篇），2014（7）：25-30.
　　⑦ 陈则航，国红延. 行动研究中测试和问卷数据的整理和分析[J]. 中小学外语教学（中学篇），2014（7）：31-36.
　　⑧ 胡新建，马欣. 如何分析行动研究中访谈与反思的数据[J]. 中小学外语教学（中学篇），2014（8）：46-封三.
　　⑨ 罗少茜，孙晓慧. 如何撰写行动研究报告中的文献综述[J]. 中小学外语教学（中学篇），2014（9）：45-48.
　　⑩ 钱小芳，马欣. 如何撰写行动研究报告[J]. 中小学外语教学（中学篇），2014（10）：46-封三.

著，一本是《高校与中学英语教师合作行动研究的实践探索：在行动中研究、在研究中发展》①，这是一部高校研究者与中学英语教师合作开展行动研究的成果集。全书分上、中、下三篇。上篇介绍了行动研究的背景、目的和意义，阐述了双方合作开展行动研究的理论与实践基础，报告了双方在合作开展行动研究中的经历、过程和所取得的成果。中篇汇集了中学英语教师与高校研究者共同完成的 18 篇行动研究报告，以及双方在行动研究过程中的反思。下篇是中学英语教师在参与行动研究中的读书感悟。另一本是《英语教师行动研究（"基础外语教学与研究丛书"）（修订版）》②，是为普通的英语教师而写，旨在鼓励和支持他们参与到行动研究的行列中，并提供研究的方式和方法。内容包括有关英语教师行动研究的基本理论以及研究方法、操作建议等，并提供了真实的案例分析。

四、本研究所采用的行动研究的模式

本研究以课堂教学为切入点，在研究中立足于教学实际，扎根课堂，通过对教学的系列反思和诊断，不断总结和改进教学。正如上文中提到行动研究法的特征是"为行动而研究""对行动进行研究""在行动中研究""行动者进行研究"。本研究的研究过程遵循：问题→计划→行动→反思→再发现问题→再计划→再行动→再反思等循环往复的行动模式。（如图 2-1）

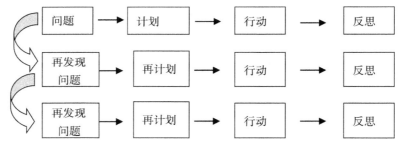

图 2-1　本行动研究过程图

总之，该行动研究是一个从发现问题，到采取行动计划再到批判性反思再到行动之间的循环往复的过程。它包括在实践中发现问题，经过反思制定解决问题的计划方案，在理论的指导下实施计划方案，在实施过程中观察并反思计划实施情况以及预计的行动结果，修订计划与行动，为下一步的计划提供信息与理论指导，开始新一轮的研究。

---

① 王蔷，张虹. 高校与中学英语教师合作行动研究的实践探索：在行动中研究、在研究中发展[M]. 上海：上海教育出版社，2012.

② 王蔷，张虹. 英语教师行动研究（基础外语教学与研究丛书）（修订版）[M]. 外语教学与研究出版社，2014.

第三章　高中英语文学阅读教学第一轮
行动研究：尝试和探索

当谈到教育理论的时候，通常从三个不同的视角来划分：哲学取向、科学取向与实践取向的教育理论，相应地教育研究也可大致归纳为三类：教育哲学研究回答"什么是好的教育？"，教育科学回答"什么是教育事实？"，教育实践研究回答"教育如何才能做得更好？"，教育实践研究具体包括：教育是如何成为现在这样的？教育行动是如何展开的？教育如何才能做得更好？主要涉及真实的教育实践是如何发生的，其背景、过程、结果，以及如何改进现在的教育实践等主客观层面的问题，进而产生经验概括，或者进一步将经验概括提炼为理论归纳。① 本研究扎根于课堂教学实践，毫无疑问它是一项实践取向的研究，研究的方法主要是行动研究方法。正如文献综述里阐述的，行动研究是随着研究的推进，行动的过程是循环往复，螺旋上升。下面三轮行动研究就是一个不断推进的过程，第一轮行动研究是尝试和探索阶段，第二轮是调整和改进阶段，第三阶段是提升和应用阶段。每一轮行动研究又分别包括问题和假设、制定行动计划、实施行动计划，总结和反思。为了展示具体的实践，每一轮行动研究还选择典型案例来具体说明该轮行动的操作，这三轮行动研究的过程是本研究的重点。

第一节　问题和分析

一、第一轮行动研究的问题

F 中学是当地以外语特色见长的名校，英语采用小班教学，从初中开始就把引进版教材《典范英语》②作为课堂教学的主教材，具有文学阅读教学的基础，而该校高中部是新创建的，英语组老师大多是刚入职的新教师，管理教学的 Y 校长在开学初找我谈话，说我支教除帮带年轻教师外，还要力争延续初中的外语特色，创造适合 F 中学初

---

① 马和民. 教育理论构造的两种理想模型[J]. 华中师范大学学报(人文社会科学版)，2005（9）：118.

② 《典范英语》(Good English)原名《牛津阅读树》(Oxford Reading Tree)，是英国牛津大学出版社出版的一套家喻户晓、享誉世界的英国学生学习母语的材料。自 2008 年引入我国，其中 1~6 适合小学生使用，7~10 适合中学生使用，7~10 由 64 部文学读本组成。

高衔接的高中英语教学特色。我了解到高中部生源大多来自本校初中部，中考成绩仅次于 N 市城区另两所学校，总体生源较好。基于该校的英语教学的实际，我提出在完成人教社的高中英语统编教材外，尝试补充文学阅读教学的想法，于是就和几位年轻的同事交流了我的想法。她们都一致同意我的想法，但是她们认为他们的教学经验并不丰富，建议可以先在我的班级尝试一学期，她们也可以随堂听课，观察学生的反应，如果可行的话再在全年级段推广。我觉得她们的建议很有道理，就初步拟定先在自己的两个班级，共 36 位同学中开展这项实验。一学期实践下来后，实验班同学有 85% 以上同学认为效果较好①，所以从高一下学期开始高一年级三个班级共 109 人全部参与文学原著阅读教学实践中。

开展文学阅读教学首先得考虑阅读内容，在浩如烟海的人类文化长廊中该如何选材呢？所选的材料难度适合学生阅读吗？学生对所选的材料感兴趣吗？所选的阅读材料对学生语言的提升有帮助吗？诸如此类的问题在脑海里一个又一个，就拿选材来说，我们不可能随便去挑选几本文学名著来作为阅读教学材料的，因为教学内容始终是教育教学的核心，教学内容就如我们每天吃进的食物一样，所以决定教什么比怎么教更加重要。而且文学原著的阅读教学对于我来说也是一个全新的教学领域，我作为教师该做些什么准备工作呢？该实验的关键问题之一是如何利用文学作品开展阅读教学，所以开展文学原著阅读有哪些有效的教学策略和课堂教学模式？基于以上思考，第一轮的预想探讨的问题基本形成如下：

1. 文学阅读如何选材？
2. 开展文学阅读要做哪些准备工作？
3. 采用英文原著阅读有哪些有效的课堂教学活动和教学模式？

二、对问题的假设性分析

针对问题一文学阅读的选材问题，F 中学初中部已经阅读完成了《典范英语》七、八、九②三个系列的简写本任务，这三个系列共 50 本，以每本 1 万字计算，课外阅读量达到了 50 万字，甚至远远超过高中课程标准八级要求的课外至少 30 万字的阅读量，充足的阅读量和阅读经历让大部分学生为继续开展文学阅读打下了坚实的基础，而且 F 中学是外国语学校，外语是该校的特色，高一新生大多又毕业于本校初中，其他学校生源的学生也多是冲着 F 中学的英语特色才报考该校高中部的，所以该校高一新生英语基础普遍较好，这都奠定了良好的语言学习的基础，在该校短暂的工作后就了解到该校社团活动丰富、学生普遍综合素质较强，基于该校学生的英语基础分析和前期我在国际部的听课体会，我决定第一轮文学阅读的选材确定为文学原著。

问题二是开展文学阅读的准备，阅读教学的准备除了选材外，作为教师要做好思想上的准备，要仔细研读文本，这样才有资格和底气带领学生走进文学阅读的世界，再就

---

① 36 人的调查显示有 31 人认为文学作品的效果较好并希望继续该实验。

② 《典范英语》七八系列每套共 18 本，九系列每套 14 本。

是学生刚接触原著，可能有恐惧心理，比如词汇的难度，情节的理解、人物的复杂关系等，如何降低学生的阅读焦虑从而让学生顺利读下去？针对这些问题我的假设是学生可以通过分组来处理生词，利用阅读情况记载单等形式监督每天的阅读任务，以及设计梯级问题单来检查对情节的理解。

问题三是本研究的核心，文学阅读教学不是为了做题而读，为了做题而阅读会让学生觉得"头上总是悬着一把剑"，文学阅读是精神阅读，是读者和作者心灵的碰撞，是生命和生命的撞击，它带来的是心灵的震撼和精神的愉悦，所以不论文学阅读教学的策略还是模式应该不同于传统的阅读教学，文学阅读教学的策略和模式应该重在分享和感悟，文学阅读教学的目标应该是情感的触动、阅读兴趣和习惯的培养、人文素养的提升等，但学生在课堂上阅读原著还是第一次，如何发挥教师的指导作用也是文学阅读教学中必须要考虑的。基于以上分析，对于文学阅读的课堂教学方法上我有以下几点假设，为了发挥学生的主体性就要重视学生的展示和分享，为了增加阅读兴趣，可以利用青少年渴望表现，擅长表现的心理特点，适当增加欣赏和表演环节，同时老师对作品的综合分析和阅读指导也是必不可少的。

第二节 制定和实施行动计划

F中学是全寄宿学校，高一每周六节（每节课 40 分钟）英语课，还有两个早自习（每个早自习 20 分钟），学校和教研组决定每周采用两个课时和一个早自习用于文学原著的课堂阅读教学，早自习通常让学生自主阅读或朗读当周原著教学内容，课堂两节课通常根据阅读进度灵活安排下文中提到的不同课型。阅读用书由家委会统一购买。课外的阅读时间安排是：每天花 20~30 分钟阅读原著，建议阅读时间安排在中午静校时间（中午 12：30~13：00）或者晚自习前，周末和假期可以适当增加阅读时间，按阅读速度每分钟 50~100 词，一学期（按 15 周计算）可以轻松地完成一本 10 万~12 万词的原著，而且高一到高二暑假期间时间较长，我们安排了阅读一本原著中的部分作为暑假作业，两学年里共完成近 5 本文学原著的阅读和教学任务。这些原著是《相约星期二》《夏洛的网》《老人与海》《了不起的盖茨比》《傲慢与偏见》（第一部二十三章）的阅读和教学任务。为什么选用这些原著以及如何完成整个文学阅读教学任务的是第一轮行动研究的中心任务。第一轮整个行动研究的问题和解决问题的措施如图 3-1 所示：

一、高中英语文学阅读教学的选材

要利用文学作品来进行文学阅读教学，首先需要从卷帙浩繁的外语文学世界中选择适合高中生阅读的作品，在选择这些作品时需要考虑哪些因素呢？在教学实践中文学作品的选择是关键，毫无疑问所选的文学作品不仅要符合学生的语言认知水平，力求语言优美、地道，而且作品的内容要具有吸引力、主题要积极向上，这样既能保证学生浸润在原汁原味的语言中学习地道的语言，又能保证对青少年的心理的成长和思维的发展有

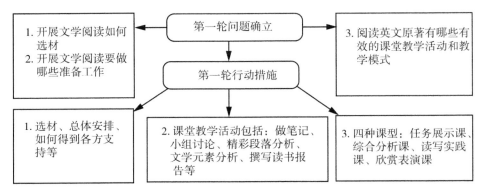

图 3-1　第一轮行动研究措施

积极的推动作用。有关选材原则的论述很多，有学者认为选材应考虑五项原则：语言难度、语体特点、文学作品的内容和北京、作品的主题、该文学作品在文学史中的地位。① 还有学者认为选材要突出欣赏、适合学生、适合教师等。② 本研究在遵循这些选材的原则的时候，也具体考虑到实验对象的心理特征和个性水平、现实条件等因素。下面讨论的是本研究是如何完成文学阅读的选材的。

（一）现实成功经验的验证

第一本书就是选用当时 F 中学国际部阅读的《相约星期二》，在阅读这本书前 Richard③ 先生还提供他的教学资料供笔者参考，在实践中笔者还坚持和 Richard 先生保持频繁的交流，后来的实践证明学生特别喜欢这本书。《老人与海》《傲慢与偏见》是两部经典名著，在国外中小学普遍作为文学阅读的必读书。其中《老人与海》是海明威的一篇中篇小说，是他最著名的作品之一。它奠定了海明威在世界文学中的突出地位，这篇小说相继获得了 1953 年美国普利策奖和 1954 年诺贝尔文学奖。《傲慢与偏见》是简·奥斯丁的代表作，也是一部经典的小说，该小说在英国广播公司（BBC）的"大阅读"（Big Read）④"有史以来最受读者喜爱的小说"调查活动中名列第二名（仅次于小说《指环王》）。而且在教学实践前，得知 F 中学国际部高一文学课上也在阅读英文原著，在征得文学老师 Richard 先生的同意后，笔者深入他的课堂观摩学习，经过两周的课堂观摩，不仅学习了国外教师的英文原著阅读课的教学经验，而且还借鉴了他们的教学资源。

《了不起的盖茨比》出版于 1925 年，是美国作家弗朗西斯·斯科特·基·菲茨杰拉

---

① 黄睿. 外语教学中如何选用课外文学作品[J]. 现代教育科学，2011(5)：149-150.

② 马丽. 浅谈高中英语文学欣赏选修课的选材[J]. 中小学外语教学（中学篇），2012(5)：25-30.

③ F 中学国际部英语文学课教师，时任国际部学术校长。

④ "大阅读"活动是 BBC 以电视系列专题片的形式分别介绍优秀文学作品，再由观众投票选出一部"有史以来最受读者喜爱的小说"。

德所写的一部以 20 世纪 20 年代的纽约市及长岛为背景的短篇小说，被视为美国文学"爵士时代"的象征。其后的数十年它更成为国外高中文学课的标准教材。此书在美国"现代文库"的 20 世纪百大英文小说中，名列第二。

笔者和国外一线的文学老师保持频繁的沟通，从他们的教学实践中获得灵感。实践中选用的英文名著是《夏洛的网》，该书是部儿童文学名著，一部傲居"美国最伟大的十部儿童文学名著"首位的童话，风行世界 50 年，发行千万册，大多学生已经阅读过该书的中文版本，在国外该书是推荐给小学四年级的学生阅读的，考虑到这本书难度不大，学生也有一定的背景知识，所以就选择该书，从实践来看，学生完全能够接受这本书。

(二)学生的心理的需求和成长的需要分析

阅读兴趣是成功的关键，要保持学生的阅读兴趣，首先要找到学生的心理需求并满足他们的心理需求，同时学生成长的需求也是选择文学作品的一个重要因素。

《夏洛的网》讲述了一个可爱的小猪威尔伯为了避免被做成大餐而和它的动物朋友们一起设法躲过此劫的故事，它是一首关于生命、友情、爱与忠诚的赞歌。当时考虑到我们的学生刚刚踏入高中的校门，迫切需要适应新的学习环境，并渴望在高一新的学习环境里结交新的朋友，这本童话刚好符合高一学生当时的心理需求。这本童话的主题就是友谊和爱，而且语言难度也不大，又具有童趣，学生大多在小学时候已经阅读了这本书的中文版本，所以这本原著不论是从主题还是内容难度上学生都是能够接受的，而且也是符合当时学生的心理需求的。

《相约星期二》是一个真实的故事：年逾七旬的社会学教授莫里在 1994 年罹患肌萎性侧索硬化症，一年以后与世长辞。作为莫里早年的得意门生，米奇在老教授缠绵病榻的 14 周里，每周二都上门与他相伴，聆听他最后的教诲，并在他去世后将老师的醒世箴言缀珠成链，冠名《相约星期二》，这是一本进行人生教育和生命教育的绝佳教材。高中学生逐渐步入成年期，对生活中比如家庭、情感、金钱、死亡等一些重大问题已经开始有自己的思考，而我们传统教育中对这些和分数无关的问题往往避而不谈，而《相约星期二》正是人生教育和生命教育的绝佳教材。可以说这本书直视青少年成长过程中遇到的困惑和烦恼，所以这本书在学生中引起了强烈的共鸣，很多学生说这本书是目前为止他们最喜欢阅读的一本书。

(三)教育价值引领

《老人与海》围绕一位古巴老年渔夫，与一条巨大的马林鱼在离岸很远的湾流中搏斗的故事。这本书篇幅适中，大多学生也阅读过中文版本，所以内容学生较熟悉，阅读这本书时学生刚开始高二生活的时候，高二的学生已经基本适应了高中生活，对高中生活也没有什么新鲜感了，但部分同学在高中生活这个新的环境里成绩下降，出现了迷茫、低沉的心理状态。正好这本文学名著主题鲜明向上，是一本很好的励志教材。《傲慢与偏见》和《了不起的盖茨比》两部名著基本都是以爱情和金钱为主题，在这个物欲横流的社会里，当大多人都以金钱和物质的追求作为人生成功的标志的时候，我们的学生应该培养怎样的金钱观和爱情观？这是我们的青年学子不应该回避的现实问题，所以这两本名著的阅读有利于培养我们学生正确的爱情观和金钱观，为他们的健康成长奠基。

(四)现实教育基础分析

教学实践中所选的文学名著都有中文译本，而且大多都有几种经典的、广为流传的中文版本，例如《傲慢与偏见》就有几种广为流传的中文译本①，这样学生在阅读过程中遇到困难的时候可以参考中文版本，除了中文版本以外，这些文学名著都改编成了电影、电视剧等形式，其中《傲慢与偏见》《了不起的盖茨比》还有不同时代的电影版本，BBC还拍摄了《傲慢与偏见》的电视剧版本，而且这些文学名著还有音频，在每本名著阅读前会把音频文件共享给学生，学生在不同的时间和场合还可以听这些英文名著，而且这几本英文名著的在国外的中小学文学阅读课堂也经常被阅读，所以很容易通过网络找到这些文学名著英文版的阅读指导，这也给教学提供了很大的便利和可行性。

二、开展文学阅读教学的准备

文学阅读选材完成后，课堂教学实践是文学阅读研究的核心，课堂教学是教学成功的生命线，成功的课堂教学实践包括教学的准备、科学的课堂教学策略和合理的教学模式。

俗话说"万事开头难""功善必先利于器""不打无准备的仗"，要进行一项新的教学实验除了自己做好心理准备和教学资源方面的准备外，还必须获得校方、家长和同学的理解和支持，理解和支持的前提是他们能充分相信实验的科学性和有效性，并能切实提高英语学习的效率。

(一)学校和家长的支持

我支教的重要任务之一就是帮助建立高中的外语学科特色，校方当然支持我的教学实践。为了获得家长的支持，我写了一份告家长书如下。

尊敬的家长们：

您们好！

我是您们孩子的英语教师，首先恭喜您们的孩子能够在 F 中学就读，这三年的高中生活是您们孩子成长的黄金时期，它将是孩子们未来人生的基石，可以说这段时光他们的精神上吸收了什么直接决定着他们未来成长的方向和境界。

F 中学作为一所具有浓厚外语特色和国际氛围的现代化窗口学校，初中的外语教学在继承良好的传统的基础上，近年来又通过加强和国内外知名高校合作，引进英国原版教材《典范英语》等，使得我校的初中英语教学在我市乃至全省都是声名远扬，成绩斐然。但高中的英语教学大多数学校是在高考大纲的指引下，围绕教材，讲解语言点，通过大量的练习来为高考做准备，这种传统和单一的教学方式和 F 初中的外语特色极不协调。为了改变这一状况，您们这一届孩子计划在高中英语教学中延续初中英语教学的良好传统：除完成高中课标要求的教学任务外，把阅读

---

① 例如《傲慢与偏见》至少有三种比较权威的中文译本(分别是王科一、孙致礼、张隆胜等翻译的版本)。

经典的英语原著作为教学的重要内容。这样做的目的不仅是想延续我校初中英语教学的良好传统，提高孩子的语言综合运用能力，也是想让您们的孩子在高中成长的黄金时期能够在经典的、地道的语言中浸润，从而达到既学习语言又发挥英语教学对您们孩子精神成长的引领作用。

而且高中生英语学习能力不断提高、抽象思维能力和批判思维能力急剧发展，他们具备阅读英语文学原著的能力，基于以上考虑我们打算在高中阶段引导您们的孩子阅读英语原著，高一外语组商量决定这一实验先在我任教的两个班级进行，我们选定阅读的作品是美国著名作家作家米奇·阿尔博姆的作品《相约星期二》（*Tuesdays with Morrie*），该书在全美各大图书畅销排行榜上停留 4 年之久，被译成包括中文在内的 31 种文字，成为近年来图书出版业的奇迹。下面想和家长们交流下我将在英文原著阅读教学中对同学的几点建议，希望家长们予以指正：

1. 建议每天 15~30 分钟，希望您们定期检查孩子的阅读进展，欢迎有兴趣的家长和孩子一起阅读这部名著，阅读后和孩子分享阅读的体验。

2. 在阅读的过程中如果发现因为生单词较多等原因很难读下去的情况，建议家长鼓励孩子翻词典或协助孩子买本该书的中文译本（建议参考上海译文出版社版本），阅读有困难的章节可以参考中文译本对照阅读，但千万不要只读中文译本。

3. 希望家长能够督促孩子做好阅读笔记和摘抄，并且建议就每章内容设计两到三个问题，或在每章节选择一、两个精彩的段落，在这些段落旁边写写简单的个性化的评注，也可就每章的内容写小结或评论。我们会把该书作为教学和测试内容。

希望家长能够对我们高一英语教学的新尝试提出切实的建议，我们热烈欢迎您们能够走进我们的课堂，来看看您们孩子的表现，更希望得到您们对我们教学的指导和建议。

预祝您们的孩子在高中生活里学习进步、健康成长！

高一英语备课组
2012/09/20

从家长的反馈来看，绝大多数家长支持笔者的做法，家长委员会还帮忙采购书籍，而且还提出了一些中肯的建议，比如就阅读的书目和阅读的方法提出了一些建议，有些家长建议读一些传统的经典名著，这给后面的实验奠定了基础。

（二）同伴的支持

为了开展文学阅读研究，还要争取获得同伴的专业支持，我从开学就坚持听 F 中学国际部①文学老师的课程，听课的目的是学习文学阅读的先进教学经验。下面是我一次听课后的日记：

---

① F 中学国际部成立于 2011 年，主要是 AP（美国大学先修课程）课程。

Today I observed the second period taught by Richard. In this period he talked about the novel *The Five People You Met in the Heaven* by Albom. I haven't read this novel but I know it is also a philosophical novel, in which an old man died in an accident and he met five different persons in heaven and it also teaches us some great lessons. In today's lesson Richard talked about the third person the old man met in the heaven. At first he distributed a piece of paper and on it there were five questions for checking the students' comprehension. After the students completed it he asked the students to exchange their answering sheets and corrected the answers in pairs. The corrected papers were then required to be handed in and graded.

Later on he talked about some topics related to this chapter. The first topic he talked about is dreaming. The questions he asked are very interesting, which included: Do you dream? In what language do you dream? Do you think your dreams are significant to your daily life? The students were very interested in the discussion. When one student said dreams can reflect what we are thinking in our daily life and also can reflect our inner thought or subconscious thought. He told the students one interesting fact we only use 10 percent of our brain and ninety percent of our brain are sleeping. He also asked what nightmare was in the novel.

After this topic he asked the students to talk about festivals and parenting. As for parenting this topic he cited an interesting saying: spare a rod and spoil a child. From this saying, we should be strict with our children, and if we are loose with them, they may be spoiled.

From the whole lesson, I can feel Richard is a very dedicated and devoted teacher and he is very humorous and friendly to the students. The students laugh all the time in his class and the students like his teaching very much. I benefited a lot from his lesson and next week I will attend his lessonagain. 【R1】

从这则日记可以看出，同伴的听课中我学习到了很多文学教学的方法，如关键问题导读，所读文本和现实生活的链接，注重过程性评价等都融入了我以后的课堂中，而且我还感受到了老师对专业的热爱，在阅读教学中对学生不同观点的支持以及对学生阅读兴趣的呵护都给我今后的实验提供了典范。

（三）同行专家的支持

在实验教学的初始阶段和过程中我坚持和外教 Glen 一直保持邮件来往，迄今为止和文学教学有关的往来邮件有 30 多封，Glen 曾在我校担任外籍教师，在美国国内有丰富的文学阅读教学经验，下面是我们邮件来往的摘录。

From：george72cn[mailto：george72cn@ 163. com]
Sent：Tuesday, September 11, 2012 4：28 AM

To：Glen D. Young

Subject：A Letter to Glen

Dear Glen,

This semester I am teaching senior 1, and the students are good in terms of English, some of whom will choose to study in your country. Every week I have ten to twelve classes, and we use the English textbook written by the People's Publishing House, which is the largest official publishing house and is governed by the Ministry of Education, so most schools choose its textbooks. I know in your country it is more free and flexible to choose the teaching materials. Most senior students will have to face the college entrance examination, and the examination paper is based on the textbooks I mentioned above, so in most cases we are unwilling to take risks to use other materials. But I have come to realize that the designated textbooks are more and more limited and old-fashioned in terms of language acquisition. I think language is for communication and should be functional and also language study should be integrated into the awakening of cultural awareness and improvement of spirit and soul. So I tried to integrate literature reading in my classroom, so far we have read several chapters of Tuesdays with Morrie. The whole process is an experiment and I hope your experience will help me. Here I have several questions and could you give me some advice?

First, I don't know what role literature reading plays in your classroom and have you ever tried this way to improve your students' English or did you have any personal literature reading experience which benefited you a lot ?

Second, I firmly believe language study is not only for language itself, and it should also involve the improvement of the whole person. In a way English teaching is different from English education, and I more believe in English education. I think here we pay too much attention to English teaching, so we ask the students to recite and exercise a lot, which upsets and frustrates the students. But if we have a belief in English Education, we will take the students' interest and personality into consideration and we have the concept of human in our eyes especially in our hearts. So I plan to write an articleabout this topic：Integration literature into language classroom—an approach to shifting from English teaching to English education.

Third, if you are also teaching literature in your language classroom, could you share some teaching strategies you think are good for you.

I hope this e-mail finds you and your family well. Hope to hear some of your expertise advice.

Sincerely,

George【MN 1】

在上面这封邮件中我向 Glen 介绍了进行文学阅读实验的背景：在我国英语教学内

容基本统一，而且教学内容陈旧，但这不利于语言能力的提升和人文素养的提升，尝试文学阅读旨在提升语言能力的同时，也设想通过文学阅读来提升学生的人文素养。下面是 Glen 回复的邮件：

At 2012-09-12 19：22：05，"Glen D. Young"<young. gd. t@ petoskeyschools. org> wrote：

Dear George

I am happy to get your email and delighted to offer ideas that I use in my classroom if they are useful. As for textbooks, we are free in the sense that there are no texts that are required；we can typically find several that claim to be linked to our state exit exam. As you might know too, the Common Core State Standards are currently being adopted by approximately 45 of the United States, with the idea that the course of study for sophomore English will be the same in Michigan, where I teach, as it will be in Texas or California. Textbook companies are modifying their texts to fit these new standards. Where we run into trouble at my school is with money：no money, no new texts.

We do use novels in several classes as the texts. Books like *Tuesdays With Morrie* are used in place of textbooks, and the teacher might emphasize character development or story structure and utilize the Mitch Albom book to teach this instead of textbook.

Reading is a huge part of my class, and students are free to choose their own books to read. Each week, my students have two class periods where they read their own books. I ask generic questions that can be answered about all books and they plug in the specific information that comes from their book. I might ask for a summary, or an analysis of a minor character who had a major impact on the story. I also use the newspaper to teach my students about good writing and about language acquisition.

Please ask more questions and let me know if this is at all helpful.

Best to you.

Glen【MN2】

Glen 在回信中说在美国语文课上也没有固定的教材，但是大多的州还是按照州共同核心标准（涵盖 45 个州）来确定教学内容的，他所在的密歇根州也是遵循州共同核心标准的，在他的语言教学中阅读是重要组成部分，他们有两节课阅读课是学生自由选择阅读的书籍，然后老师只是问一些普遍性的问题，学生只需有所读书的一些特定信息来回答这些问题，他还会让学生写该书的概要，分析书中有重大影响的小人物，他还用报纸来教写作和语言能力等，在后面的文学阅读实验中笔者都在借鉴这些技巧。

（四）自身的准备

除了得到家长的支持外，笔者自己也要在心理上和教学上做好准备，要做好文学阅读的教学，老师必须热爱阅读，并且要读透文本，在阅读中还要不断思考，常读常新，这样才有底气和能力来引领学生阅读，才能为学生的各种个性化解读有备而来，下面摘录的是 9 月 30 日我写的一篇教学日记(节选)①记述我当时的准备。

　　下周就要阅读《相约星期二》这本书了，这之前，我已经认真研读过这本书，并且已经仔细整理过这本书的线索，现在该思考从什么地方入手切入这本书比较合理，我也找国际部的学生座谈过，国际部的学生给了一些很好的建议，他们认为这本书开始读起来可能有一定难度，因为生单词较多，但读到教授和学生之间的对话时这部分难度就降低了，而且内容很吸引人。国际部学生建议重点关注十四堂人生课，这部分更能吸引住学生的兴趣，而且能让学生思考自己的人生，深入反思自己的人生观和价值观。

　　这本书生词较多，可以先让每组同学做志愿者把一些生词查阅起来，还可以让学生把好的词组也整理出来，这样阅读就轻松些，我也邀请了 Richard 来做一个讲座，希望他能够把这本书的写作背景，书里面隐含的文化元素，以及一些价值观向同学们介绍下，这样同学们对整本书有个概览，能够从整体上把握这本书。【D1】

三、文学阅读的教学策略

策略原为军事用语，随着语言的发展，策略已成为一个普通用语。在教学领域中，策略又分为学习策略与教学策略。国内学者熊川武把教学策略定义为：指教学活动的顺序安排和师生间连续的实质性交流，指为实现预期效果所采取的一系列有用的教学行为。② 国外学者对教学策略比较典型的定义有 W. 迪克等：教学策略是指"如何向教学者呈现教学、如何让学习者参与教学的方法"③。这一概念起源于美国著名的教育心理学家罗伯特·加涅(Robert M. Gagne)在《学习的条件》(*The Conditions of learning*)一书中描绘的"教学事件"④。可见教学策略是指实现具体教学行为所采取的一系列教学活动和教学事件。

文学阅读的教学活动通常分为读前、读中和读后三个阶段，读前主要是导读和自读，读中聚焦理解和分享，读后关注表达和运用。如表3-1：

---

　　①　5 年的教学实践中我坚持撰写教学日记，教学日记部分是中文写的，部分是英文写的，下文中摘录的部分日记就按当时写作的形式摘录。

　　②　熊川武. 学习策略论[M]. 江西人民教育出版社，1997：38.

　　③　[美]W. 迪克、L. 凯瑞、J. 凯瑞，庞维国等译. 系统化教学设计(第六版)[M]. 上海：华东师范出版社，2007：188.

　　④　[美]R. M. 加涅等. 教学设计原理(第五版)[M]. 王小明等译. 上海：华东师范大学出版社.

表 3-1   **文学阅读的教学活动**

读前（导读和自读） （Guiding and Self-reading）	活动形式	单词+音标+英语释义；词组+中文；导读问题；关于作者，作品和写作背景；自读检查单；跟读录音；摘抄读书笔记等
	活动目的	初读与感悟
读中（理解和分享） （Understanding & Sharing）	活动形式	理解情节和人物关系；赏析语言之美；探究语言之妙；探究主题思想；探究象征意义；分享个性化的理解；乐享思维之趣
	活动目的	细读与分享
读后（表达和运用） （Expressing & Using）	活动形式	书评；表演；影视；评价和反思
	活动目的	研读与表达

下文结合案例举例说明文学阅读教学策略的课堂操作，有些阅读策略在后文教学模式中也会具体阐明。

（一）读前准备：阅读的计划

阅读的计划策略是指在阅读之前安排阅读时间、明确阅读目标、选择适当的阅读策略等。① 在整个文学阅读过程中，为了监控学生的阅读时间，掌握学生的阅读速度，笔者设计了下面阅读情况记载卡（表 3-2），阅读卡重点记录阅读时间，阅读过程中遇到的生词、难句、疑问、自己的阅读体会等，它有利于了解学生的阅读情况，可以根据学生的阅读时间和速度适时调整阅读频率，也是整个阅读进程顺利开展的保证。

表 3-2   **学生阅读情况记载卡**

Name _____ Class _____ Book Title _____ Page _____ to _____					
Reading Time （minutes）	Monday	Tuesday	Wednesday	Thursday	Friday	Weekend/Holidays
Vocabulary：					
Sentences：					
Questions：					
Reflection					

（二）词汇的准备

词汇量是影响学生阅读的首要因素。生僻词汇是学生阅读过程中的拦路虎，学生由

---

① 宗兆宏. 元认知策略培训对学生阅读能力的影响［J］中小学外语教学（中学篇），2011（12）：14-22.

于在平时的学习中词汇量掌握得不够，阅读时一见满篇的陌生词汇，便会烦躁厌恶，读不下去；即使迫于压力勉强为之，也往往因为在某一生词的含义上耗时过多，致使对前文的理解弱化甚至全部消失；往往导致学生陷入不想读——读得少——读不懂——读得慢——不想读的恶性循环当中，英语成绩一落千丈。可见，生僻词的确是学生阅读的最大障碍。① 而且生僻的单词如果一味让学生去查阅词典，不仅影响他们的阅读速度，而且削弱他们的阅读兴趣，为了解决这个问题，笔者充分发挥学生的主动性，让学生按照我的示范(表3-4)然后分组(表3-3)整理每章的生词和重要短语，重要的短语的整理是为了培养学生的语言意识，学会在文学阅读中积累语言材料，从而不断提升学生语言的灵敏度和语言运用能力，在实践中每组5~6个左右学生安排一定的章节做好词典查阅工作来完成 word list(表3-5)同时做好词组梳理工作(表3-6)，这样做还可以让学生在教学实践中培养他们的主人翁意识和责任感，而且还减轻了同学们的阅读负担，增强了同学们的合作和共享的意识。

表3-3 学生词汇梳理分组安排

第一组 P1-47
第二组 P 47-99
第三组 P 100-140
第四组 P 141-192

表3-4 词汇单示范

例如：
The First Tuesday We Talk About The World
atrophy[ˈætrəfiː] *vt* decrease in size of an organ caused by disease or disuse 萎缩
注：包括：单词、音标、词性、英文释义、文中中文含义等，
又如：
thigh[θaɪ] *n* the part of the leg between the hip and the knee 大腿

表3-5 学生梳理的单词举例：Robin Group AP 55-59

The Second Tuesday We Talk about Feeling Sorry for Yourself
Robin Group AP 55-59
mimic [ˈmɪmɪk] *vt.* to copy the action of; 模仿;
insane[inˈsein] *adj.* (of people and their acts) mad; 疯狂的;
nasty [ˈnæsti] *adj.* unpleasant, disgusting 肮脏的; 令人讨厌的;
confrontation[ˌkɔnfrʌnˈteɪʃnə] *n.* the act of meeting with 对抗; 面对; 遭遇;

---

① 林颖. 高中生英语阅读理解中的困难及对策[J]. 中小学外语教学与研究，2011(9)：39-43.

续表

> in light of = according to 根据；
>
> compassion[kəmˈpæʃən] *n.* pity or sympathy 怜悯，同情；
>
> container [kənˈteinə] *n.* a box, bottle, etc, used for holding something 容器；
>
> progression[prəˈgreʃən] *n.* (the action of) progressing, esp. by stages 连续；发展，进展……

除了单词以外，个别学生还养成了习惯，主动梳理书中常见的短语如表 3-6，这样梳理书中的单词和短语就成为学生们分组完成的读前任务，这些活动有助于减轻学生阅读的障碍，增强阅读的自信心。

表 3-6 　　　　　　　　　　　　**学生梳理的短语示范**

> P 2
>
> pose questions of your own 提出自己的问题
>
> perform physical tasks 完成体力活
>
> earn extra credit 赢得额外的学分
>
> in lieu of 代替
>
> The curtain has just come down on children. 这标志着孩提时代的结束。
>
> take small steps 迈着小的步子
>
> sparkle blue green eyes 炯炯有神的蓝眼睛
>
> P 3
>
> death sentence 死刑
>
> With a blissful smile 面带喜悦的笑容
>
> Move to his own sense of rhythm 按自己的节奏移动脚步
>
> drip down 流下
>
> develop asthma 患哮喘
>
> his breathing became laboured 呼吸变得艰难
>
> …
>
> P 4
>
> open a bank account 开银行账户
>
> have a million thoughts running through her mind 脑海里翻腾着无数个念头
>
> get your affairs in order 安排自己的事情
>
> but the idea of quitting did not occur to Morrie 但莫里没有想到要放弃
>
> have a fatal illness 得了绝症
>
> live to finish the semester 活到这学期
>
> lose control of 失去控制
>
> …

而且这些重点单词和短语大多是高考词汇表中出现的或者语言运用过程中的一些高频词汇或短语。文学名著的阅读过程中我们按章为单位整理一些重点的单词或短语让学生课外去记忆，这就不会让我们的文学阅读流于形式，只有奠定了扎实的基本功，学生的综合语言能力的提升才有保障。如下表中同学们整理的小说《夏洛的网》中的第一章到第五章的词汇和短语（表 3-7），和考试说明①中词汇表比照后，只有 injustice，absolutely，adoring，stir 等几个单词在高考词汇表中不能直接查到，但词汇表中有justice，absolute，adore 等词根形式，只有一个 stir 是生单词，但是学生完全可以接受，而且这些词在有故事情节的小说中运用，必然有助于学生在鲜活的语境中习得这些词汇。

表 3-7   小说《夏洛的网》部分短语选

Charlotte's Web   Chapter 1-5

1. 生死攸关的一件事	a matter of life and death
2. 扫尽天下不平事	rid world of injustice
3. 走进；靠近	approach
4. 原谅我做了这傻事	forgive me for this foolishness
5. 棒极了	absolutely perfect
6. 把……分发给	distribute sth to
7. 胃口很好	have a good appetite
8. 对……完全负责	have entire charge of
9. 用深情的眼睛	with adoring eyes
10. 抱怨	complain
11. 朝门里偷看	peer through the door
12. 放心	relieve one's mind
13. 待在烂泥里自得其乐	amuse oneself in the mud
14. 抚养一头猪	raise a pig
15. 遗漏	overlook
16. 冒着……风险	at the risk of
17. 钻出了围栏	squeeze through the fence
18. 发表一场激动人心的演讲	make a stirring speech
19. 充当指挥开始发号施令	take command and begin to give orders
20. 听从指示	follow the instructions

（三）问题导读策略

学生的阅读不是盲目的，从同行的课堂中笔者借鉴了基于问题导学的阅读策略，在每词新的阅读任务中笔者设计 4~6 个基于文本的基础问题，这些问题不仅旨在提高学生的阅读的目的意识，而且还旨在提高阅读效率和理解能力。表 3-8 和图 3-2 是 The

---

① 教育部. 普通高等学校招生全国统一考试英语科考试说明（高考综合改革试验省份试用. 第一版）[M]. 北京：高等教育出版社，2015.

Great Gatsby 第二章导读的几个问题和学生答案扫描图一张。

表 3-8   **阅读卡举例**

Reading Comprehension Check（2）（The Great Gatsby）

Name _____   Score _____

1. What is the "valley of ashes"?

2. What are the "eyes of Dr. T. J. Eckleburg"?

3. Who did Tom take Nick to meet?

4. Identify Myrtle and George Wilson.

5. What did Mrs. Wilson buy while she was out with Tom and Nick?

6. Where did they go? What was at 158th Street?

7. Identify Catherine and Mr. & Mrs. McKee.

8. What does Mr. McKee tell Nick about Gatsby?

9. What reason did Myrtle give for marrying George Wilson?

10. What did Tom do to Myrtle when she mentioned Daisy's name?

（四）师生共创，读写结合

经典作品虽然是静的，却承载着灵动的美，读者可以从中解读，就像欣赏一幅静物画。在文学作品的学习中，学生聚焦作品承载的内容，体验语言，而不是学习语言点，不仅要理解文本（Reading to understand），还要学会欣赏文本（Reading to appreciate），甚至创写文本（Reading to create）①。而且老师作为读者也参与创写，不仅能提高作品的诠释水平，更能激发学生的学习动机，为学生提供榜样和示范。在这个教学实践中我作为读者一直在参与用英文撰写读书笔记，或者结合自身生活经历诠释作品的当代意义，或者撰写教学反思和日记，下面选摘一篇我撰写的教学日记，这是阅读《相约星期二》过程中，我回顾我和老师之间的故事。

My Stories with My Teachers

    The book *Tuesdays with Morrie* is mainly a story between a teacher and a student. The story has moved so many people since it came out. In our life journey all of us have met many teachers. I am sure we also have our own special stories with our teachers. But do you have a teacher like Morrie?

    Looking back on my school life, I lived a very quiet and ordinary school life. I wasn't an excellent student who attracted teachers' eye and to be honest I wasn't lucky enough to have met a teacher like Morrie. But several teachers are still in my mind, who impress me a lot. Here I share three special teachers at my different school stages. In my

---

① 葛炳芳. 漫议中学教学中的经典作品阅读教学［J］. 英语学习（教师版），2016（12）：19.

primary school, I studied in my village school and the conditions was very poor. The tables and chairs were all made of stone and the house was in a poor condition. Though the condition was poor, I lived very happily and I met a very kind and sincere teacher. He was my Chinese and maths teacher. He was very warm-hearted and treated us very well. He had a very wide smile and were always optimistic though his wife was terribly ill and they lived a very poor life. His smile and attitude towards life always inspire me when I am down.

In my Junior school I studied in the middle school in my town. Every day I had to walk about half an hour to school. There I met my maths teacher—Mr Li. He taught maths very well and was a very strict teacher. But I was very careless so I was afraid of him. I still remembered one time I made some simple mistakes in my exercise. Mr Li was a little angry and asked me to his office and criticized me severely. Though I was criticized, I was very grateful to him. Because of him I did a better job in maths later. Several years ago his daughter came to my city, and Mr Li called me and asked me to take care of his daughter a little. I was very glad that I could help him a little after I had graduated from middle school over twenty years later.

In my senior school I met my Chinese teacher Mr Hu. He was a bookworm and also a quiet person. We had a lot in common. Actually my Chinese was average but he gave me a lot of encouragement. I remembered one time he asked me to his dorm. We had a very good talk at his dorm and he made lunch for me. I still remembered one dish—bean sprouts. Now every time I have it, it reminds me of my teacher Mr Hu.

The three teachers not only teach me knowledge but also teach me how to be a better person. I think they have shaped who I am now like Morrie has shaped who Mitch is now.【D2】

在文学名著阅读教学中笔者坚持每天写点杂感，这些杂感大多是阅读小说后的感触以及教学的反思，而且我尽量用英语写，这既能通过反思提高我的教学水平，也能提高我的英语表达能力和写作能力。这是在教学小说《相约星期二》的过程中，深受临终的莫里教授和他的学生米奇感人的师生关系所感触，不由自主地回想起自己成长过程中和几个老师的故事，自己作为一名人民教师回想自己成长过程中的几位老师，现在又面对一批批成长的学生，人生中割不断的师生情始终在滋养着我们，于是就写了上面这段文字。

(五) 评价和反思

整个实验过程中文学阅读的评价都纳入常规的评价体系中，平时更多的采用的是形成性评价的方式，关注学生阅读的过程，通过档案袋的形式了解学生阅读的过程，档案袋里收集优秀的作业、书评、反思日记等文字材料，也包括朗读录音、个人演讲录音、表演录像等，这部分通常占期末考试的10%，该部分评价的原则是鼓励、呵护同学们的阅读信心。终结性评价(表3-9)是指把文学阅读纳入学期期中、期末考试的部分，通常占试卷分值的20%—30%，题型除常规的主、客观试题外，部分试题题型很新颖，比如下面节选的试题中，《了不起的盖茨比》中人物对话的辨认，细节的考核、经典语句的深度解析等从不同角度全方位地检测了学生的阅读效果。

表 3-9 　　　　　　　　　　　　文学阅读终结性测试部分样例

The following part based on the novel Pride and Prejudice：

一、Choose the right answer according to the novel Pride and Prejudice

1. How does Mr Darcy offend Elizabeth at the first ball?

   A. He dances with Jane too often.   B. He insults her father.

   B. He refuses to dance with her   D. He keeps silent all the time.

2. Because Jane suffered from a cold and Jane and Elizabeth had to stay at _____ for nearly two weeks.

   A. Pemberley   B. Longbourn   C. Netherfield   D. Rosings

3. Elithebeth's best friend is named _____.

   A. Mrs. Phillips   B. Charlotte Lucas   C. Miss Bingley   D. Mrs. Gardiner

二、Choose the words in the box with the right form to fill in the blanks

suffer	mix	admire	dangerous	victory	discovery	fall

1. Mr Bennet was so odd a _____ of quick parts, sarcastic humour, reserve, and caprice.

2. To be fond of dancing was a certain step towards _____ in love; and very lively hopes of Mr Bingley's heart were entertained.

3. Had she only dined with him, she might only have _____ whether he had a good appetite.

4. Mrs. Bennet, who fancied she had gained a complete _____ over him, continued her triumph.

5. He began to feel the _____ of paying Elizabeth too much attention.

三、What is your understanding of the following sentence？（within 20 words）

1. Happiness in marriage in entirely a matter of chance.

The following parts are based on the novel The Great Gatsby

四、Quotation Identification：Identify the character who says the quotation. Some characters will be repeated, but ALL WILL BE USED AT LEAST ONCE. （共 8 小题；每小题 0.5 分，共 4 分）

Daisy	Gatsby	Nick	Jordan	Tom	Myrtle	Wolfsheim

1. "That? That's Mr Dan Cody, old sport."

2. "Daisy! Daisy! Daisy! I'll say it whenever I want to! Daisy! Dai—".

3. "It makes me sad because I've never seen such—such beautiful shirts before."

4. "Civilization's going to pieces."

5. "It's a libel. I am too poor. "

6. "…This is a terrible mistake, a terrible, terrible mistake".

7. "Hot and small-yes, but full of memories."

8. "Tom's got some woman in New York."

五、Fill in the blank using the right form of the words in the box. （共 10 小题；每小题 1 分，共 10 分）

hasty	sight	occasion	shrink	rise	crawl	stir	fantastic	dim	grotesque

---

续表

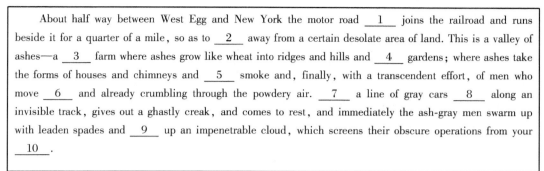

About half way between West Egg and New York the motor road __1__ joins the railroad and runs beside it for a quarter of a mile, so as to __2__ away from a certain desolate area of land. This is a valley of ashes—a __3__ farm where ashes grow like wheat into ridges and hills and __4__ gardens; where ashes take the forms of houses and chimneys and __5__ smoke and, finally, with a transcendent effort, of men who move __6__ and already crumbling through the powdery air. __7__ a line of gray cars __8__ along an invisible track, gives out a ghastly creak, and comes to rest, and immediately the ash-gray men swarm up with leaden spades and __9__ up an impenetrable cloud, which screens their obscure operations from your __10__ .

  阅读过程中的反思是对阅读过程中出现一些问题的思考，笔者作为教师同时也是阅读者，笔者在整个文学阅读教学过程中时刻是一个反思者，如何提高学生的参与度？在文学阅读教学中如何有效和学生交流？在文学阅读教学中如何正确定位教师的身份？这些问题时常在我脑海里萦绕，下表中摘录的是几则针对这些问题的反思片段。笔者相信只要不断反思才能更好地推进文学阅读的行动研究。

  反思主题 1：如何提高学生的参与度？How do I involve my students more effectively?

  My reflection：The teacher is not the center but the students are the centre. How I encourage the students to take part in the thinking process is what I should consider. I think now I talk too much. So far we have read about 30 pages. The students' participation is the first concern. When I teach I often ignore the students' performance. I have to try my best to observe the students and let them have a deeper understanding of the content of the book and the cultural knowledge of the book. A good book is not only a manifestation of good language but also a mirror of the society. 【R1】

  反思主题 2：如何更有效地和学生交流？How do I communicate with my students more effectively?

  My reflection：In some aspects a good teacher is dependent on how you communicate with your students. If you are confident enough and clear-minded enough you will know how to deal with different students. A good teacher should be flexible and willing to accept the changes in the classroom. Sometimes I don't know the needs of the students and can't predict what the students need accurately either. I should learn to picture what the students need in terms of their personal development. For some students their English isn't good enough and they don't have a clear picture what is a good way of learning English. I should try to teach them how to learn more effectively and try to involve them in the learning process. 【R2】

反思主题 3：在文学阅读中教师的如何定位教师的身份？How do I indentify my role as a teacher?

My reflection：As a mature teacher he/she should learn to judge what is happening in the classroom and also know when he/she should make the right decisions. Making decisions is vital for a teacher. When we should take actions and what actions we should take are all we should consider. On most occasions we are blind with what is happening around us and we are dumb with what our life is like.

Teaching literature is reduced to human being at last. Literature is human and how I help the students to get what they like and a good teacher is curriculum itself … they have very clear minds and know what they are going to do and they get on well with the students. So they are very calm and very light-hearted in terms of teaching. I think I need to adjust myself a lot. Don't need to worry and try to detach my from so many worries. I can't change what I can't do. What I can do is to change my attitude and try my best to do what I can do well… I have my own life philosophy. How I integrate my philosophy into my teaching is what I should consider. …【R3】

反思主题：怎样克服公开课之前的紧张心理？How do I get over the nervousness before demostrating a lesson to other teachers?

Next week I will give a lesson. I have spent so much time preparing the lessons and I have a lot of good ideas. Based on this fact I should be confident and can work together with the students. When I teach the class I should learn to be devoted to the class and be immersed into the class atmosphere. I should have a sense of being present. When I am present I should forget what is happening around me. A good teacher is someone who likes teaching and is attached to teaching. Try to be connected to the lessons and learn to be independent.【R4】

以上实例只是文学阅读的教学活动的一部分，不论是文本解读还是意义诠释，文学阅读教学活动的基本原则是师生共同参与，而且实践还证明，学生的潜力是无穷的，当学生主动参与到读书的活动时，学生就会更投入、细致地进行阅读，并在设计活动中发挥智慧与创造力，使阅读活动去除了应试的痕迹，拉近了与学生的距离，更容易被学生接受和喜欢。①

————————

① 谢慧萍. 在生态学习环境中开展英语文学阅读工程——促学生自主持续发展［J］. 英语教师，2015（10）：10-15.

四、文学阅读的课堂教学模式

教学模式指的是"一种整体的教学方法和计划"。它具有以下属性：它"是一个清晰的理论框架、能指明学生应该学习什么，是具体的教学步骤、教学体系"①。在《教学模式》(*Models of Teaching*)一书中，乔伊斯等人提出讲授模式、直接教学模式、合作教学模式、基于问题解决学习模式、课堂讨论模式等 20 种教学模式。就文学阅读而言国内近年的主要的教学模式有：傅云山根据文学作品的交互理论总结出课内课外阅读、课堂讨论、文学评论写作和文学作品编演的高中英语文学课教学模式②；黄远振等提出的由阅读(Reading)、探究(Exploring)、评价(Assessing)和发展(Developing)四个要素构成的英语文学体验阅读(READ 模式)③；周大明提出的 USE 模式：U(understanding 理解)—S(Sharing 分享)—E(Exploring 表达)模式④；卢健提出的基于理解—表达—探究的文学阅读体验模式⑤等。这些研究大多是针对某堂具体的一堂文学课阅读课，主要是针对教材个别的文学语篇而设计的教学模式，而本研究是针对整本书，整个章节的文学作品的教学模式，这些文学作品有连续的故事情节、复杂的人物关系和丰富的主题等。针对整本原著的教学笔者在第一轮行动教学实践中尝试和总结出了文学阅读的四种教学模式。

(一) 任务展示课(Task Presentation)

教学策略：任务展示课主要是学生课外自读后在课内分享的教学模式，它主要帮助学生理解作品的情节、人物和主题等元素⑥。具体的操作是阅读前把阅读任务分配给各小组(通常是周末或假期前，以确保学生有充足的阅读时间)，这些任务包括小说的情节(plot)【案例 1】、人物分析(character analysis)【案例 2】、精彩语句或段落赏析(good paragraphs)【案例 3】等，每个小组可以选择一个主题做好展示作业(大多是 PPT 形式)发到指定的邮箱，在学生展示前老师会批阅学生的作业，提出修改意见，然后集中在某个教学时段让学生展示他们的作业，其他同学可以根据同学的展示做好笔记并就同学的展示提出问题。

教学效果：任务展示课能激发学生阅读的兴趣，充分发挥学生学习的主动性，既能培养学生的团队合作的精神和资料搜集和整合能力，又能发展学生的自主学习和终身学

---

① 理查德·I. 阿兰兹.《学会学习》(第六版)[M]. 丛立新等，译. 上海：华东师范大学出版社，2007：25.

② 傅云山. 高中英语文学欣赏课教学实践研究[J]. 英语教师，2012(11)：2-11.

③ 黄远振，兰春寿，黄睿. 英语文学体验阅读 READ 教学模式构建研究[J]. 外语界，2013(1)：11-19.

④ 周大明. 高中英语综合课 USE 教学模式的构建与实践[J]. 中小学外语教学(中学篇)，2013(8)：1-6.

⑤ 卢健. 基于理解—表达—探究的文学阅读体验课[J]. 中小学外语教学(中学篇)，2015(9)：38-42.

⑥ 何泽. 在高中英语阅读教学中采用英文原著的实践[J]. 中小学外语教学(中学篇)，2016(3)：42.

习的能力。

☞【案例1】

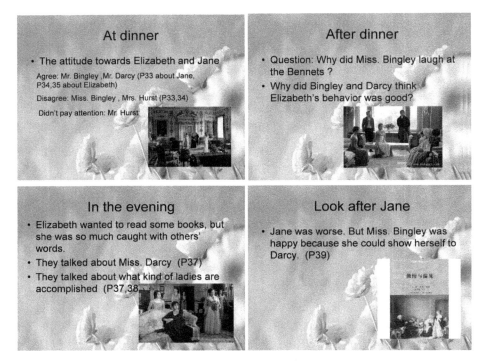

图 3-3　教学案例 1①

☞ **点评**：图 3-3 教学案例来自学生的展示课件，该课件的任务是展示小说《傲慢与偏见》第八章的情节，展示课件中紧紧抓住时间这一线索（用餐中、餐后、晚上等）清晰、明了地介绍了该章的主要情节，情节中还穿插个别问题让同学们思考，这种生生互动的模式提高了课堂的学习效率，活跃了课堂气氛。课件中还能嵌入电影中和该情节配套的图片，显得生动活泼。

☞【案例2】

    ``The indirect boast; -- for you are really proud of your defects in writing, because you consider them as proceeding from a rapidity of thought and carelessness of execution, which if not estimable, you think at least highly interesting. The power of doing any thing with quickness is always much prized by the possessor, and often without any attention to the imperfection of the performance. When you told Mrs. Bennet this morning that if you ever resolved on quitting Netherfield you should be gone in five minutes, you meant it to be a sort of panegyric, of compliment to yourself -- and yet what is there so very laudable in a precipitance which must leave very necessary business undone, and can be of no real advantage to yourself or any one else?''(P46)

---

① 感谢同学们提供的案例，下同。

From this sentence，we can see that Mr Darcy is a very proud man .He thinks you meant it to be a sort of panegyric, of compliment to yourself ,that's too direct without thinking.

``You write uncommonly fast.''
``You are mistaken. I write rather slowly.''
``How many letters you must have occasion to write in the course of the year! Letters of business too! How odious I should think them!''
``It is fortunate, then, that they fall to my lot instead of to yours.''
``Pray tell your sister that I long to see her.''
``I have already told her so once, by your desire.''
``I am afraid you do not like your pen. Let me mend it for you. I mend pens remarkably well.''
``Thank you -- but I always mend my own.“ （P45）

This conversation tells us that Miss.Bingley want to develop a great relationship with Mr.Darcy. She doesn't want Mr.Darcy to have an opportunity to approach Elizabath. __To sum up，we can see Miss.Bingley is a girl who is scheming.__

Mr. Darcy smiled; but Elizabeth thought she could perceive that he was rather offended; and therefore checked her laugh. Miss Bingley warmly resented the indignity he had received, in an expostulation with her brother for talking such nonsense. （P49）

This paragraph belongs to the psychological description of characters , and it also reflects Elizabeth's education. Elizabeth is good at observation , and she knows when she should express her emotions.

图 3-4 教学案例 2

☞ **点评**：该案例是小组围绕小说《傲慢与偏见》第十章中的人物性格这一主题做的展示任务，该小组能紧扣文本中的材料，通过分析得出达西骄傲，宾利小姐工于心计，伊丽莎白善于观察等性格特征的结论，这样的人物分析有理有据，令人信服，这也充分体现出了同学们严谨求学的态度。

☞【案例 3】

loneliness
- For a while he stood gloomily indoors.
- Suddenly Wilbur felt lonely and friendless.
- He groaned (叹息), "I'm young, I have no real friend here in barn."
- Wilbur was crying again, for the second time in two days.
- Wilbur didn't want food, he wanted love. He wanted a friend ---someone who would play with him.
- Sadly, Wilbur lay down and listened to the rain.
- Friendless, dejected, and hungry, he threw himself down in the manure and sobbed.
- This was certainly the worst day of his life. He didn't know whether he could endure the awful loneliness any more.

图 3-5　教学案例 3

☞ **点评**：该案例是小组围绕小说《夏洛的网》的精彩语句做的展示作业，作业中该小组仅仅围绕小猪威尔伯的孤独，让学生找出描写威尔伯孤独的语句并画线，然后让同学们赏析这些语句，该作业能抓住一根主线串起该章精彩的语句，而这些语句描写生动、形象，这样的作业能让学生领悟语言的魅力，增强语言的感悟能力。

（二）综合分析课（Comprehensive Analysis）

教学策略：综合分析课以讨论、分享为主，讨论是针对所读作品某一问题或信息，小组成员发表意见，同伴间交流看法、交换意见，讨论是交互影响、相互启发的小组合作学习。分享是个体与个体，个体与群体的互动，分享的内容包括人物分析、情节分析、解析难懂的语句和段落、谈论阅读心得、体会和经验、换位思考、预测下章情节等活动，综合分析课的课堂组织形式有师生互动式分析【案例 4】，生生互动式分析【案例 5】，小组互动式分析【案例 6】等形式。综合分析课是文学阅读教学活动中重要的教学形式，教师既要充分发挥自己的引导作用，从宏观处把握好作品的主旨，把握好作品的主线，并结合青少年的特点，充分挖掘作品中的积极元素来激发学生对文学的热爱、对生活的热爱，又要充分尊重学生对文学作品的个性解读、激发他们的探究精神和创新能力。

教学效果：综合分析课能培养学生的语言综合运用能力，能激发学生对作品的探究，能促使学生从不同角度去解读作品，课堂上经常会撞出思想的火花，年轻的头脑往往能另辟蹊径，很多观点往往能让人眼睛一亮①。

☞【案例 4】

师生互动式分析：课堂上我经常和学生分享的几个问题是：

1. *Which character do you think is the most impressive?*

2. *What is the most interesting sentence/paragraph/chapter in the story?*

3. *Suppose the story occurs at present, what do you think is the most possible ending/*

---

① 何泽. 在高中英语阅读教学中采用英文原著的实践［J］. 中小学外语教学（中学篇），2016（3）：43.

result?

4. *If you can continue writing the story*, *how do you develop the story*?

☞ **点评**：综合分析课的主旨是为了加深对文学作品的理解，就一些问题可以达成共识，也可以抛砖引玉，激发同学的思考。

☞【案例5】

生生互动式分析：课堂教学不仅仅局限于师生的互动，有效的生生互动能够和谐课堂气氛、增强同学间的凝聚力。下面的案例是某同学在读完小说《老人与海》的 P12—16 后和同班同学的互动。

P.12　　The friendship between the old man and the boy

The old man went out the door and the boy came after him. He was sleepy and the old man put his arm across his shoulders and said, "I am sorry."

"Que'va," the boy said. "It is what a man must do."

What kind of friendship is it in your eyes?
老人走出门外后，男孩跟着出来，他还很想打瞌睡，老人把手臂搭在他的肩膀上说："对不起。"

"怎么会！"男孩说："这是男子汉应该做的事。"

P.14　　His attitude towards the sea.

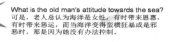

But the old man always thought of her as feminine and as something that gave or withheld great favors, and if she did wild or wicked things it was because she could not help them.

What is the old man's attitude towards the sea?
可是，老人总认为海洋是女性，有时带来恩惠，有时带来恶运，而当海洋变得蛮横狂暴或是邪恶时，那是因为她没有办法控制。

P.16

But, he thought, I keep them with precision. Only I have no luck any more. But who knows? Maybe today. Every day is a new day. It is better to be lucky. But I would rather be exact. Then when luck comes you are ready.

What is the old man's personality like from this passage?
然而他却认为，我就是要保持精确。只可惜我的运气不再了。可是，谁知道呢？也许就是今天了，每一天都是一个新的开始。幸运当然是最好，不过我情愿做得丝毫不差，这样，当机运来临时，才会有备无患。

图 3-6　教学案例5

☞ **点评**：该同学在分享阅读体验的同时，能够设计几个小问题和同伴互动，俨然一个小老师的形式，而且问题的设计都紧扣文本，有板有眼，正所谓"独学而无友，孤陋则寡闻"。教学中我们如果真的能放手，给学生多点空间和自由。可能时不时有意外的惊喜。

☞ **【案例6】**

小组互动式分析：小组就某一问题进行讨论然后汇报成果是综合分析课上的重要教学组织形式，在小组汇报时，其他组的同学认真倾听，并在此过程中可以质疑，可以进行评价，可以做出补充。这样，学生不仅从其他组的汇报中学到了新知识，也学会了勇于发表自己的观点、见解，在小组合作交流中取他人之长来弥补自己的不足，这样既提高了学生的自主学习的能力，也在互动交流中培养了学生的协作精神，在提高学习效率的同时，也有效地促进了学生的全面发展。

Plot pp.21-25

Beginning of the battle

Group members:
Anki
Dust
Yoko
Eunie

Found the line shivering

A harder pull

Still endured and wished

Was completely hooked
来啊

A big fish bit the bait

Began to move slowly off
toward the north-west

"I Wish I had the boy."
那孩子能够做到就好了

slipped the line down
上来吧

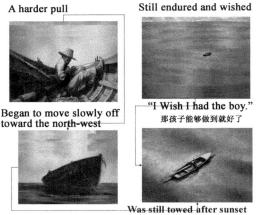

Was still towed after sunset

图 3-7 教学案例 6

☞ **点评**：这是小组 4 位成员就小说《老人与海》P21—25 的情节做的展示，小组成员通过共同合作和讨论完成小组协作式学习任务，在课堂上该小组 4 位上台轮流发言，其他组的同学会根据他们的发言做出评价或者补充(其他组的同学认为这个展示作业图文并茂，简洁明了，形象生动)，这样的小组间的互动活跃了气氛，锻炼了学生的表达能力和应变能力，有利于相互间学习和取长补短。

（三）读写实践课（Reading and Writing）

教学策略：阅读和写作是紧密相连的，阅读促进写作，写作基于阅读；阅读是一种输入，写作是一种输出，输入是输出的基础。学生既可以通过阅读和朗读培养语感，积累素材，又可以学习文学名著中的语言知识和写作技巧。反过来，写作也能检查和加深学生对阅读内容的理解。① 学生在课外的阅读时间还是有限的，在课堂上也要保证学生一定的阅读时间和阅读量，课堂上的阅读形式以精读和出声朗读为主，主要是让学生阅读一些重点章节，重点段落，让学生一起阅读品读分享，要给学生读出声的机会，让学生展示自己的优美的语音和语调，诵读出经典文学作品的魅力，还可以结合一些主题来读，比如让学生读人物对话【案例 7】、读人物描写【案例 8】、读景物描写【案例 9】、读心情描写【案例 10】、读最喜欢的段落【案例 11】等。读的地点也会做适当的变动，除了在教室读外，还到图书馆甚至校园里读，读的形式有除了出声朗读外、还有默读、分角色朗读、朗读接龙（popcorn reading）等不同的阅读形式，读后偶尔会穿插一些写的活动，目前我尝试过的写的活动有阅读后回答问题，这个活动基本上是每章节都有，每章节读后会以 Reading Comprehension Check 的形式设置 4~5 个经典的问题来检查学生的理解【案例 12】，几章读完后或整本书读完后会让学生选取一个角度写小书评（book review）【案例 13】。

教学效果：朗读有助于熟记（memorizing）语言材料，加深理解，培养语感。阅读的过程中文本中的单词、短语和句子自然在脑海中留下清晰的印记。在朗读时，学生还无意中进行思维训练，把单词的搭配形式，句子的结构模式，上下文的联系（cohesion）方式，语音、语调、重音等都会潜移默化地掌握起来。朗读的过程我们学到的是整个英语的体系，而不是个别的项目。读是输入的过程，写是输出的过程，有了足够的输入，输出就自然丰富了，读后穿插适当的写作练习既可以检测读的效果，又在一定的语境中灵活运用读的过程中输入的语言材料，这样就形成了输入有效—输出优质的良性循环。

☞【案例 7】

"Where's Papa going with the ax?" said Fern to her mother as they were setting the table for breakfast.

"Out to the hoghouse," replied Mrs. Arable. "Some pigs were born last night."

"I don't see why he needs an ax," continued Fern, who was only eight.

"Well," said her mother, " one of the pigs is a runt. It's very small and weak, and it will never amount to anything. So your father has decided to do away with it."

"Do away with it?" shrieked Fern. "You mean kill it? Just because it's smaller than the others?"

Mrs. Arable put a pitcher of cream on the table. "Don't yell, Fern!" she said. "Your father is right. The pig would probably die anyway."

---

① 何泽. 在高中英语阅读教学中采用英文原著的实践[J]. 中小学外语教学（中学篇），2016（3）：43.

Fern pushed a chair out of the way and ran outdoors. The grass was wet and the earth smelled of springtime. Fern's sneakers were sopping by the time she caught up with her father.

"Please don't kill it!" she sobbed. "It's unfair."

☞ **点评**：这是小说《夏洛的网》第一章中阿拉布尔和女儿弗恩的对话，细读对话可以深深地体会到女儿弗恩焦虑和生气的神情。

☞【案例8】

They were strange shoulders, still powerful although very old, and the neck was still strong too and the creases did not show so much when the old man was asleep and his head fallen forward. His shirt had been patched so many times that it was like the sail and the patches were faded to many different shades by the sun. The old man's head was very old though and with his eyes closed there was no life in his face. The newspaper lay across his knees and the weight of his arm held it there in the evening breeze. He was barefooted.

☞ **点评**：这段文字节选自小说《老人与海》，朗读后一个饱经风霜的年老但精神的老人仿佛浮现在眼前。

☞【案例9】

About half way between West Egg and New York the motor-road hastily joins the railroad and runs beside it for a quarter of a mile, so as to shrink away from a certain desolate area of land. This is a valley of ashes—a fantastic farm where ashes grow like wheat into ridges and hills and grotesque gardens where ashes take the forms of houses and chimneys and rising smoke and finally, with a transcendent effort, of men who move dimly and already crumbling through the powdery air. Occasionally a line of grey cars crawls along an invisible track, gives out a ghastly creak and comes to rest, and immediately the ash-grey men swarm up with leaden spades and stir up an impenetrable cloud which screens their obscure operations from your sight.

☞ **点评**：这段文字选自《了不起的盖茨比》，是对灰谷的情景描写，朗读中可以体会到灰谷一派灰暗但忙碌的景象。这段文字又是威尔逊一家生活的地方，通过环境的描写可以体会到下层阶级生活的艰辛。

☞【案例10】

In the dark the old man could feel the morning coming and as he rowed he heard the trembling sound as flying fish left the water and the hissing that their stiff set wings made as they soared away in the darkness. He was very fond of flying fish as they were his principal friends on the ocean. He was sorry for the birds, especially the small delicate dark terns that were always flying and looking and almost never finding, and he thought, the birds have a harder life than we do except for the robber birds and the heavy strong ones.

☞ **点评**：这段文字选自小说《老人与海》，描写的是老人的心理活动，老人的心理活动可以让读者充分体会到老人对大自然的敬畏和尊重。

☞【**案例 11**】

It is a truth universally acknowledged, that a single man in possession of a good fortune must be in want of a wife. However little known the feelings or views of such a man may be on his first entering a neighbourhood, this truth is so well fixed in the minds of the surrounding families, that he is considered as the rightful property of someone or other of their daughters.

☞ **点评**：该段文字选自小说《傲慢与偏见》的开篇，作者的语言诙谐幽默，特别是第一句"一个家财万贯的单身汉，必定需要一位太太，这是一条举世公认的真理"。已经成为名言。这样的段落我们要求学生朗读成诵。

☞【**案例 12**】

Reading Comprehension Check 1 (Pride and prejudice)

Chapter 1~ Chapter 2

1. Which central themes and narrative characteristics of the novel are introduced in the famous opening sentence of Pride and Prejudice? What is your understanding of it?

2. Why does Mrs Bennet state that it is impossible for her and her daughters to visit Mr Bingley if Mr. Bennet does not visit him first?

3. Why does Mr Bennet prefer Elizabeth over his other daughter?

4. How do Mr Bennet's comment on his wife's nerves provide a clue to his overall opinion of his wife ?

5. Choose one of The Bennets' daughters and talk about the character by using some evidence.

6. Write a short summary of the first two chapters. (about 50 words)

☞ **点评**：这六个问题是针对小说《傲慢与偏见》第一章和第二章设计的，这些问题既有细节的找寻，也有评价和归纳等开放性问题，这些问题既有助于加强学生对文本的理解，也有利于培养学生的创新意识和创新能力。

（四）影视表演课（Enjoying and Acting）

教学策略：阅读完部分章节或整本书后，根据具体情况让学生观看该书的电影版、电视版或者话剧等其他艺术形式的片段或全部，然后让同学选取部分章节尝试表演，他们分工明确，有的同学改写剧本，有的同学导演，有的同学负责旁白，有的同学负责剧务，经过同学们的分组排练后，再集中分组表演他们选取的章节或精彩片段【案例13】，学生甚至还可以通过手机或相机摄像，拍摄表演过程，再拿到课堂上和同学一起分享。但实践中表演的顺利和有效开展还是会遇到很多困难，首先表演这种艺术形式很难把握，而且因为时间、场地、经济条件和学生的阅历有限等因素，所以学生的表演有时还是流于形式，怎么充分利用这种形式促进文学名著的阅读教学，我们可能要更多地向国外的中小学学习，他们大多有自己的戏剧表演俱乐部，有专业的老师或者导演作为指导，准备的时间也很充分，而我们因为条件限制只局限于表演部分简单的章节。但随着以后条件的成熟，这种形式完全可以更多地尝试。

教学效果：英美电影、电视等媒体形式往往能激发学生学习英语的兴趣。地道、纯正的口语更是学生学习模仿的最好资料。学生模仿表演其中的精彩片段，也是生生互动的模式之一，这个年龄段的青少年大多喜欢表现自己，都很热衷于表演，表演是一种有效的输出形式，不仅给学生提供了展示交流的舞台，而且让学生体验角色，感同身受，加深了对作品的理解和感悟。

☞【案例 13】

Scene **1**

Mr. Darcy looked so thoughtful while he was rambling within the park with Mr. Bingley.】

B：［*glanced at Mr. Darcy，warmheartedly*］*Why you looked so thoughtful*?

D：［*looked to the ground*］*Doesn't matter.*

［*A silence kept between these two gentlemen.*］

D：［*seemed to make a gigantic decision*］*Uh… Actually，there's something I need to tell you.*

B：*What's the deal*?

D：［*stood still*］*Do you ensure you love her*?

B：*Absolutely do.*

D：*Why do you think that she deserve it*?

…

图 3-8　全体剧组人员剧照①

---

①　感谢同学们同意采用该照片。

72

图 3-9　演出剧照

☞ **点评**：该案例呈现的是学生根据小说《傲慢与偏见》第三章改编的剧本部分和一张全体演职人员剧照和表演剧照之一，学生能够充分发挥自己的主动性和创造性，在尊重原著的基础上，适当改编剧本，还能根据原著中的人物的情感和情绪的变化，添加人物的动作和旁白，让学生表演相关场景能发挥学生的聪明才智和创意，他们的出色表现经常出乎我们的意料。

第三节　第一轮行动研究典型课例

本课例的教学内容是小说《相约星期二》123～128 页中 Morrie 教授和他的学生 Mitch 第八周的谈话内容，谈话主题是围绕金钱。教学时间是 2013 年 4 月 18 日在 F 中学为北京市的骨干教师开设的公开课，课时长 40 分钟，教学班级是高一（1）班，学生人数 22 人。

一、教学分析

1. 教学内容分析：教学文本是 Mitch 和 Morrie 第八周会面聊的话题：金钱，在市场经济社会，这是一个敏感和热门的话题，文本中主要是介绍老教授的金钱观。

2. 学生分析：教学对象是外国语学校高一的学生，英语基础较好，具有扎实的语言知识和深刻的思维能力。

二、教学设计

教学目标：Teaching objectives：

1. Understand pp. 123—128 better by reading and discussing.

2. Think about Morrie's opinion about money and reflect on your own.

教学难点：Teaching difficulties：

1. Learn to analyze the passage by doing different levels'reading comprehension.

2. Relate the chapter to our own life and think more deeply and critically.

教学步骤：Teaching procedure：

Step 1. Lead-in

Watch a short video and what is the video about? What are people's attitudes towards it?

[设计说明] 通过视频形式导入本课的话题"金钱"，形象生动，让学生产生兴趣。

Step 2. Reading Comprehension

Task 1：Read and discuss the following comprehension questions.

1. How does Morrie feel about music? How does this connect with what he is trying toteach Mitch about money?

2. How does Morrie believe a person should find a meaningful life? Cite the passagedirectly from the book.

3. How does Mitch feel about his life as it reflects his attitude toward materialism?

4. Describe the wealth the surrounds Morrie.

5. Explain Morrie's view of materialism.

6. Agree or disagree with the following passage from the book and explain your reasoning.

These were people so hungry for love that they were accepting substitutes. They were embracing material things and expecting a sort of hug back. But it never works. You can't substitute material things for love or for gentleness or for tenderness or for a sense of comradeship. (P. 125)

7. Raise their own questions.

Task 2：Let's summarize Morrie's opinions about money. Use the key words to help you.

[设计说明] 该部分是整堂课的主干部分，这部分的设计意图是基于学生课外独立阅读，弄清楚了所读文学作品的故事情节、任务关系、语言特点等基本问题基础上，课上在老师的指导下进一步阅读和理解作品，弄清作品的主题内涵、象征意蕴、隐含的思想等，丰富对作品的理解①。该部分问题的设计层层推进，从记忆、理解、运用到分析、评价、创造，符合学生的认知过程。

Step 3. Post-reading

1. What is your idea about money after reading this chapter? Do you still think money is the most important thing in the world?

2. There are two common phenomena in the society. Can you discuss in groups about

---

① 陈俊松. 英语文学阅读课程有效教学模式的建构——基于教学系统设计理论的探索[J]. 外语教学理论与实践，2016(2)：22-27.

them.

> Ma Nuo said she preferred to weep in a BMW to smile on the bicycle of her true love. —**mammonism**(money worship/put money above all)
>
> Bill Gates donated his money to set up Bill and Melinda Gates Foundation to improve the health and living conditions of human beings.

3. Appreciate some passages or sentences and read them aloud.

4. If time permits, appreciate some quotes or short movie clips about the topic "money".

[设计说明] 该部分联系生活实际，让学生反省和思考日常生活事件，这样的活动对于拓宽学生的人文视野，培养批判性思维能力，激发学生的阅读兴趣等方面都具有重大的意义。而且该部分还让学生欣赏文中优美的语段，朗读这些优美的语段，这有利于培养学生的语感和欣赏语言的能力。

Step 4. Homework

1. Review the chapter and prepare for the dictation.

2. Preview the next chapter with the help of the Reading Sheet.

[设计说明] 课后对已读内容的回顾以及对新的内容的预习都是文学阅读教学中的重要组成部分，这些活动遵循学习的规律，有利于养成良好的阅读习惯和自主学习的能力。

三、教学反思

这堂课是一堂综合分析课，整堂课是在老师的引导下，通过学生的阅读、讨论、朗读等活动对所读文学作品的某一部分进行深入的研究。回顾整堂课我觉得有以下几点不足，首先我觉得整堂课中还是老师控制课堂，学生活动的面欠广，在第二环节设计的问题较多，后面让学生自主提问环节最终因为时间的关系没有让学生深入畅所欲言，对部分精彩段落的赏析也不是很深入，我自己阅读的时候做了很多笔记，但都没有发挥。

其次教学中还是重形式，我也在思考文学阅读的几个常见的问题，教学中工具和人文怎么去平衡，作者的观点、人物的观点、读者的观点如何去碰撞，很多时候感觉都想兼顾，最后上的课也有点鸭背浇水之嫌，其实今天我想梳理一下文本里主要人物(Morrie)、作者(Mitch)的金钱观，然后让同学们针对一些社会现象谈谈自己的金钱观，可教学中总是觉得心有余而力不足。教学设计中我找了几个视频、几幅图片甚至一些有关金钱的格言，应该有一定的冲击力，由于时间没把握好，但最后也没有起到升华的作用。

再次对于后进生怎么去关注，怎么去填补他们对课外教学内容的心理隔阂，让他们自主、愉快地接受所授的教学内容也是要进一步思考的，而且怎么去对学生进行评价，怎么把文学作品的教学和高考的应试结合起来，这是也有待去思考。

听课老师在我反思后也积极就这堂课发表意见，表 3-10 是根据录音整理的部分教师的观课感想。

表 3-10　　　　　　　　　**第一轮典型课例听课教师反馈①**

T 1②：我来说说学生活动的面：整堂课以今天这样的频次，应该是够多的；但如何顾及不同层面的学生。比如有些同学一堂课回答几次，个别同学就冷落了，我也观察到个别同学有心无力，不知道是不善表达还是没有阅读兴趣
T 2：问题的设计很新颖，也有梯度，但前面问题可以少花时间，把更多的时间放在文本的赏析和朗读上以及后面几个发散性问题的讨论上，这样将会异常精彩，学生也有切身收获
T 3：教学环节设置不如以"Reading and Understanding、Further Understanding、Appreciation、Extension"四个环节推进教学，有利于关键问题的深入和课堂线索的连贯
T 4：以我的观察，这堂课若是兼顾"作者的观点、作品人物的观点、读者的观点怎么去碰撞"，一个课时是否更充分。小说也未必学期内一定读完，留点白自己品也不错的
T 5：关注后进生是难题，更大的问题是，他们比较我们的学校的学生不是后进生，因为 F 中学学生的英语素质确实太好（今天听几个学生的发音，叹为观止），才显得后进。这里就有个老师以为后进和学生因不适应而产生的自卑之间的不调和
T 6：我旁边一位同学，一直在努力跟上，查电子词典，但明显词汇量明显跟不上阅读的内容，频繁查词典，势必影响听课，听课受影响导致听不懂，这样的参与度能否长期坚持，是很大的问题
T 7：今天的文学阅读课选材新颖，令人耳目一新，而且话题和生活密切相关，学生都有话可说，我总体感觉这些学生英语底子很好，也许这样按部就班上下去，不管是综合能力还是高考分数都会很出彩，但我也观察到有几个学生可能还是跟不上，他们可能会产生自卑、自弃等情绪，对这几个学生会有不好的结果（与此同时，对其他很好的学生有极大收获）。换言之，如果教师在教学中始终能兼顾两头，同是关注学生的学习需求和心理需求，教学效果可能会更理想一点。我想任何的教学改革可能都要考虑平衡各种关系，为了不损害任何一方的利益可能最好还是要走折中方案，也许文学阅读的这种方案就是能给不同层次的学生提供适合的素材，但这又很难

结合自己的反思和听课老师的建议，我认为文学阅读教学的关键还是要发挥学生的积极性和主动性，要始终坚持"以学习者为中心"的策略，并努力呵护学生的阅读兴趣，在课堂上要把时间和空间还给学生，让学生在对话中提升理解，在理解中产生心灵的契合，整个文学阅读教学过程中要始终记住一条原则，阅读最终还得由学生来完成，理解的程度也是他们自己内心才能感受的。其次关注个体差异，建立适合不同层次学生的课程体系是下一步实践得重点考虑的，如果选用的素材基础较薄弱的同学接受不了，这对他们来说是不公平的，当然也可以采取一些措施来降低他们的焦虑，比如第一轮行动研究中词汇的梳理，问题单导读，电影欣赏等形式都在试图降低阅读焦虑，增强学生的阅读兴趣。培养阅读兴趣和养成良好的阅读习惯应是文学阅读的最终意图，如果能通过文

---

① 感谢北京市部分骨干老师的建议。
② T1 代表老师 1，以此类推。

学阅读真正做到授人以渔，最终养成自主阅读的良好习惯，这才能确保文学阅读教学最终步入理想的境界。

第四节 第一轮行动研究总结和反思

第一轮行动研究历时两年，这轮行动研究结束后笔者要回到原单位任教，为了更好地开展下一步的研究，获得实验效果相关数据。笔者对两年来的实践做了一次详细的学生访谈。

一、学生访谈问题和数据收集

2014 年 5 月笔者在高二年级做了一次访谈，访谈的目的是对文学阅读的可行性、两年来文学阅读效果的评价和合理化建议。为了保证访谈效果，笔者在高二年级三个班级里随机抽了 10 名同学①参加访谈，访谈地点在学生活动室，时间是中午午饭后 12：10—12：55 共历时 45 分钟。访谈问题的设计步步深入。

问题 1：你觉得高中进行文学阅读教学可行吗？与传统的英语教材的学习，文学原著阅读有哪些优势吗？能谈谈阅读原著和简写本的不同感受吗？

问题 2：你觉得两年来的文学原著阅读对你的英语学习有效果吗？如果有效，请举例说明(比如在语言和情感等方面)。

问题 3：回顾两年来的教学实践，你觉得我们的文学阅读教学实践有哪些方面可以改进？

二、访谈数据分析的方法

为了保证获得的答案是被采访者深入思考的结果，本次访谈并没有采用座谈的形式，座谈的弊端常常是个别人主导谈话内容，而不愿主动发表意见的同学常常三缄其口，所以本访谈采用的是以教师和学生笔谈的形式进行：教师把第一个问题发给上述每个学生，再根据他们回答的进度逐步把第二个和第三个问题交给学生，这样教师共获得了十份笔谈资料，对访谈获得的资料，研究者主要是采用编码的方法，也就是把收集到的访谈资料打散，加以概念化，再以新的方式将数据重新放在一起的操作化过程。② 这样操作的目的是对原始资料进行浓缩，形成一个有结构、有条理、有内在联系的意义系统的过程。对资料进行逐级编码是扎根理论中最重要的一环，其中包括三个级别的编码。③ 下面以访谈问题三为例详细说明信息提炼的过程(不同的提炼层次用不同的序列

---

① 学号逢整数 10 的同学，即 10，20，30，40 等学号的同学，三个班级一共 10 名同学。

② 殷建华. 走向教育家：校长社会化研究[M]. 南京：江苏教育出版社，2012：32.

③ 陈向明. 教师如何作质的研究[M]. 北京：教学科学出版社，2001：207.

编号进行标识)。

①一级编码，初步提炼：首先对每一个资料进行编号、初步整理，然后开始分析。初步提炼并找出有标志意义的词或句子，每一个这样的词语或句子是一个意义单位。例如：

1. 选材由简单到深刻，培养兴趣为主；

2. 符合年龄的文章，太难看不懂，硬要去看也浪费时间；

3. 总体喜欢现在这样方式，但可以加入一些有趣的方式，再现情节如表演和朗诵等；

4. 能多让学生组织讨论，现在基本还是老师控制课堂；

5. 最好是拍过电影的小说，建议选择部分章节表演；

6. 注重从特定的历史社会背景来理解文学作品；

7. 现在每次的讨论有些单调，可以多让学生发表观点，可以在讨论过程中进行辩论、表演等趣味性活动；

8. 从外国当时的社会背景入手，加深对主题的讨论，语言不宜偏难；

9. 以兴趣为主，结合学习，建议学习国外的分级阅读，从易到难；

10. 应多铺垫背景，生词量循序渐进，选取故事性更强的；

11. 阅读时的功利性太强，会将眼光集中在好词好句上，导致忽略文章的本质。建议学校不要强制阅读某几本名著，而是规定每一学期每人自由阅读一本，以 book report 的形式演讲，回报成果；

12. 可以推荐一些不做强制性要求，难度较高的几本书，要求一学期读一本，然后期末分享，或写书评或读书报告。还可以看一些大家对中文版比较熟悉的书，这样读起来比较轻松，也能提高阅读水平，至少能看懂且不易丧失兴趣；

13. 不要过分关注情节，多分析人物特征和写作技巧。

14. 有情节、故事性强的书；

15. 读完名著后看电影可加深理解；

16. 希望老师限制少一些，讨论的内容会更丰富；

17. 可由老师推荐几本易懂的，语言好的，较短的名著让同学们一起阅读，然后在课堂上精读一些段落积累新词；

18. 加强表演，加深对名著的理解；

19. 给予更多的自由的空间，如选材方面是否考虑下每个同学的兴趣，觉得我们读的书主题有些单一，尽量让我们自己选一些喜欢读的书。

20. 多设置一些有趣的活动，如看相关的电影、介绍作者背景、自己续写故事等；

21. 文学名著里的单词和词组尽量不要默写，不然加大学习任务。

22. 原版小说比简易本的语言更地道、真实。故事情节更曲折。

23. 原版小说生词较多，情节和人物关系很复杂，有时读了后面忘记了前面。

②二级编码，寻找关联：在初步提炼的基础上，找到它们所代表的不同现象之间的关系①，形成概括性更强的新的意义单位。例如：

A. 选材应该由易到难，注重趣味性；（1、2、9、14、17②）

B. 在分析文本的过程中，多让学生参与讨论，注重发挥学生的积极性；（4、7、16、19）

C. 选已改编成电影的名著，阅读完书后看电影或让学生更多参与表演；（3、5、7、15、18、20）

D. 注重从特定的历史背景来分析小说以及注重小说主题的分析；（6、8、10）

E. 有些书太难了，部分学生还是更不上，在选材上能否"因才选材"。（11、12）

F. 不要过分关注情节，多分析人物特征和写作技巧；（13）

G. 文学名著里的词汇不应该默写。（21）

H. 原版小说语言更地道、真实。故事情节曲折，但生词较多，情节较复杂。

③三级编码，核心式提炼：即在这些中级意义的单位的基础上再次进过系统的分析选择一个"核心类属"③。例如：

I. 选材方面的建议：注重难度和趣味性，还要考虑英语基础的差异性。（A、E④）

II. 教学模式方面的建议：发挥学生的主动性，让学生更多参与文学阅读教学中；（B）

III. 教学内容方面：不要过分注重情节，要注重作品历史背景的分析，多分析人物、主题、写作技巧等，不应该默写作品里的词汇；（D、F、G）

IV. 教学活动方面：让学生观看相关电影并让学生更多参与表演。（C）

V. 原版小说的利弊方面：语言真实、地道但生词多，情节和人物关系过于复杂。

三、访谈结果

这样，零碎散乱的原始访谈资料得到了有效的提炼，最后形成核心意义，根据上面三级编码的提炼可知，学生对于高中文学阅读教学的主要建议集中在选材、教学模式、教学内容以及教学活动等几方面。通过对上述三个访谈问题十份资料的整理、编码和提炼，这次访谈的结果总结如下：

1. 文学阅读在高中英语教学中是可行的。首先扎实的英语基础是开展文学阅读教学的首要条件，F中学有一定阅读文学作品的基础，是外国语特色学校，英语基础较好，但部分外校考进我校的同学还是跟不上，选材时候是否要考虑更全面些。而且选材要注重趣味性强，符合青少年成长的需要，总之选材最好由易到难，形成梯级。还有就是阅读前的准备很重要，我们在每次阅读前都发下词汇清单、重点词组以及问题导读清

---

① 陈向明. 教师如何作质的研究［M］. 北京：教学科学出版社，2001：209.

② 句末括号中的数字为初步提炼环节学生的回答序号。

③ 陈向明. 教师如何作质的研究［M］. 北京：教学科学出版社，2001：210.

④ 句末括号里的字母为二次编码环节的总结序号。

单，这都有助于课外自主完成阅读任务，为课堂上积极参与讨论奠定了基础。例如有学生说：

> 学生一：我觉得高中进行文学阅读完全可行，真没想到我们读完了近 5 本作品，和我以前初中同学聊天的时候说起我们的英语教学改革，他们可羡慕呢。
>
> 学生二：我们选取的作品比较适合我们、与我们阅读水平能力相当，个别作品适当高出我们的阅读水平，反而给我们一定的挑战。

2. 文学作品和传统的教材上的阅读材料比较有很多优势，首先文学阅读材料有大量丰富的词汇在语境中的运用，吸引人的情节和鲜明的人物特征都是传统的阅读材料无法比拟的，传统的阅读材料大多围绕某话题，以传递事实性信息为主，而文学作品充满情感，有丰富的历史文化背景，这都是文学阅读的优势。而且我们读的是原著，和简写本比较原著语言更地道，情节更丰富，大段精彩的描写令我怦然心动。有学生说道：

> 学生一：文学阅读让我欲罢不能，作品里人物情感的波动令我也充满喜怒哀乐，总有一口气想读完的冲动。
>
> 学生二：文学作品语言形象生动、很多数词生义现象培养我们的语感，有时一个常见的词用得很灵活，有时觉得文学作品里的很多语言像鲜活的生命一样在我眼前舞动。
>
> 学生三：和初中的简写本比较，原著读起来虽然刚开始感觉有些不顺，例如词汇或者语言风格方面有些障碍，但时间长了，觉得简写本和原著没法比，首先简写本故事情节很单调，很容易猜得出下面要发生什么，描写也比较简单，而原著情节很丰富，人物之间的关系很复杂，比如《傲慢与偏见》读了很久才慢慢理清人物关系，这反而令我更感兴趣，因为人物关系复杂意味着内容更生活化，更富有戏剧性……

3. 文学阅读不论是在语言还是在精神养育方面都效果明显。在语言方面文学阅读大大提高了语言的综合运用能力。在精神养育方面，主题高尚、鲜明的作品能培养高尚的情感，比如乐观面对苦难、热爱生命、爱惜自然等。下面是个别学生对该问题的答案：

> 学生一：文学阅读能培养人文素养，在听的方面，每本文学作品的标准录音百听不厌。说的能力也在频繁的讨论和思考中得到提高，读的能力自不必说，每天浸润在文学作品的语言中，既扩展了词汇，又提高了理解能力。写的方面更是作用明显，每章节的问题回答，短评论撰写，摘记和书评等都无形中提高了写的能力。
>
> 学生二：我对所读的每本书都印象深刻，让我潜移默化地学会了一些道理。《相约星期二》里老教授的生命的思考令我对生命充满敬畏，重新思考生命的价值。《夏洛的网》让我懂得爱的真谛，爱是无私的。《老人与海》让我懂得面对逆境永不

低头的精神⋯⋯

4. 有关文学阅读的建议方面，主要集中在这几个方面：选材方面，教学模式方面，教学内容方面和教学活动等方面，上文已经分析，就不再赘述。

四、总结和反思

通过本轮的行动研究的探索，这轮实验提出了英文原著走进高中英语课堂的主要课型和教学策略。笔者在名著教学中主要实践的课型有：任务展示课、读写实践课、综合分析课、欣赏表演课等几种课型。

任务展示课要在阅读前把阅读任务在预习阶段就分配给各小组，这些任务包括小说的情节、人物分析、精彩段落赏析等，每个小组可以选择不同的主题做好展示作业（大多是 PPT 形式）发到指定的邮箱，我会在学生展示前批阅学生的作业，提出修改意见，然后集中让学生展示他们的作业，其他同学可以根据同学的展示做好笔记并就同学的展示提出问题。

读写实践课是把阅读和写作结合起来的综合实践课。学生在课外的阅读时间还是有限的，在课堂上也要保证学生一定的阅读时间和阅读量，课堂上的阅读形式以精读为主，主要是让学生阅读一些重点章节，重点段落，让学生一起阅读分享，还给学生读出声的机会，让学生展示自己优美的语音和语调，诵读出经典文学作品的魅力，还可以结合一些主题来读，比如让学生读人物对话、读人物描写、读景物描写、读心情描写、读最喜欢的段落等。读的地点也会做适当的变动，除了在教室阅读外，还到图书馆甚至校园里阅读，通过不同形式和地点的阅读来培养学生对文学阅读的兴趣。读后偶尔会穿插一些写的活动，目前我尝试过的写的活动有阅读后回答问题，这个活动基本上是每章节都有，每章节读后会以 Reading Comprehension Check 的形式设置 4—5 个经典的问题来检查学生的理解，几章读完后会让学生选取一个角度写小书评。

综合分析课可以说是师生共享阅读体验的读书报告会。综合分析课以分享为主，分享的内容包括人物分析、情节分析、换位思考、我的体验、预测下章等活动，综合分析的形式可以是师生互动、生生互动、小组互动等。综合分析课的主旨是为了加深对文学作品的理解，就一些问题可以达成共识，也可以抛砖引玉，激发同学的思考。综合分析课是文学阅读教学活动中重要的教学形式，教师要充分发挥自己的引导作用，从宏观处把握好作品的主旨，把握好作品的主线，并结合青少年的特点，充分挖掘作品中的积极元素来激发学生对文学的热爱、对生活的热爱。

欣赏表演课是让学生观看小说的电影版、电视版或者话剧等其他艺术形式，然后选取部分章节让学生尝试表演，目前我们的表演只局限于部分简单的章节。表演的形式的顺利开展也遇到很多难题，首先时间、场地、经济条件等各方面都受到限制，而且学生的阅历有限，有些内容并不适合还未成年的学生去表演。所以学生的表演还是处于不成熟的阶段，这种形式并没有充分利用起来，但如果条件允许，这种形式完全可以更多地尝试，笔者设想表演的形式完全可以和本校外教合作，让外教参与建立表演俱乐部，指导和参与学生的表演。

从这轮实验来看，实验前的充分准备很重要，它可以降低焦虑，例如《傲慢与偏见》是部分学生主动提出要读的，因为大多同学已经阅读过这本小说的中文版本，也看过电影，所以对英文版本很感兴趣，它是简·奥斯丁的代表作，是一部经典的小说，完成于1797年。该作品以日常生活为素材，生动地反映了18世纪末到19世纪初处于保守和闭塞状态下的英国乡镇生活和世态人情。但该小说距今时间较长，小说中的生活离现在较久远，描写虽然细腻，但生词很多，我把样书放在班级让同学翻阅后，有同学认为这部小说内容比较单调、生词太多，句子也很长，有畏难情绪，但想读这本书经典名著的同学又很多，并且都是主动提出要读这本小说，为了满足同学们的好奇心，所以我们做了充分的准备，比如通过背景知识的介绍、整理生词表、梳理小说线索、借助中文版本、观看小说的电影版等手段来降低难度，并且我们让学生在暑假结合阅读指导阅读这本小说的第一部分(共23章)并完成相关作业，这为开学后与同学们一起探讨该小说做好了铺垫。但在开学后的阅读教学中发现困难仍然很大，该书的生词很多，语言很难懂，而且长句多，所以这本书我们跌跌撞撞只阅读了前23章，不得不承认这其实是文学阅读教学实践中遇到的第一次失败，虽然该书没有读完，但大多数同学还是反映喜欢这本书，部分同学还表示课外会继续阅读该书。

当然我也发现高中段的学生面临学业水平测试和高考的压力，他们的精力不得不分散去准备这些考试，这就势必影响文学作品的阅读时间以及同学们的专注度，面对日常教学任务和应试压力的干扰，如何保证同学都有充足的阅读时间仍然是一个难题。而且文学阅读的选材也是值得研究的，后续的实验中我会更加关注典型的个案，并做好访谈记录，写好观察日记。

第四章　高中英语文学阅读教学第二轮
行动研究：调整和改正

笔者为期两年的 F 中学支教工作期满后回到原工作单位 X 中学，从 2014 学年秋季开始浙江省和上海市被确定为首轮新高考改革实验区，当年秋季入学的高中新生将参加新高考，浙江新高考的基本方案是不分文理科，所有科目都要参加学业水平考试，高考科目中语、数、外是必考科目，另外三科是学生自主从七门学科(物理、化学、生物、历史、地理、政治、技术)中自选三门，并且外语实施一年两考①，这就导致高中的教学模式较以前发生了重大的变化，比较明显的变化是个性化选课制、分层走班制等新特色，特别是文理不分科后，高中生学习的科目更多了，在新的学校环境和新的政策背景下文学阅读教学的实践如何继续呢？

第一节　问题和研究设计

一、第二轮行动研究问题

第一轮行动研究中通过学生的反馈和自己的观察，发现文学阅读教学实践要顺利开展有两个问题很关键，首先是选材方面的建议：同学们建议选材要注重难度和趣味性，还要考虑英语基础的差异性。在教学模式上的建议是要发挥学生的主动性，让学生更多参与文学阅读教学中；针对这两个问题，首先选材既要吸取第一轮行动实践中的经验，利用现成的成熟的材料，当然第一轮实践中发现《傲慢与偏见》这样的经典作品对大多高中生来说是有难度的。而且 X 中学只有高中部，不像 F 中学有初中部和高中部，F 中学高中新生大多来自本校初中部，有文学阅读的经验。而 X 中学的学生来自不同的初中，还有部分来自薄弱学校的保送生②，学生的英语基础参差不齐，不如 F 中学高中部均衡，面对新的政策背景和 X 中学的生源基础，我们经过教研组商量决定如新高考制度一样，也给予学生一定的选择权，在必修课上采用简写本作为文学阅读的材料，以满足所有同学的需求，而把原著放在选修课上，供学有余力的学生选择。除了英文原著鉴赏选修课外，笔者多年的教学和观察发现，青少年中有部分同学痴迷哲学，并对自己的

---

① 选取其中较高一次成绩作为高考成绩，分值仍然和语文、数学一样，满分 150 分。

② 保送生名额是分到各初中的。

人生和人生中一些重大的问题开始有自己的思考，而且我校学生思想活跃，人文素养高，我校国际交流频繁，出国留学学生快速增长，每年有模拟联合国、"走近西澳"口语演讲比赛、英语节等常规性活动，正是基于我校浓厚的人文教育环境和学生的扎实的英语功底，以及自己的语言特长和对哲学浓厚的兴趣才促使《西方哲学简介（英语）》①这门选修课的开设。选修课确定后，在必修课选材上，经过慎重考虑和现有成熟的经验，我们选择《典范英语10》作为补充阅读教材。《典范英语》是风靡英国的母语学习教材，这套教材的特点是集故事性、趣味性、知识性、科学性和人文性于一身，它是全国教育科学"十一五规划教育部重点课题"《中国基础教育素质教育的途径与方法》的实验教材，在全国二百多所学校实验使用，对于中国学生学习英语产生了重大的推动作用。《典范英语10》共14本，都是名著的简写本，包括《简爱》《呼啸山庄》等经典作品。

第一轮行动研究的学生反馈中，对教学模式方面的建议也很多，建议主要集中在文学阅读教学要发挥学生的主动性，让学生更多参与文学阅读教学中，和传统阅读的材料比较，文学阅读的魅力就是"一千个读者眼中有一千个哈姆雷特"，个人的认知水平和生活经历都会导致对统一作品、同一人物、同一情节等不同的诠释，这就需要发挥学生的个性，尊重学生的个性化解读，给学生足够的时间和空间。

从第一轮行动研究后学生回答的调查问卷中可以看出，参与实验的同学中绝大多数认为阅读英文名著有助于提高自己的语言综合能力并且希望今后继续参与该实验。学生有关文学名著阅读提出的建议，主要集中在选材、阅读时间和教学方式等几方面，选材是激发阅读兴趣的关键，并且直接影响着阅读效果。阅读时间也是两难问题，高中学生学业负担重，如何安排时间完成规定的阅读任务是实验顺利推进的保障。除了以上问题外，笔者也一直在思考一个问题，正如引论里所阐述的，当今英语教学中一个重大的问题是英语教学缺少思维，而《课程标准》指出高中英语应注重提高学生分析问题和解决问题的能力，特别注重提高学生用英语进行思维和表达的能力。② 阅读课程教学的目标包括三个方面，第一是提高语言综合运用能力，第二是拓展知识面，第三是培养学生的思辨能力。③ 阅读在西方很多国家也成为 critical reading（批判性阅读），可见阅读和思维关系密切，那在实践中文学阅读是如何培养学生的思维能力呢？综合上述分析，本轮研究的问题就产生了：

1. 在新高考背景下如何建立可行的文学阅读的课程体系？
2. 在文学阅读教学中如何更有效发挥学生的主体作用？
3. 如何在文学阅读中培养学生的思维能力？

二、研究设计

问题一上文已做分析，文学阅读的课程体系必须和新高考契合，尽量满足不同学生

---

① 这门课也缘起于每年为笔者校新加坡来访学生定期开设人文讲座的经历。
② 教育部. 普通高中英语课程标准（实验）［M］. 北京：人民教育出版社，2003：6.
③ 孙中有. 英语阅读教学与思辨能力培养研究［M］. 北京：外语教学与研究出版社，2012：127.

的需求。针对问题二如何在文学阅读教学中发挥学生的主体性,在第一轮行动研究中已经采取了一些措施,比如任务展示课中让学生分组展示阅读成果,但分组的任务没有聚焦,随意性较大,阅读材料的选择也是指定的,如果能让学生自主选择阅读材料,学生的阅读兴趣可能会更大。针对这个问题笔者从 2014 年 7 月 5 日—6 日在北京语言大学参加的第七届全国基础英语素质教育实验基地学术交流研讨会上获得启发,在会期间中国人民大学附属中学 C 老师的一堂阅读课给了我深刻的启发,在课堂中她展示了国外流行的"文学圈"阅读模式在文学阅读中的应用,这种教学模式充分发挥了学生的主动性和合作学习等优势,我决定在第二轮行动研究中采用这种阅读模式。问题三如何在文学阅读中培养学生的思维能力这个问题,通过思维学习英语,通过英语学习训练思维,这应该成为英语学习和教学的指导方针的重要内容,在理论上应该明确,在实践中应该贯彻。① 文学阅读作为一种语言学习形式,不仅可以提高语言综合运用能力,而且它对思维的培养具有不可比拟的作用,文学阅读中对人物、情节、语言的分析从长期来看是在培养学生的归纳、综合、评价等思维能力,所以我的假设是文学阅读有利于培养学生的高阶思维能力,结合以上分析从而确定第二轮行动研究的问题和行动措施如图 4-1。

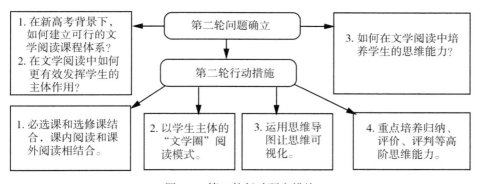

图 4-1　第二轮行动研究措施

第二轮行动研究的总体安排是 2014 届高一年级每学期除完成常规教材教学任务外,抽出 2—3 周左右的时间来阅读和教学 2~3 本《典范英语》,每本书安排的时间是一周左右,在高一、高二两学年(包括寒暑假)里读完《典范英语10》共 14 本文学名著,以每本书 7 万字计,阅读量超过 100 万字。14 本文学名著按话题或题材分类,高一主要读 A/B 类;高二主要阅读 C/D/E 类,分类图表如下(表 4-1)。

表 4-1　　　　　　　　　　　第二轮文学阅读的选材

A:人、动物、自然类:(1)《秘密花园》　(2)《白牙》　(4)《黑骏马》
B:科幻类:(5)《海底两万里》　(6)《失落的世界》　(8)《弗兰肯斯坦》

① 胡春洞. 英语学习论[M]. 南宁:广西教育出版社,1996:50.

续表

C：旅游探险类：(3)《格列佛游记》　(11)《鲁滨逊漂流记》　(13)《金银岛》 D：人物故事类：(7)《大卫·科波菲尔》　(9)《简·爱》　(12)《呼啸山庄》 E：侦探喜剧类：(10)《福尔摩斯故事集》　(14)《麦克白》

第二节　制定和实施行动计划

第二轮行动研究是建立第一轮研究的基础上，是对第一轮行动研究的调整和提升，不论是从适应新政策背景下的课程模式的建立还是新的阅读模式的应用，都是文学阅读教学的进一步完善，下文结合案例阐述第二轮行动的计划。

一、高中英语文学阅读的选修课实践探索

设置选修课是高中课程改革的一个重要措施。开设选修课的目的是为学生提供多样化的选择余地和发展个性的空间。① 我省 2012 年颁布的《浙江省深化普通高中课程改革方案》指出，加强校本选修课程建设是深化我省普通高中课程建设的重点②。我校是省首批特色示范高中，结合我校实际和本研究我在高一、高二年级③独立开发和讲授两门选修课：英语原版小说鉴赏和西方哲学简介(英语)。

(一)课程介绍

《英语原版小说鉴赏》的课程资源来源于第一轮行动研究几本英文原著，从第一轮行动研究结果和反馈来看《傲慢与偏见》《了不起的盖茨比》两本英文原版难度较大，并且篇幅较长，而我校每门选修课授课时间大多安排 12—16 课时不等，所以笔者选择《夏洛的网》《老人与海》《相约星期二》3 本英文原著作为《英语原版小说鉴赏》教材，每学期开设一门，3 本书轮流更替，目前已经开设到第二轮。《西方哲学简介(英语)》这门课源于笔者多年对哲学的兴趣和自己外语的优势，由于平时经常阅读一些英语的哲学原著，并且多年的观察和与同学的接触中发现，高中生中有特别喜欢哲学的同学，他们对人生、对世界等一些本原问题也有自己初步的看法，于是笔者就萌生了开设"西方哲学简介(英语)"这门课，旨在培养选课同学的兴趣和阅读哲学原典的基本能力，这门课已经在 F 中学和 X 中学开设 5 次，选课同学共 120 余人。选修课的授课原则重点在于培养学生的兴趣和激发学生的个性发展。无论是"英文原版小说鉴赏"还是"西方哲学简介(英语)"都注重发挥学生的主体作用，教学者更多的角色是教学材料的遴选、教学进度

---

① 教育部. 普通英语课程标准(实验)[M]. 北京：人民教育出版社，2003：23.

② 关于深化普通高中课程改革的通知. 浙江省教育厅官网.[EB/OL].[2012-6-19]http：//www. zjedu. gov. cn/news/21024. html.

③ 笔者学校选修课只面向高一、高二学生。

的掌控、阅读分享的组织、评价的组织等角色，而学生才是学习的主体，是学习材料阅读、思考的主体，无论是讨论内容准备、课程小论文撰写还是活动的组织都是由学生主动完成，选修课的教学更加注重鉴赏、体验、分享等学习过程，两门课的指向是人文素养的培养，而不是单词、短语或语法的重新回炉，下面主要以《西方哲学简介（英语）》的教学安排为例介绍选修课的教学。

（二）课程内容

"英语原版小说鉴赏"这门课的主要教学内容是上述 3 本英文名著，但"西方哲学简介（中英双语授课）"教材是自主开发的，教学材料来源于一些英文哲学原著中自选的材料，所选材料本着基础性、启发性等原则，内容主要是以西方哲学史为线索，以 12 节课为例，课程共分为 5 个专题：（1）什么是哲学以及哲学的基本问题；（2）哲学的源头：古希腊哲学；（3）中世纪哲学；（4）近现代哲学；（5）我对哲学的思考（或哲学类题材电影赏析）。每个专题两节课，另两节课是评价和课程论文的撰写。在有限的时间里不可能全面介绍西方哲学，我的设想是给学生搭建一个初步的支架，旨在为培养学生的兴趣，激发学生去阅读一些基本的哲学原著，思考一些基本的哲学问题。该课程的课程安排和课程纲要如表 4-2、表 4-3。

表 4-2　　　　　　　　　　　"西方哲学简介（英语）"课程安排

	专题	内　　容	课时数
课程 （12 课时）	（1）	Lecture 1：What is Philosophy？	1
	（2）	Lecture 2：Brief Introduction of Ancient Greece Philosophy	1
		Socrates and Plato	1
		Film：Peaceful Warrior	1
	（3）	Lecture 3：Life in Medieval Century and Medieval Philosophy	1
	（4）	Lecture 4：Brief Introduction of Modern Philosophy	1
		Kant Hegel and Schopenhauer	1
		Contemporary Philosophy：Nietzsche and Sartre	1
	（5）	Film：When Nietzsche Wept	2
		Conclusion + Test	1+1（机动）
		合计	12

表 4-3　　　　　　　　　　　"西方哲学简介（英语）"课程纲要

课程名称：西方哲学简介（英语） 开发者：××× 课程类型：知识拓展类 授课对象：高一、高二全体学生（英语基础较好） 课时安排：12 课时

续表

一、前言

　　本课程属于知识拓展课。我校学生思想活跃，人文素养高，而且我校国际交流频繁，出国留学学生数量快速增长，每年有模拟联合国、"走近西澳"口语演讲比赛、英语话剧表演等常规性活动，正是基于我校浓厚的人文教育环境和学生扎实的英语功底，才促成《西方哲学简介（英语）》这门选修课的开设。本课程主要通过西方哲学发展历史的介绍，展示西方重要思想家的哲学思想，揭示西方哲学发展的逻辑和一般规律。使学生大致了解西方哲学发生和发展的基本情况和大致线索，理解重要哲学家的哲学思想，拓宽理论视野，增强思辨能力，提高理论水平。

二、课程目标

　　1. 简要了解西方哲学的几个主要流派和代表人物。

　　2. 提高学生的基本的用英语进行学术交流的能力。

　　3. 重点是培养同学们对哲学的兴趣、开拓学生的视野和培养学生基本的思考能力，并为他们进一步的阅读和思考打好基础。

三、课程内容

　　该课程的具体内容主要包括5个专题，每个专题大概安排2节课：专题一是走近哲学，重点是让学生了解哲学的基本概念，培养基本的哲学思维，明确这门课程学习的内容。专题二是古希腊哲学，主要是介绍古希腊哲学三圣：苏格拉底、柏拉图和亚里士多德，哲学三圣是西方哲学的始祖，这个专题主要是学习他们的一些生平、哲学观点，主要内容有苏格拉底之死，柏拉图的洞穴理论、精神恋爱理论，亚里士多德的形而上学理论等。专题三是中世纪哲学，主要是围绕中世纪的社会生活状况，中世纪的宗教，基督教，中世纪的两大哲学流派：教学哲学和经院哲学等内容展开，让学生重点思考的是神学和哲学的关系。专题四是近现代哲学，该专题的主要内容是近代哲学家卢梭、伏尔泰、孟德斯鸠等，现代哲学主要介绍存在主义、后现代主义以及这阶段的主要哲学家尼采、弗洛伊德、萨特等，这个专题学生思考的主要问题是公平、自由等问题。专题五是我的哲学观，为了增加课程的趣味性，观看哲学题材的电影一到两部，旨在让学生反思自己对哲学的思考以及对该课程的思考。可能选看的电影包括 *Peaceful Warrior*（中文片名翻译为《和平战士》或《深夜加油站遇见苏格拉底》），和 *When Nietzsche Wept*（中文片名《当尼采在哭泣》，*Peaceful Warrior* 这部电影旨在让同学们思考自己的世界观和对生命的意义的思考，而 *When Nietzsche Wept* 旨在让同学们了解哲学家尼采的生平、爱情生活以及他的哲学观。

四、选修课课程实施建议

　　《西方哲学简介（英语）》选修课的主要实施形式是讲座、讨论、视频等形式，采用讲授和互动结合，课内学习和课外探究结合等形式来完成教学。

五、教学评价的原则和要求

　　教学评价的形式是小项目展示、论文等，评价主要分为出勤率（25%）；过程表现（积极参与课堂，乐于与同学沟通、合作以及自我反思25%）；结果表现（课程结束时简单的测试和完成小论文50%），综合评定60分以上的同学获得1个学分。

（三）"西方哲学简介（英语）"的课后反思

　　笔者为什么要开设"西方哲学简介（英语）"这门选修课？在我国基础教育中，语文、数学等知识性课程所占比重过重，而在国外除了开设这些知识性的课程外，一些教给学生思想的课程也占很大比重，而有思想的重要特征就是丰富的想象力和独特的创造力，这些课程包括哲学课、逻辑课、思维课等，比如法国的高中，各种课程中哲学课是主干课程，他们的哲学课在高考中相当引人注目，甚至比一些主干课程都重要。哲学考什么？就是考如何思想。比如 2015 年文学类考生的哲学考题是：1. 尊重一切生命是一种道德义务吗？2. 现在的我是我所经历的一切造就的？3. 对摘自法国思想家托克维尔所著《论美国的民主》的一段话作出解读。法国哲学课的设置旨在培养具有"智性批评能力"的启蒙公民。哲学的思考方式教人如何在日常生活中反省，如何深入思考问题。不少法国人从中学时代的哲学教育中受益匪浅，在其后的人生岁月里继续保持对知识的求索。即便在最小的法国村庄，哲学沙龙的数量之多和质量之高都令人吃惊。① 法国的哲学高考不是考技能，而是考学了哲学后的思想状态。而我们的语文、数学等学科考试往往更多考核技能。而思想比技能重要，毕竟思想决定行动，思考带来进步。一位圣哲说过："哲学是思想的源泉，人的全部的尊严就在于思想。"既然哲学课在国外这么重要，那么在我们的学校能够开设吗？正是我校的教育环境、深厚的人文积淀和学生的扎实的英语功底，才促使笔者开设了"西方哲学简介（英语）"这门选修课。

　　"西方哲学简介（英语）"这门课程是面向我校高一和高二学生的。根据学校的安排，该课程一共有 12 节课程（均安排在周五下午，每节课程大约 1 个小时），该课程的目标是让学生简要了解哲学的基本概念，简要了解西方哲学的几个主要流派和代表人物，提高学生的基本的学术交流中的英语语言运用能力，重点是培养同学们对哲学的兴趣、开拓学生的视野和培养学生基本的思考能力，并为他们进一步的阅读和思考打好基础。授课的主要形式是讲座、讨论、辩论、视频等形式，作业的形式是小项目展示、论文等，这门课程采用的材料是摘录于国内外的一些最新教材，重点参考国外的一些原版教材，这样学生也培养了学生基本的原典的阅读能力。

　　课程的具体内容包括 5 个专题，每个专题大概安排两节课，实际教学的课程内容如下：第一个专题围绕什么是哲学这个问题，这个问题也没什么定论，笔者主要是参阅一些原版哲学教材上的导论课，比如哲学的定义，哲学的主要问题，哲学的主要流派等作为课程的重点，课程中我会穿插一些录像、文字材料，录像主要是视频课，文字材料主要是一些哲学方面的名言，让学生去思考，课程的形式是讲授为主，同时还要学生参与讨论，我想这个课程的关键还是学生，怎么去激发学生的兴趣，激活每个学生身体中的哲学婴儿是最主要的。

　　第二个专题是古代西方哲学，重点是介绍古希腊哲学三圣，苏格拉底、柏拉图、亚里士多德。他们是一条线下来的师徒关系，他们也是哲学的源头，这是该课程的重头戏，在这两次课中我重点是要介绍苏格拉底和柏拉图，苏格拉底主要围绕他的生活方式和他的死亡来向学生说明哲学家的生活是精神的生活、是思考的生活。有关柏拉图的内

---

① 韩梁. 法国"高考"为何对哲学"情有独钟". ［EB/OL］［2015-06-20］. http：//newspaper. jfdaily. com/jfrb/html/2015-06/20/content_105685. htm.

容主要是围绕他的洞穴理论、他的学院、精神恋爱、理想国等关键词展开。亚里士多德只是简单地介绍下，重点是他的形而上学理论。这两节课的目的主要是给学生认识到哲学的源头里有清澈的泉水以及智慧的乐趣，教学中让学生分组讨论一些专题，比如你怎么看苏格拉底的死，你相信精神恋爱吗？希腊为什么会酝酿出这么多先哲的思想。

第三个专题主要是中世纪哲学，中世纪是黑暗的世纪，在这阶段哲学是神学的婢女，哲学是为神学服务的，这期间主要有教父哲学和经院哲学，教父哲学的代表人物是奥古斯丁，经院哲学的代表人物是阿奎那。这期间基督教对哲学影响深远，哲学也是基督教的哲学，但在这期间人类的文明也取得了很大的进步，比如大学的出现、理性的逐渐复苏、文艺复兴的产生等都是黑暗的中世纪的一丝丝亮光。

第四个专题主要是近现代哲学，这期间的哲学主要是围绕两个哲学人物笛卡儿和尼采展开，笛卡儿是近代哲学的开山祖，他的理性主义折服了一代代后人，特别是他的名言"我思故我在"肯定了人的地位，唤醒了沉睡了一千多年的生命，尼采现代主义哲学的代表人物，他宣扬意志主义，他更强调生命的力量，可以说它的哲学是狂妄的，是傲气中渗透着霸气，他对于弘扬生命的价值，唤醒生命的能量是有很大的召唤作用的。

第五个专题是我的哲学观，本专题旨在通过本选修课的学习激发学生对哲学的思考，从而为将来的哲学学习和理性思维能力的提升奠定基础。在该专题的学习中还会鼓励选课同学针对该课程的教学方式和教学内容提出意见和建议，结合他们的意见和建议为后续的课程建设做好铺垫。

事实证明开设这门课是双赢，笔者通过开设这门课阅读了大量的哲学书籍，既有哲学教科书，也有一些哲学家的名著，比如笛卡儿的《论方法》就是这期间读的，无疑笔者的哲学修养和理性思维能力都得到了提升，同时通过阅读了大量和哲学相关的外文资料，笔者的外语水平也都得到了提高，通过调查也得知选课的同学同样受益匪浅，特别是对哲学感兴趣而且外语基础较好的同学，他们普遍反映该课程内容独特，不仅有利于他们思维能力的提升，而且对于他们的专业英语阅读能力也大大提升。

这门课的评价形式是结合到课率、课堂参与、小论文等几个方面综合评价。这门课开设3年来虽然选课的学生不是很多，但很稳定，每次选课在15～25人，大多选课的学生是外语班的并且对哲学本身就有兴趣的学生，从同学们的课后反馈来看效果是比较理想的[①]，满意率均在80%以上，每次课程结束后笔者也和个别选课学生交流，让他们谈谈对课程的感受或者提些今后改进的建议，结合几次的交流，他们主要提到两点：这门课程在培养他们的思考能力方面效果很明显，但在授课中要注重课程的趣味性和难易程度。现在反思起来我是觉得哲学课很容易上得很枯燥，怎样把这个课上得浅显易懂并且生动活泼是笔者必须考虑的，我想在今后这门课的教学过程中我会选取更多的哲学故事、适合学生的视频等尽力使教学形式多样化，让学生在学习中体会到乐趣。还有一点就是学生建议笔者在教学中就一些重大的问题也要发表自己的观点，他们也想听听老师

---

① 　学生对于选修课的评价，教务处每次课程结束后会把调查结果反馈给任课教师。

对生命等问题的看法，这个建议触动了笔者的心灵，就是在平时的英语教学中，作为语言教师，怎样把自己融入教学中和学生建立一个学习的共同体，这是笔者要努力的。教学中怎样做到心灵契合，怎样让学生也能感受到老师的所思所想，让老师也站在学生的位置去思考，这也是老师走进学生心灵的一个法宝。

这门课程无论是对于开发者还是选修者来说都是一个极大的挑战。作为课程开发者，笔者一面学习、一面引领同学们去阅读和思考，整个课程教学中笔者自己对很多问题也是时刻处于思考中，好在哲学也没有什么标准答案，始终是思考和反思的结果。笔者能做的是怀着一颗谦卑的心去思考一个个令人疑惑的问题，思考的过程是快乐的，这一点可以肯定。从选课同学的作业情况（见附录）来看，笔者低估了他们的哲学思考能力，年轻的心灵总是能够给我们带来意外的惊喜。

二、"文学圈"阅读模式在文学阅读教学中的实践

在文学阅读教学模式方面，国外主要有文学圈①（Literature Circle）和持续默读（Sustain Silent Reading）②等模式。国内主要有 READ③ 等教学模式。《课程标准》中提出要逐渐转变传统的学习方式，变被动的学习方式为自主、合作、探究的学习方式。文学阅读的特点之一就是文学阅读的过程中学生的自主、合作和探究的学习品质能充分调动起来，但"在语言教学中，学生的学比教师的教更重要，教学的目的是教学生而不是教教材，应让学生尽可能参与到学习活动中，这是教学的基本原则"。④ "文学圈"阅读模式正是这一理念的体现。"文学圈"起源于哈伟·戴勒斯。他对"文学圈"的含义概述是：文学圈的小组成员在教师引领下自主选择并阅读同样的小说或其他文学作品，在完成独立的阅读之后，小组共同决定要讨论与分享的内容。每一位成员根据自己在小组中特定的角色和职责为即将到来的分享课做准备，按照角色设计作业纸，填写讨论发言的提纲。教师在其中起着引领、辅助、监督等作用。基于第一轮行动研究中学生的反馈，学生的自主阅读和分享是第二轮研究的重点内容。

(一)"文学圈"阅读模式的角色分工

文学圈与传统读书方式最大的不同之处在于：每个参与者都必须针对所阅读的内容扮演一种不同的研讨角色（discussion roles），提供组员们更多元的赏析角度，以讨论作品的内涵。文学圈着重以读者为中心，提供了更多读者与作者对话的空间，都有具体明

① Daniels, H. Literature Circles：Voice and Choice in the Student-Centered Classroom［M］. York, Marine：Stenhouse Publishers. 1994.

② Krashen, S. The Power of Reading：Insight from the Research（the second edition）. Portmouth, NH：Heinemann，2004.

③ 黄远振，兰春寿，黄睿. 英语文学体验阅读 READ 教学模式构建研究［J］. 外语界，2013(1)：11-19.

④ Lewis, M& Hill, J. Practical Techniques for Language Teaching［M］. Beijing：Foreign Language Teaching and Research Press，2009.

晰的分工，各角色的具体分工如表4-4。

表4-4 文学圈讨论小组角色分工一览表

角色功能	角色名称	角色职责
关键角色	研讨会主席 Discussion Director/ Summerizer	负责主持整个研讨会全过程，指导小组讨论并对讨论进行分析准备，引导小组就整个文本进行交流而不过分关注细节
	文艺指路人 Literary Luminary/Passage Person/Language Master	负责把书本中有意义的文句、段落挑选出来，并简单分析挑选这些语句的原因，大声向同伴朗读这些段落、句子
	角色分析师 Character Captain/Character Analyst	挖掘作品中的主要角色，并提供证据支撑自己的观点
	情节分析师/追踪小记者 Plot Analyst	负责用文字或者流程表形式呈现故事发展情节、时空背景及推展进度
	主题分析师/连结小天使 Theme Analyst /Connector	负责把故事内容与外部世界相连结，分析、比较、发现文内文外的关联性
补充角色	绘图小天王 Artistic Adventurer	负责把作品的情节等用绘图方式呈现出来

(二)"文学圈"阅读模式的特点

在对"文学圈"阅读教学与传统阅读教学的比较中，我们不难看出"文学圈"阅读教学的特征以及优胜于传统阅读教学的地方。具体如表4-5所示：①

表4-5 "文学圈"阅读教学与传统阅读教学比较

项目	传统阅读教学	"文学圈"阅读教学
1. 阅读作品选定	老师决定	老师与学生共同决定
2. 课堂主导控制	老师引导与控制	学生主导与控制；老师辅助
3. 上课方式	一对多人讲课	学生小组自行讨论
4. 对阅读作品的见解阐释	老师为唯一权威	学生的个人见解受到高度的重视，老师的意见并不是唯一答案

---

① Hsu, J. Y. (许正义) Reading Together: Student Teacher Meet in Literature Circles. The Proceedings of the 2003 National Conference on English Teaching and Learning[C]. 1-9.

项目	传统阅读教学	"文学圈"阅读教学
5. 学生阅读行为	虽然由老师规定阅读量，但除非有考试，学生不会主动阅读。实际阅读行为的发生常为短暂的	由研讨小组自行决定阅读量，各组可能进度不同，但全班可共同制定一个特定日期来完成阅读。阅读行为的发生是定量、分散式的
6. 阅读技巧与延伸学习	着重在字、词及课文原意的理解，多为静态的阅读	除课文原意的理解之外，藉由角色扮演，鼓励学生由不同角度来解读原文，鼓励读写结合等活动，阅读活动兼动、静态
7. 学习成果评价方式	多为有标准答案的笔试，老师负责评价工作，重视考试成绩	多元评量方式，由学生自行评价与教师评定，及小组成员评价，重视整个阅读过程
8. 学生角色	被动的服从者	活跃的参与者，对自己的学习有主导权，与学习团队合作、责任分工
9. 老师角色	积极的主控者	管理辅导者，权威角色淡化
10. 师生互动关系	师生间有疏离感，身份观念强烈	老师也是一位共同阅读者，师是生的良师益友、学生的行动受到重视

(三)"文学圈"阅读模式的应用

考虑到《典范英语10》都是原著简写本，并且基本上都是小说，小说通常包括环境(setting)、人物(character)、情节(plot)和主题(theme)等要素，根据这四大要素和"文学圈"阅读模式，把全班同学分为5个组，每个组由5—6位同学组成，每个小组按章节或阅读内容以"文学圈"阅读模式轮流选定本组的任务。"文学圈"就是由小组成员组成的临时阅读小组，为了操作的便利和学生的实际特点，本研究中全班同学阅读同样的文学名著并且整个小组的角色和任务是相同的，各小组的角色通常是 Plot Peeler(情节分析师)、Character Captain(人物分析师)、Language Master(语言大师)和 Theme Analyst(主题分析师)、Connector(链接员)、Illustrator(绘画小天使)、Word Master(词汇能手)等，前4个角色是基本角色，基本每次都会轮到，后3种角色可根据情节内容的需要或者学生的兴趣灵活补充或替换前面的角色①。Plot Peeler(情节分析师)负责呈现故事发展情节及推展进度。Character Captain(人物分析师)负责理顺作品中主要人物和他们之间的关系，并挖掘主要角色的性格特点，并提供证据支撑自己的观点。Language Master(语言大师)负责把书本中有意义的文句、段落挑选出来，向同学朗读并简单分析挑选这些语句的原因。Theme Analyst(主题分析师)负责挖掘作品的主题并提供证据支持。

---

① 何泽. 在高中英语阅读教学中采用英文原著的实践[J]. 中小学外语教学(中学篇)，2016(3)：42.

Connector(链接员)负责把故事内容与外部世界相连结分析、比较、发现作品和生活的关联性。Illustrator(绘画小天使)负责把作品的情节、人物和场景等用绘图方式呈现出来。Word Master(词汇能手)负责赏析重点词汇或者解释作品中的重点生词。任务完成的形式可以是 PPT、流程图、思维导图等。班级和每个小组都有一位 Discussion Leader (讨论主持)，由他/她来负责班级或小组内的课外任务的完成和课堂的展示。"文学圈"阅读模式首先让学生自主阅读，自主阅读效果可通过阅读指导①来检查，阅读指导是为了便于学生整体把握和理解作品。然后学生分组自主探究，在"文学圈"阅读模式中，教师把阅读的自主权交给学生，让每个学生都带着任务去阅读，读完后思考如何解决问题。学生要能提出自己的观点，并根据阅读任务联系生活中与阅读材料相关的人、物和事件。接下来是分享交流互动阶段，这是整个"文学圈"阅读模式的核心活动，分享交流既包括组内的为完成任务的内部交流，也包括全班整体互动交流。小组相互交流后，知识的结构重新得到更新，鼓励同学们进一步通过写作等活动来巩固交流的成果。

(四)"文学圈"阅读模式的实践案例

下面以《典范英语 10》中 *The Secret Garden*② 等文学作品的教学实例来说明"文学圈"阅读模式是如何实践的。

(1)基于导学案的自主阅读

在阅读材料确定之后，备课组教师分工根据所读材料设计一份导学案，导学案既包括一些共性的问题，如小说的情节、人物关系、主题、语言特点等，设计导学案的目的是先从整体上理解课文，为后面的讨论和分享做好铺垫。以 *The Secret Garden* 的自主阅读导学案(见表 4-6)为例，我们可以尝试让学生从以下几个方面对文学作品作初步理解。

表 4-6　　　　　　　　　　　**学生自主阅读导学案样例**

Discovering *The Secret Garden*
I. Comprehension： Chapter 1　No one left 1. What was the relationship like between Mary and her parents? 2. Why do you think Mrs. Medlock, the housekeeper, treated Mary coldly? Chapter 2　Martha 1. Can you imagine Mary's life back in India? 2. What's it in Marsha that draws Mary close to her? … II. Further thinking

---

① 第二轮每本书阅读前全年级统一分发阅读指导，见附录样例。

② 因该轮行动中读的第一本书是 *The Secret Garden*，所以下面部分案例来自该书的教学中。

1. Why was Mr. Craven always away and didn't seem to care much about his son?

2. Is Colin's mother's spirit shown in the book? Where and when do you sense it most? Who is her agent in the book?

3. Why is it called a secret garden? What does it serve as in the story?

4. What is the underlying theme of the story?

III. Language：(the items with ＊ are optional)

1. Words that describe the garden and plants：

2. Action verbs：

＊3. Words that express one's anger：

＊4. Words that describe one's facial expressions：

IV. Character analysis

1. Mary：…

V. A short summary of the story：

_____

_____

_____

通过导学案引领下的自主阅读，学生对作品的主要内容如背景、情节、人物等有了初步的认识；导学案中评判性问题也为后续的课堂讨论的深化起到铺垫的作用。

(2)"文学圈"阅读模式的建立

要有效地发挥"文学圈"阅读模式的效果，如何建立"文学圈"是关键，实践中的操作过程如下：首先由自荐和推荐相结合选出5位同学作为组长，然后由组长和其他同学双向选择，组成5个小组，每个小组由5至6人组成。组合过程中，组长和其他同学都会尽量考虑、平衡组内成员的英语水平和其他能力，如英语口语水平、演讲能力、组织能力甚至绘画技能、文学素养等。然后，在组长的领导下，小组确定每位成员承担的任务、组员自主阅读作品和小组讨论的时间进程等。班级的讨论主持人会主动了解各组的准备情况，各组展示的时间以及监督各组的展示情况等。

按照"文学圈"阅读模式的理念，在组建文学圈的过程中，最好让学生拥有真正的选择权，自愿建立的小组组员之间更加团结和谐，完成任务也更加积极，组员之间的配合也更和谐，同时自建"文学圈"也是培养他们自主能力和合作能力的一种尝试。

(3)基于"文学圈"小组任务的分享交流

基于"文学圈"阅读模式的阅读教学过程是一个交际的过程，和传统的阅读模式相比，它最大的特点是把传统阅读模式中以教师和学生的交流为主转变为学生和学生之间的交流为主。学生与学生之间的交流赋予了他们更大的课堂自主权，也为他们语言综合能力、合作能力的培养创建了很好的平台。图4-2是选自同学们展示作品 *White Fang* 和

Literature Circles

WHITE Fang

Five roles: 1.Discussion director/summarizer,
2.plot analyst 3. Language master
4. Character analyst 5.Connector(Theme analyst)

- Rules:
- 1.Take turns to speak. Each member speaks about one minute and each group lasts about 5-7 minutes.
- 2. After one group finishes the members from the other group can raise questions or add some new ideas.
- 3. Listen to the other groups carefully and take some notes and then fill in the assessment form.

Please think about some words to describe the following characters(and try to explain the reasons)

- White Fang
- she-wolf
- Grey Beaver
- Beauty Smith
- Scott

Characters 1:White Fang

cruel

Poor White Fang was sold to a devil who named "Beauty" Smith.Smith maltreated him and made him a machine to earn money."White Fang learned to hate as he had never hated before" Jack London described. His heart was covered with a layer of ice.

kind

White Fang was beaten.Fortunately,White Fang met Scott.Scott saved his life.At first,White Fang was not friendly with Scott.But Scott passed love and warmth to him.Finally, the ice in White Fang's heart began to melt.White Fang cannot live without his master.And Scott was also impressed,he decided to take White Fang with him.

Characters

1. Mary--An orphan whose family members were killed by illness.(p4) She then looked proper country girl in Yorkshire.(p16) She is an emotional girl.And she was commit exploration.

2. Dickon--Martha's brother.He had glorious rustcolored hair and blue eyes the color sky.(p27)His way with animals was special.

3. Martha--A kind-hearted maid.She told Mary the story about the secret garden.

4. Mr Craven--Mary's uncle.He was born with a crooked back.(p7) He had a kind,handsome face,but it was full of sadness.(p32) He is a gentle man.

5. Mrs Medlock--The housekeeper.She is unkind to Mary.If anyone in this house was a as a crab apple it was her!(p34)

6. Ben Weatherstaff--A gardener.

7. Robin--An interesting role.It brought Mary luck.

图 4-2　学生的讨论分享举例

the Secret Garden 时的课件部分内容，从课件内容可以看出既有班级主持人制订的展示规则和导引各组展示的台词，也有人物展示组展示作品关键人物 White Fang 的例子和利用一张 PPT 展示小说 *The Secret Garden* 里的主要人物。

在完成了分组展示的任务后，为了激发学生学习兴趣和高中生愿意表现的欲望，我们每学期增加一到两次新的任务，即分组表演作品中部分章节，这项任务由表演组织者（performance organizer）选择部分章节，小组写好台词，分配角色，课外排练，课上表演。如图 4-3 展示的是根据作品 *The Secret Garden* 表演剧本。

（4）基于"文学圈"阅读后的自主创作

阅读和写作总是息息相关，密不可分。阅读是写作的铺垫，写作能进一步加深对所读内容的理解。文学阅读是所有阅读的核心，具有语言和思维的特殊功能。在自主阅读和"文学圈"小组分享后，学生对作品的理解更加深刻，而且大多同学还有自己独到的看法，如果能够抓住契机让学生进一步通过创作来诠释对所读文学作品的理解，相信同学们一定会兴趣盎然，这些创作活动可以形式多样，比如海报、小组合办手抄报、书评等活动形式，如在读完（*The Secret Garden*）之后，其中有位学生用诗歌写下了他对这部作品主题的感想（表 4-7）。每个人都应有自己的归属，那就是心中的秘密花园。

还有一组学生，在"文学圈"合作学习时，共同协作归纳了作品中对秘密花园景观描写的词汇，然后他们自觉自主地将其运用于景物描写的片段（见表 4-8），生动有趣，生意盎然。

通过上面学生作品可以充分展示文学作品的感染力，而且"文学圈"阅读模式的实践让学生在解读文学作品的过程中，提升了个体自主阅读能力和自主探究能力，以及"文学圈"成员合作的探讨和分享等一系列活动所带来的影响力。

Rose

Performance Organizer

Novel you're reading: _The Secret Garden_

As the performance organizer, it is your responsibility to choose your favorite part, and write a related script including stage instructions, narration, dialogues and so on. And then organize the whole performance!

Have fun! Let your imagination soar!

\<Scene 1\>

In a land far, far from Yorkshire, Mr Craven was having a dream.

(1) Lilias: (only the voice) Archie! Archie!

Mr Craven: Oh, Lilias! (Looking around, whispered) Lilias, where are you?

L: In the garden. In the garden!

Mr: (Suddenly woke up) Lilias! The garden?

All day, the dream stayed with him. It followed him on his long, lonely walk up the Italian mountainside. It followed him as he paused by the dazzling lake beneath.

Mr: (Walking) She is calling me back. (Running, shouting) She is calling me home!

\<Scene 2\> On the back of this paper

\<Scene 3\>

Mr Craven couldn't wait to go back to Misselthwaite Manor.

Servant: (Walked up) Mr Craven, do you want to take a shower...

Mr: (Hurrily Hurry) No! Don't I have something much more important to do. (Walking quickly, suddenly stopped) What if this was just a dream after all? What if I find what I always find? (Smiling sadly) Lilias has gone. I can't... I just can't. (Turned back, suddenly was run into by a boy)

Colin: (Stayed silent for a while) Father?

Mr: (voice outside of the picture) This couldn't be Colin. This tall, handsome boy? How can he be... But he has Lilias' beautiful eyes. Oh! Colin! (Touched Colin's head)

C: Come in. Come into the garden.

Mr: Of course, of course, Colin. I'll come into the garden. It's where I should have been all along.

\<Scene 4\> On the back of the paper.

6

图 4-3 表演组剧本举例

98

表 4-7　　　　　　　　　　**作品 *The Secret Garden* 读后感想**

> Somewhere I belong
> It's been a long day,
> Without seeing the garden in pain.
> Lillias, all the mountains remain,
> Where had you been all the way?
> （注：Lillias 是小说中 Colin 的母亲，Mary 的姨妈）

表 4-8　　　　　　　　　　**景观描写词汇举例**

> In the corner of the garden, spring is coming silently. The vegetation juts <u>out of</u> the soil quickly with <u>a sound of rustling</u>. Green covers the corner step by step. <u>Birds are chirruping</u>. They <u>perch on</u> the brown tree branches and begin to sing lovely songs. Flowers <u>burst with blossoms</u>, and a pleasant smell <u>floats past</u>. Spring has already <u>taken over the garden</u>!

（注：其中画线部分是学生活学活用了小说中描写花园景色的词汇。）

一位 C 老师这样陈述文学圈的效果：

> 　　在践行"文学圈"阅读模式的过程中，我们看到学生逐渐养成了自主阅读的习惯，而且自主阅读促使他们独立思考，较好地完成"文学圈"内所担当的任务；自主阅读还能帮助他们对其他成员的想法作出判断，而不是简单的认同。"文学圈"模式下的自主阅读为学生的语言学习和积累提供了空间。反复的独立自主阅读文学作品，定期的"文学圈"内合作交流，通过看、听、说等多种形式的语言输入和熏陶，使学生自然地接触、使用英语，最后促成英语写作。

　　当然文学圈阅读模式在实际的操作过程中也暴露出一些问题，比如文学圈模式耗时较长，各组讨论的进度不一致，部分学生不愿意融入小组合作活动中，在小组展示的初期，学生大量摘抄网络上的内容，并且读课件的现象严重。发现这些问题后，我们制订规则，要求展示任务时小组成员要轮流，每位同学陈述一分钟左右，并且课件内容要简单，甚至可以不必流于形式，可以不需要课件，手持任务单偶尔参考填写的内容也可以完成展示任务，展示前要演练，要脱稿等，通过一次次的更正和提升，文学圈阅读模式的运用越来越成熟。

三、基于高阶思维能力培养的文学阅读教学实践

　　《义务教育英语课程标准(2011 版)》指出，义务教育阶段的英语课程具有工具性和人文性的双重性质，承担着培养学生基本英语素养、发展学生思维能力和提高学生综合人文素养的任务。[①]《普通高中英语课程标准(实验)》也对培养学生的思维提出了要求，

---

① 　教育部. 义务教育英语课程标准(2011 版)[M]. 北京：人民教育出版社，2012.

提出要着重提高学生用英语获取信息、处理信息、分析问题和解决问题的能力，培养学生用英语进行思维和表达的能力，为学生进一步学习和发展创造必要的条件。① 阅读文本的认知过程能够活跃大脑、提升思维品质。苏联著名教育学家苏霍姆林斯基曾指出："30 年的经验使我深信，学生的智力发展取决于良好的阅读能力"②英语阅读在锻炼学生语言能力的同时更为其智力发展提供了源源不断的资源和能量。③ 可见阅读不仅是获得信息更是锻炼智力、培养思维的重要途径。

　　高阶思维能力是指发生在较高认知水平层次上的心智活动或者认知能力，主要是指创新能力、问题求解能力、决策力和批判性思维能力。④ 高中英语文学阅读旨在奠定学习者的英语文学素养，与思维品质(分类与比较、综合与分类、抽象与概括、批判与创新)等要素共同构成英语学科核心素养。这反映了高中英语文学阅读与思维发展对英语学科教与学的重要意义。⑤ 文学作品情节精彩、主题丰富，具有丰富的思想内涵，相比教材而言有更利于激发学生深层次的思考，在文学阅读教学中应该设计多元的高层次阅读活动，在预测、归纳、分析、提问、讨论等阅读活动中有意识地培养学生的逻辑推理、归纳综合、分析评价和批判性思维等高阶思维能力。⑥ 下面结合教学案例讨论在文学阅读中如何培养学生的高阶思维能力。

（一）开展预测活动，培养逻辑推理能力

　　在阅读小说之前，通过头脑风暴、提问、讨论等形式，针对作品标题、封面照片、章节标题以及文学作品的主要文学元素等都可以开展预测活动，比如在阅读小说 *The Secret Garden* 前，让学生从标题和下图的电影剧照(图 4-4)预测小说的内容，有学生预测：

图 4-4　《秘密花园》电影剧照

　　① 教育部. 普通高中英语课程标准(实验)［M］. 北京：人民教育出版社，2003.
　　② ［苏］苏霍姆林斯基. 给教师的建议(上)［M］. 杜殿坤译. 北京：教育科学出版社，1984.
　　③ 姚林群. 阅读能力表现：要素、水平与指标［J］. 教育发展研究，2012，32(Z2)：35-39.
　　④ 钟志贤. 如何发展学习者高阶思维能力［J］. 远程教育杂志，2005(4)：78.
　　⑤ 兰春寿. 基于思维过程的高中英语文学阅读思维型课程教学架构［J］. 课程·教材·教法，2015(12)：82.
　　⑥ 刘威. 通过读活英语原版小说培养学生高阶思维能力［J］. 中小学外语教学(中学篇)，2016(11)：27.

A little boy and a little girl helped a disabled boy on a wheelchair to play together in a beautiful garden. 该生根据剧照对小说内容的预测和小说内容基本一致，而且还预测了小说的主要人物，基于预测后降低了阅读的难度并激发了学生的好奇心，笔者针对学生的预测接续追问，Why was the garden secret? 学生的猜想很多，比如 It was hidden；it carries a secret and it may be a sad story；It seems to possess a mysterious and magical power…毋庸置疑这些预测对整本文学作品主题的理解都是有帮助的。又如为了进一步理解小说的主题，笔者找来该书原版小说封面上的几条评价，"It was the magic of this place. The magic of the secret garden." "While the secret garden was coming alive and two children were coming alive with it, Lord Craven was coming back to life." "If you look the right way, you can see that the whole world is a garden." 在读前结合这些评价对小说的内容和主题做预测会激发学生的阅读兴趣，增强对作品的深层理解。

当然预测活动并不局限于封面、内容、人物等的预测，文学阅读教学的作品大多是小说，小说的写作离不开背景(setting)、人物(characters)、情节(plot)、主题(theme)、写作视角(perspective)等文学元素，在读前结合写作元素对小说的多方面的预测，都会激发学生的兴趣。而且小说中人物和情节是丰富多彩的，这就提供了预测活动的广大空间，教师甚至可以引导学生基于已读的内容预测后续的人物命运或情节发展。基于已读的内容所做的预测，无疑能调动学生的已有知识和逻辑推理思维，加深对故事情节的理解。

(二)设计综合归纳的任务，培养学生的综合归纳能力

文学作品的情节复杂、语言丰富，一本完整的文学作品所展现的不仅是语言的宝库，而且是思维和情感的综合体，在文学阅读教学中鼓励学生基于所读文学作品的特点和风格准确提取、概括和整合信息可以充分发挥学生的归纳综合能力，特别是对语言的归纳和整合能让学生从多层面接触丰富多彩的语言，提高鉴赏能力，只要教师根据所读的文学作品的特点，有目标地设计概括整合性任务，明确任务的具体要求，相信学生能充分完成综合归纳的任务。如小说 *The Secret Garden* 对心理的描写和场景的描写细腻，在"文学圈"阅读模式中有组同学的任务是整理该书中的语言，这组同学不是拘泥于零散的字词句而是从小说中找出描写不同情感的段落，描写花园的段落。表4-9是这组同学找到的描写不同情感的段落举例。

表4-9　　　　　　小说 *The Secret Garden* 对不同情感的描写段落举例

upset/uncertain	1. Mary sighed as the train pulled out of the station. "More travelling!" she thought to herself. "I've been going from person to person for weeks, like the booby prize in pass the parcel." She was going to stay with the only relation she had left, her Uncle Archibald in Yorkshire. 2. Her black dress was stiff and itchy. She felt cold. Was England always so wet? So grey? It was very different from India. Even the people were different. They looked and sounded strange.

embarrassed	1. Mary felt her cheeks flush. "Of course I could dress myself, if I wanted to!" she declared. 2. To prove it, Mary struggled into her new clothes. In truth, she had never dressed herself in her life. She found it hard, especially buttoning up her boots. Finally, with a proud look on her face, she said, "I've done it!"…
nervous/curious	Mary tiptoed out of bed and opened her door…Taking her candle, she made her way along the corridor. The crying was much louder here and soon Mary came to a door where a glimmer of light spilled into the corridor. She swallowed hard and stepped into a huge room. …
excited/cheerful	1. Mary almost galloped out of the room. She had her uncle's permission! She could go in the secret garden! As she brushed past Mrs. Medlock, she shot her a meaningful look. 2. Inside was just as Mary had described. Better, Better than any fairy tale. "Take me over there! Now over there!" he ordered in delight as Dickon wheeled him up to every corner, every nook and cranny of the garden. 3. Colin smiled. How perfect! How perfect everything was. "It's magical in here," he said several times, "it's magical." …
angry/furious	1. Then Mrs. Medlock stormed in, the usual scowl nailed to her face. His face was crimson with screeching. 2. She strode up to the screaming boy and stamped her foot. "Colin Craven! Shut up this minute!" she shouted. …

又如该小说对花园的描写的段落比比皆是，这些描写大多生动有趣，易于接受，表 4-10 是同学们整理的部分对花园的描写片段举例。

表 4-10　　　　　　　　　　对秘密花园的描写片段

1. Mary walked along the pathway until she came to huge gardens with wide lawns and winding walks. There was a large pool with a fountain in the middle. But the flowerbeds were bare and wintry and the fountain was not working.

2. She found herself surrounded by four high walls. They made her feel she was in her private kingdom. Slowly she began to walk, treading softly on the overgrown pathways. Rose trees had taken over the garden. They had climbed over urns and arbors and other trees, spreading tendrils across to each other, as if holding hands. The branches were all either grey or brown.

3. Mary wasn't sure they were dead or alive. Onwards she explored. Everything was so still. The grass and moss beneath her feet muffled her footsteps. She kept her eyes to the ground. It must have been beautiful place once but now everything was overgrown.

4. The plum tree was about to burst with white blossom and it formed a canopy under which Colin sat in wonder（in awe）…Dickon pulled his pipe from his pocket and began to play. Soft, reedy sounds floated across the garden.

5. Slowly, over the days and weeks, the garden worked its magic. As the trees blossomed and the shoots turned into the most beautiful flowers, Colin, too, changed. His arms grew stronger. His legs grew stronger. He took three, then four, then five, then six steps by himself…

6. Mary looked round at the garden. The place was a feast of autumn yellow and purple, and flaming scarlet. Late roses climbed and hung and clustered. The afternoon sun shone down on the leaves and made everything appear like a temple of gold.

　　学生擅长于模仿，例如在读了这些描写后，笔者拍下校园一角的照片（图4-5），要求学生借鉴小说中描写的风格，用生动形象的语言描写校园的这一角落，有一个学生的描述如下。

图4-5　X中学校园一角

　　The place lies in the corner of the playground on campus, which is a feast of summer green and light yellow. Pumpkin vines climb and hang and cluster. The pumpkin vines are bursting with blossoms and it forms a canopy under which several small pumpkins sit in wonder. Their lush leaves have climbed over the fences. Maybe they are curious about the world beyond. When a strong gust of wind lifts the pumpkin vines, they will be parted like a curtain. Among the vinesare some golden blossoms, giggling in the gentle spring breeze. It must have been beautiful place once but now everything was overgrown. When the afternoon sun shines down on the leaves, it makes everything appear like a temple of gold.

　　这段文字紧扣图片，对校园一角的描写生动、形象，该学生能够活学活用，灵活用到了前面归纳的有关场景描写的语句，运用得体、自然，这充分体现了思维的整合归纳能力对学生的语言提升作用。

（三）利用"思维导图"使思维可视化，培养形象思维能力

阅读的本质是运用已有的图式进行知识表征的过程。高中生处于由形象思维向抽象思维发展的阶段，阅读过程中如果有一个形象思维的工具帮助学生在阅读中建构所读作品的脉络和线索等，更加有助于直观、形象地理解作品。而思维导图（thinking maps）正是用文字、符号、图像等来形象地组织和表征知识，它是 David Hyerle 博士开发的一种思维可视化工具①，文学阅读最具挑战性的是错综复杂的人物关系、跌宕起伏的情节与丰富深邃的主题，而思维导图可以使复杂的人物关系清晰化，跌宕起伏的情节条理化，总之思维导图有助于在文学阅读教学中中赋予思维以灵活性和开放性，有助于培养思维的深刻性、全面性和创造性。

思维导图包含通常圆圈图（Circle Map）、气泡图（Bubble Map）、双气泡图（Double Bubble Map）、树型图（Tree Map）、括号图（Brace Map）、流程图（Flow chart）、复流程图（Multi-Flow Map）、桥型图（Bridge Map）等八种基本类型（见表4-11），笔者在学生个人阅读、基于"文学圈"课堂分享环节等教学实践中让学生根据自己的理解参考上表绘制思维导图。如阐述人物关系的气泡图（Bubble Map）、双气泡图（Double Bubble Map）；演示小说情节发展的流程图（Flow Chart）等。

表 4-11 　　　　　　　　　　　　　**思维导图类型表**

名称	作用	表示方式	绘制方式
圆圈图 （Circle Map）	进行相关定义		在圆圈中心写下被理解或定义的事物，圆圈外面写下与事物相关的信息
气泡图 （Bubble Map）	描述特征、属性		在中心圆圈内，写下被描述的事物，外面圆圈内写描述事物的形容词或短语
双气泡图 （Double Bubble Map）	进行比较和对比		将被比较的事物放在两个中心圆圈内，外面单独连接的圆圈内写它们的不同点，中间共同连接的圆圈内写相同点

---

① Hyerle. David. Thinking Maps：Strategy-based Learning for English Language Learners［M］. CA：Office of Education. Sonoma County，1995.

续表

名称	作用	表示方式	绘制方式
树型图 (Tree Map)	进行分类		在最顶端，写下被分类事物的名称，下面写下次级分类的类别，以此类推
括号图 (Brace Map)	呈现整体与部分之间的关系		括号左边写事物的名字或图像，括号右边写事物的主要组成部分
流程图 (Flow Map)	说明事件发生的顺序、过程、步骤等		大方框内写每一过程，下面小方框内写每个过程的子过程
复流程图 (Multi-Flow Map)	展示和分析因果关系		在中心方框里面写主要事件，左边写事件产生的原因，右边写事件的结果
桥型图 (Bridge Map)	主要用来进行类比、类推	as	桥型左边横线上下写具有相关性的一组事物，桥的右边依次写下具有类比性的相关事物

例图 4-6 是学生绘制的气泡图（Bubble Map），该图展示的是小说 *The Secret Garden* 中的人物关系，该小说的中心人物是 Mary，学生在展示自己绘制的思维导图时候通过问题 1：Who is the main character(s) in the story? 2：Besides Mary, what other characters

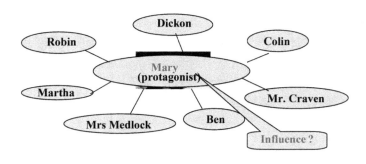

图 4-6 人物关系图

are included in it? Who are they? 厘清了主角 Mary 与她所接触的其他人物形象关系，为后面的讨论人物相互影响做下铺垫。

在文学作品的阅读教学中，思维导图对于帮助读者组织知识并使复杂的、抽象的知识可视化和结构化，使阅读者在协作学习中建构意义并能更清楚地感知语言的交际功能都具有重要的意义。它能帮助阅读者将小说内容组织成更为有效的整合框架，使阅读者将新的、复杂的语言信息用一种直观、可见的形式表现出来，它是认知结构的可视化表征，它对于降低阅读焦虑，形成积极的阅读态度也具有重要的推动作用。

（四）深度解读文本，培养学生批判性思维能力

英语文学作品具有丰富的思想内涵，为培养学生的批判性思维能力提供了绝佳的平台。批判性思维过程是一个提问的过程，学生通过不断的质疑、提问、考察、证实来提高认识，加深理解。我们往往是因为提出了正确的问题从而最大限度地运用了批判性思维。① 在小说阅读过程中，我们应该循序渐进地推进思维的深度，在充分地理解了小说的事实性细节后，在此基础上进一步提出难度高的开放式、探究式问题，这类问题对学生的思维构成了一定的挑战，能驱动学生对已知的信息进行深度加工。② 在"文学圈"阅读模式下，有了前期的充分讨论和分享的基础后，在文学作品的后期阅读教学中，应注重"追问"，即"一次提问"基础上的延伸和拓展，它是一项设疑、质疑、释疑的综合性思维训练过程。如在讲授《秘密花园》及其他小说的过程中，教师特别注重培养学生基于事实，阐述观点的审辩性思维，如对人物的性格分析、主题的挖掘等。

如对本书主角之一 Mary 作人物性格分析时，可以设计不同层级的问题如下：

1. What is Mary's family background? Does her family influence her? Please find some evidence to support your ideas.

2. After Mary moved into her uncle's manor, what changes happened to her? What do you think caused the change?

3. What other characters had a great influence on Mary? How do they influence her?

4. Based on the above questions, what kind of person do you think Mary is? (Please illustrate your view by finding supporting evidence.)

5. What do you think of Mary? Do you have anything in common with Mary in character?

6. What social or personal factors contribute to the change of her character?

这 6 个问题环环相扣，从事实性问题到开放性问题，体现了思维的层级和递进，前 4 个问题主要是事实性问题，可以从书中找到答案，但后两个问题阅读者必须结合小说的主题、情节和个人的主观体验来思考，这样的问题并没有标准答案，所以更有利于学生从不同的角度去理解小说，在讨论、质疑甚至争辩的过程中碰撞出思想的火花，从而

---

① 梅学芳. 以创新提问为支架培养批判性思维[J]. 中小学外语教学（中学篇），2015（7）：14-17.

② 刘威. 通过读活英语原版小说培养学生的高阶思维能力[J]. 中小学外语教学（中学篇），2016（11）：27-31.

赋予文本新的意义。①

文学阅读不仅能提高学生综合语言运用能力，而且还能够培养学生的高阶思维能力，作为教师，本身也是阅读者，设计和开展培养高阶思维能力的活动对教师这个读者的身份提出了较高的挑战，教师只有充分挖掘文本的内涵，不断提高文本的解读能力，在小说阅读和解读中不断积累经验，才能引导学生深度挖掘小说的内涵。

第三节　第二轮行动研究典型课例

一、课例背景

本课例是 2015 年 4 月 1 日下午 X 中学优质特色选修课展示的公开课，授课时间 40 分钟，授课地点是校微格教室，上课的学生是本校高三(八)班 15 名学生和正在 X 中学访问的美国皮尔亚斯高中的学生 15 人。参与听课的老师除了 X 中学外语教研组的全体教师以外，还有部分非英语学科的教师和正在 X 中学访问的美国皮尔亚斯高中的教师，YZ 区英语学科高级研修班的成员，2015 年 N 市直属高中新入职的英语学科教师共 80 余人，邀请的评课老师是省特级教师 Z 老师。

1. 教学内容分析

文学作品是学习外语和拓展视野的一种必要补充。《课程标准》对高中生文学赏析能力的培养做出了明确的要求：目标要求学生能够在教师的帮助下欣赏浅显的英语文学作品。② 本课教学文本选自英文小说 *Tuesdays With Morrie*(《相约星期二》)，这部小说是本畅销书，语言地道，情节简单，主题向上，本课的主要目的是在国际读书日(每年 4 月 23 日)来临之际，向师生介绍和推荐该书，并欣赏节选的章节。

2. 学生分析

本课的授课对象是高二(8)班部分同学和来自美国皮尔亚斯高中的同学，双方各 15 名同学，中外两个同学一组自主组成对子，高二这部分同学是我的学生，他们语言能力较好，词汇量较大，口头表达能力较好，有文学阅读的经验，美方 15 名同学当天上午才到我们学校，对他们的了解仅仅限于课前和部分学生的聊天，从聊天中得知有几个美方学生读过该文学作品，但也有同学说不知道该书。

二、教学过程

Topic：Recommendation of a book for two book days.

---

① 刘威. 通过读活英语原版小说培养学生的高阶思维能力[J]. 中小学外语教学(中学篇)，2016(11)：27-31.

② 教育部. 普通高中英语课程标准(实验)[M]. 北京：人民教育出版社，2003.

Teaching Materials：Excerpts from *Tuesdays With Morrie.*

Teaching Aims：Students are expected to know more about the book by reading the excerpts from the book and discussing some questions.

Teaching Procedures：

Before-reading activities：

1. Greeting and ice-breaking

International Book Day falls on April 23 every year. It encourages people，especially adults，to discover the pleasure of reading. It is also the day to honor the birth of the English greatest writer Shakespeare. If you have a chance to suggest a book for these two special days，what suggestions do you have for these special days and why do you have that suggestion?

Today I want to suggest a book. This book is a pillowbook for me and I have read it many times. It is like sunshine which makes me warm and cheerful，as a teacher the book also serves as a reminder of how to be a good teacher. Do you know anything about the book or the author?

［设计说明］读前的破冰活动和介绍自己对该书的阅读感受，旨在吸引学生的兴趣。

While-reading activities：

［In fact the book has influenced people a lot，let's see how different commented on the book.］

2. Ask some students to read out some book reviews of the book.

Let's see how the books have influenced others and how others praised the book. Ask some students to read the comments on the blackboard.

3. Watch a short clip of the film adapted from the book.

What impression do you have on the book after we watch the film clip?

4. Ask the students to read the excerpts of the book using SSR and then share some comments.

5. Ask the Ss in groups to fill in the blanks to guess what the missing information is in the book.

How do you think of your imagination? Compared with the original contents，what further ideas do you have about the book?

［设计说明］在读中环节设置不同的活动让学生进一步了解该书，从共读该书的不同评论入手，到观看由该书改编的电影剪辑片段，到用持续默读的方式赏读部分章节，最后让学生猜测部分章节的标题，这些活动层层推进，目的就是用不同的活动方式来激发学生对该书的兴趣。

Post-reading activities：

6. Listen to a record of the answers from Mitch Albom to four questions the reader are most concerned about. Please write down the questions.

7. If you have a chance to ask the author one question about the book，what is your

question to the book? I will collect the questions and email them to Mitch Albom.

[设计说明] 读后活动里设计了两个问题，一个是同一段录音，让学生写下作者回答的 4 个问题，一个是让学生向作者提问，收集问题并给作者发邮件。这两个真实生动，活动形式新颖，目的是把整个课堂推向高潮。

三、教学反思

总体说来，这节课较好地达成了既定的教学目标。从课后反馈来看，很多师生对该书感兴趣，有几个老师还预约向笔者借阅该书，这就说明这堂课的目标达成了。整堂课活动形式多样，有视听，有讨论，有默读等，并且教学中笔者时刻意识到课堂是"学"堂，而非"讲"堂，教学中笔者始终能够把学习的主动权真正交给学生，让学生畅所欲言，教学中还注重对学生思维能力的培养。但该课也有缺陷，时间安排上欠妥，读后的教学环节太紧，收尾显得有些仓促，而且由于对美方学生的发音不太熟悉，导致没有听懂个别学生的回答，课堂上出现小的失误，这也给笔者一个启示，作为一名语言教师，教学基本功很重要，平时要多听多练，自己的语言能力强了，相信课堂的把控能力也会提高。

课后 Z 老师和美国的教师代表分别对这堂课进行了点评，两位教师总体上肯定了这堂课。来自皮尔亚斯的英语老师 Daniel 的评论是："H 老师的课与美国课堂的风格十分相近——把课堂还给学生，鼓励学生提问，鼓励学生发言，而教师的任务就是在这些回答中寻找闪光的思想。知识是永远教授不完的，一个好的教师懂得如何点燃学生的兴趣，让兴趣去引导学生将课堂延伸到课外，成为一个终身的学习者。"

Z 老师认为 H 老师执教的是一节成功的文学名著阅读选修课。4 月 23 日世界读书日，H 老师借这一公开课的机会向学生推荐了美国畅销书《相约星期二》，作者借本书主人公 Morrie 之口探索了生命的意义所在。课堂上，H 老师充分利用了现场资源，调动了美国学生的参与热情。他的课堂不急不缓，悠闲从容地与学生交流，充分利用视频录音文本的教学资源，激发学生对于书的兴趣和好奇心。他的课堂没有灌输，而是循循善诱，鼓励学生表达想法、提出疑问。H 老师的课堂设计由于时间关系没有完成，但是这堂课"虽不完美但是成功"。H 老师达到了他的教学目的：激发学生阅读的兴趣和热情。

第四节 反思和总结

本轮行动研究结束后，为了进一步了解本轮行动研究的效果和开展下一轮行动研究做准备，笔者进行了一次访谈。

一、访谈内容和方法

笔者于 2016 年 5 月底让高二 10 个班级英语课代表参与访谈，课代表大多对英语学习热情较高，对全班英语学习的状况和同学们的心理状况也比较了解，访谈的内容更有可信度，当然也不排除课代表英语基础较好，更容易支持英语教学改革，而且个人情感可能也会在一定程度上影响访谈的结果。访谈的时间是周二下午最后一节自习课，访谈前两个问题是针对第二轮行动研究行动措施确定的，第一个问题是了解同学们对"文学圈"阅读方式的态度，第二个问题是进一步探讨文学阅读对同学们语言学习的影响，在第一轮行动研究中讨论过文学阅读在语言学习和情感方面的影响，这轮主要探讨文学阅读对学生读写能力和思维的影响，第三个问题的确定是笔者在研究过程中通过不断阅读和本研究相关的文献和研究的著作中获得启发，自由阅读是一种理想的文学阅读模式，自由阅读对增进阅读理解、写作风格、词汇、拼写，以及语法等能力都很有帮助。[①] 我设想在高二暑假布置自由阅读的相关作业，学生已经有两年的文学阅读经历，但大多数同学读的还是简写本，并且都是统一选材，本轮"文学圈"阅读模式中通常的做法是让学生自主选材，但本研究为了操作的便利并考虑到外语学习的特点，还是统一选材，但在暑假时间足够充裕的情况下减少应试类的作业的条件下，可以尝试布置自由的阅读作业，问题三就是调查同学们在假期的阅读意向。

1. 你喜欢文学圈这种阅读方式吗？你在和同伴的分享有什么收益？请举例说明。

2. 你觉得现在的文学名著阅读对你英语学习方面有哪些帮助(特别是读写和思维能力的提升等)？（试具体举例说明）

3. 如果暑假让你减少应试类的作业但要求自主阅读一本英文名著，你同意吗？如果同意读英文名著，你会选择什么书？

正如第一轮行动研究结束后的访谈一样，为了提高访谈效果，保证每个访谈者都能在充分的思考后表达自己的观点，访谈仍以教师和学生笔谈的形式进行：教师把第一个问题写给参与访谈的每个学生，再根据他们回答的进度再把第二个和第三个问题交给学生，这样共获得十份资料。

二、访谈内容的整理和分析

根据被采访同学书写的答案初步整理对问题一的回答见表4-12。

表4-12　　　　　　　　　　　　　第二轮采访结果整理一

	1. 你喜欢文学圈这种阅读方式吗？你在和同伴的分享有什么收益？请举例说明
S1	这种阅读方式使人受益匪浅，不仅提高了自身的阅读水平，还通过阅读提高了自身的文学修养。在与同学的分享和探讨中，可根据每个人对同篇文学作品的不同观点和见解，结合自己的理解，对作品有更深入的见解

---

① ［美］斯蒂芬·克拉生. 阅读的力量［M］. 李玉梅译. 乌鲁木齐：新疆少儿出版社，2012.

续表

S2	挺喜欢的。我认为文学圈不仅可以提高我们的阅读能力，而且还可以<u>增强团队合作能力和同学间交流的能力</u>，因为每位同学分享出几个自己的观点，然后汇集起来，整个过程中总会有自己不曾想到的点，这可以<u>开拓我们的思维和视野</u>，对于我们阅读这本书会有<u>更加深入的了解</u>，同时对于阅读其他名著也可以思考得更深更广
S3	模式很好。我在阅读其他书的时候也常常和他人交流，但这个前提是志同道合。同学之间的互相交流可以使你对文章有一种新的理解，发现自己没有读到的层面，或者是发现一些自己没有注意的语言点和语言用法之类的。有些问题和不了解的人交流真是的对牛弹琴①
S4	还好吧，可能因为是外国文章，没有中文文章情感来得直接强烈，我与同伴的<u>分享仅限于小说情节</u>
S5	文学圈的这种阅读模式对我来说是全新的，却也是值得尝试的。这让阅读变得更像个<u>集体的狂欢</u>，而非个人进行的一项任务。与同伴的分享可以让自己对文学作品的了解有个<u>新的视野与方向</u>，能更全面地解读、体悟一部作品，是愉快的。在读 *Wuthering Heights* 时，错综复杂的人物关系以及不一样的叙述风格让阅读这部作品变得格外困难，但通过课后与同学的交流，同学的人物关系图的分享，<u>让自己对这部作品的线索清晰了不少</u>
S6	谈不上喜欢也谈不上讨厌。一方面在课余时间留出精力，既要完成小说阅读又要准备课内知识的识记自然是一大挑战；另一方面当经典作品的阅读不再是作业，而是自己乐于做并且找时间来补全，这时能与同学交流分享，<u>不仅学到了知识，还完善自己的思维</u>，也是一大幸运。至于收益，就是<u>更增强了思维的逻辑性</u>吧。能与同学进行<u>观点碰撞</u>亦是<u>十分有趣的事情</u>
S7	不是很喜欢，因为基本上没有什么好好阅读的同伴，我所属的文学圈里大多数人都在<u>敷衍了事</u>，开始时<u>三分钟热度</u>，现在连书都没人提起要买，根本就是<u>虎头蛇尾</u>，因此我基本不与他们交流，转而寻找其他对我有帮助的同伴。在文学圈中大多数人浮躁不肯静下心来，因此没有好的氛围，而且<u>每个人喜好不同</u>，如果将每个人强行容纳在一本书下会<u>产生厌倦</u>。比如说我对 *Jane Eyre* 丝毫提不起兴趣，但 *Macbeth*，*Treasure Island*，*Wuthering Heights* 则看得津津有味，每本至少看好几遍，笔记也记得密密麻麻，喜欢这本书，就有了学习的动力，就会克服一切困难。而且文学圈中其实浑水摸鱼者甚众，很多人根本没在好好读，收效甚微。然而我也不敢保证将每个人分开来各读各的就一定好。但从我的角度出发我觉得文学圈的方式需要改进和调整
S8	喜欢，我认为同伴间的互相讨论，能解答<u>相互的疑惑</u>，理清曲解和误解，增进同学之间的友谊，激发学习的兴趣。在交流之中巩固已经学到的知识相比于刷题，有更好的效果。并且我能了解不同人对不同事物的看法，<u>角度更多，更全面</u>。这样的多角度辩证思考的思维方式也是十分可贵的。而且文学圈阅读模式有利于<u>激发阅读兴趣，培养良好的阅读习惯</u>

---

①　该学生用词有些唐突。

S9	"文学圈"这种方式从本质上说当然是比较好的，它可以给学生提供<u>更为丰富的学习经验和合作经验</u>，并且给人更多的机会去接触一些课外读物。但是在这种情况下可能会有少许的操作上的风险，例如家长的意见，学生所惯有的学习习惯定式等。不过总的来说，如果一个人真的希望去好好地学习一些知识和技能，文学圈是一种比较有益的参考。至于和同学分享和交流自己的观点之类的事，自然是为了能够<u>更好地扫清不同的知识漏洞</u>。我们目前将文学圈大致分为 Language、Plot、Character、Theme、Discussion Leader 五个角色，然后是分为小组来完成任务进行综合的展示，这种信息表达模式能够<u>完善一个人的思维结构</u>，制作 PPT 的能力，尝试整合文本的概括能力。这一点在之前几本简译本 Secret Garden、White Fang 等中皆能得到证实
S10	就理论上来说<u>相互交流心得再好不过</u>，但实践结果并非如此，我认为原因可能是<u>并不是每一本书都能触动每一个人的心灵</u>，还有就我们而言看书过程中<u>比较在意的是内心的共鸣、油然而生的感觉，对于具体的语言、情节的分析并不热衷</u>。还有我认为有效的基础在于小组的各个成员对于书中的内容有深度的理解并且愿意敞开心扉以及有积极发言的热情，总之我觉得如何提高组员的阅读兴趣是十分重要和困难的

针对第二个问题，你觉得现在的文学名著阅读对你的英语学习（特别是读写）有哪些方面的帮助？采访的结果见表 4-13。

表 4-13　　　　　　　　　　　　　第二轮采访结果整理二

	2. 你觉得现在的文学名著阅读对你英语学习方面有哪些帮助(特别是读写、思维)？（试具体举例说明）
S1	在听的方面，每一本典范都有录音，有时候边看边读，有时会在车途当中消磨时光，这可以帮助我更熟悉正统的英语发音，相信在语感方面和考试的听力方面都有所帮助。感受深刻的还是写的方面，阅读文学作品扩大了词汇，学会了很多地道的表达，比如表达情感是 be overcome with grief/anger, be overwhelmed with sorrow/despair/grief, be seized by, keep sb spellbound 等，这些表达在续写中很好用
S2	<u>积累了一些生词</u>，在写作中尝试运用<u>一些高级词汇</u>。对熟词生意现象更加关注，如 go, develop, deliver 等常见动词在不同语境中的不同含义，在今后的语言学习中会根据不同的语言环境具体运用这些词汇，而且在完型填空中经常遇到熟词生义的现象，最近一次考试中有个单词 order，根据语境是预定的含义，我以前在小说中读到过，所以很轻松就选对了。这让我深刻体会到碰到这些词要根据语言环境来猜测
S3	书中很多表达在<u>读后续写</u>中可以<u>直接用到</u>，最近考试有篇续写我用了《典范英语》中的一些<u>词组</u> break into a smile、feel his blood boil 、be thrown into the depth of despair、gathered strength 等，续写部分得了 19 分①

---

① 读后续写满分 25 分，平时考试平均分多在 14 分左右。

S4	文学名著阅读在读和写的方面确实对我影响颇深。首先，<u>很多叙述性、描写性的词汇</u>通常会在一部文学作品中反复出现，并且一义多词，这无疑是对词汇量有了一个关联性拓展。例如 Frankenstein 中的 thrilled, marveled, grief, agitated 等一系列有关心情描写的词汇。当熟悉掌握这些词汇后，会自然而然地运用到写作中，同时也会借鉴与学习作品中出现的语法与句型，丰富原有的文章
S5	我觉得对我的写作方面有一定的帮助，《呼啸山庄》这本书语言很地道，让我能够感受到真正外国的文学魅力和写作方法
S6	刚才同学们说到阅读文学作品能扩大词汇量，并会在<u>写作中用一些较为书面的词汇和高级词汇</u>，我想补充的是在阅读中我学会了很多固定词组，就这点我印象深刻，比如我昨天读书过程中就学会了 safe and sound, the last straw, put sb in one's shoes 等词组
S7	对我写作的语感和造句时语法的运用有很大帮助，尤其是复杂的句子，教会我如何<u>安排语序，包括非谓语动词和大量的倒装，这使我的英语思维更顺畅</u>； 还有<u>大量的词汇和词组</u>，比如 Macbeth 中关于"说"的写法有 snarl, demand, murmur, mutter, hiss 等，词组则比如 take in, take on, fill up the time 等，还有一些熟词生义，比如 swan 不仅有天鹅之意，也有漫步的意思，另外让我养成了<u>查字典的好习惯</u>
S8	个人认为，阅读名著对听说的帮助不大，但是对提升读写的能力有很大的用处。一本书要想成为名著，那么它的用词一定平易近人，描写与刻画一定到位，蕴含的哲理一定深厚。长期阅读名著，能使得那些基本常用的单词"混个脸熟"，久而久之，<u>词汇量就不知不觉地增加</u>。阅读名著还能锻炼和提高我们的阅读能力和速度，在考试争分夺秒的情况下节约宝贵的时间。另外，阅读名著能丰富我们的语言，使其更加生动形象，更加准确，在写作的时候内心的源泉就不会枯竭
S9	对于我来说，针对"听"这一方面，应该去多观看英语类的如"TED"之类的节目或是英语原版电影和欧美剧，虽说有的原著有录音，但这样并不是最为高效的。同时，我认为"说，读，写"三个方面应该连起来一起说，因为这些都是处理并且表达信息的环节。原版名著使你的语言表达更地道，写作更华丽出彩；阅读的技能和方式也会得到培养与改进，这对于后续的英语学习或是单纯的刷阅读题都是极有帮助的；另外，所谓"出口成章"、"熟能生巧"，阅读原著英文可以帮你用英语更好地表达你用母语想表达的意思
S10	现在的文学名著阅读在英语方面相较而言是提高了听、说、读三个方面。阅读<u>这些名著可以积累词汇量以及好词好句</u>，并且阅读时必要的朗读和上课时对于问题的回答都可以提高英语能力

三、总结和反思

笔者在熟悉上述访谈资料的基础上首先阅读上述访谈资料，并对和研究有关的重要概念标上下画线，依据是判断某部分文本是否具有与研究目的和主题相关的意义。① 然后对这些概念进行切分，切分后的数据再经过三级编码、创造层级化类属系统、确定并表征逻辑关系等步骤对上述资料得出如下结论：

1. 绝大多数学生对本轮行动研究尝试的"文学圈"阅读模式是完全接受的，他们认为文学圈阅读模式新颖、阅读角色分工有趣，整个模式能够充分发挥他们的主观能动性和小组合作的特点。

2. 学生在整个阅读过程中有明确的任务，阅读更加有针对性，能够激发学生带着阅读任务来阅读和完成课上的任务展示，这整个过程培养了学生的信息整合能力和合作分享的能力，并且在信息的表达过程中个别学生的补充和质疑让学生懂得了倾听和思辨在阅读中的重要性。

3. 文学圈作为一种读书俱乐部的变体，它本身对于激发学生的阅读兴趣，培养学生的阅读能力和良好的阅读习惯大有裨益。

4. 当然也有个别同学并不喜欢文学圈阅读模式，该同学认为阅读是个性化的活动，每个人有不同的理解，而文学圈不利于激发个性，并且文学圈模式中有的小组个别同学偷懒的现象也存在。

针对这位同学提到文学圈的弊端，笔者认为今后可以更加明确分工的任务，让每个同学都明确自己的学习任务，并且在分享共性观点的同时，鼓励创意和个性。

针对问题二同样本问题访谈数据的处理依然采用扎根理论的方法，通过整理数据，表征逻辑关系等手段，对于文学阅读对培养学生的语言综合能力（特别是读写能力和思维等方面）有哪些帮助的回答结果整理如下：

首先文学阅读有利于提高语言综合运用能力，特别是扩充词汇，提高写作能力，尤其是对新高考中的读后续写很有帮助，文学作品中富含描写性词语，为生动的描写、准确的表达提供了借鉴。文学阅读对提高英语思维的能力也大有裨益。当然也有个别同学认为文学阅读帮助不大。

问题三的答案很容易统计出来，有8位同学愿意选择阅读英文名著和完成少量试卷类应试作业，选读的书只有两位同学选择同一本书《哈利波特系列》，其他同学的选择都是分散的，分别是《简爱》（原著）、《飘》、《福尔摩斯探案集》、《小王子》、《少年派的奇幻漂流》、《追风筝的男孩》等书，其他两位同学一位不愿意做自由阅读，另一位同学的答案是很难说。这个问题后来我在自己任教的班级继续调查，两个班级共58位同学，有效答案55位，有47位同学同意选择少量的试卷类作业和读一本喜欢的书而不是单纯的应试类作业，所以在第三轮行动研究中首先采取的行动是让学生在暑假自由阅读一本文学名著。

---

① 胡建新，马欣. 如何分析行动研究中访谈与反思的数据[J]. 中小学外语教学（中学篇），2014（8）：47.

第五章　高中英语文学阅读第三轮行动研究：提升和应用

转眼参与行动研究的同学就要进入高三毕业班的学习了，通过前两轮的研究，高中文学阅读的课程安排和课堂教学模式基本形成，而高三的主要学习任务是备考，所以第三轮行动研究在提升前两轮研究的同时主要是聚焦于如何通过文学阅读来复习备考而提高复习的效率。

第一节　第三轮行动研究问题和行动计划

一、研究问题

前两轮的文学阅读都是在老师的带领下的阅读，虽然在第二轮行动研究中为了更有效发挥学生的主体性尝试了"文学圈"阅读模式，但该模式仍然离不开老师的监督和指导，理想的阅读应该是一种个性化的阅读，这意味着学生自主选择文本，这种阅读是一种满足个人需求、适合个人趣味并由此获得精神享受的认知活动。这样的阅读更多的是学生独立自主的活动，它是相对于依赖老师、局限于统一课本的阅读而言。① 在第二轮行动结束后笔者通过调查了解到绝大多数同学愿意在暑假减少应试作业，自主选择阅读一本文学名著，所以在高二暑假笔者布置了一项自主阅读的作业。但这项作业怎么设置才能既保持同学们的兴趣，又能够提高阅读的效率呢？

传统高三的英语复习常常是按教材单元为单位按部就班把教材重新翻炒，而且往往要围绕教材复习三轮，整个复习过程是通过大量的练习来巩固所学的知识，学生学习的重要组成部分是通过大量的书面练习也就是学生说的刷题。这种以单元为单位进行词汇、短语用法的拓展和语法知识的巩固，学生学到的仍然是零散的知识，语言综合运用能力没有得到明显的提高，而且记忆负担大大增加，学习兴趣和积极性受到打击。② 而浙江作为作为高考综合改革试验省份，英语学科的考试方式和题型出现了很大的变化，

---

① 刘学惠. 以核心素养为导向推进英语自主阅读[J]. 江苏教育(中学教学版)，2016(9)：19-22.

② 叶咏梅. 例谈基于话题的高三英语语言知识复习教学[J]. 中小学外语教学与研究，2016(10)：65.

新高考首考英语试卷没有基于单句的考查试题。包括听力和写作第一节在内，全卷均基于语篇命制试题，而与语篇阅读直接相关的试题达 105 分之多，其中阅读理解和完形填空的考查占了 65 分，语篇型填空和读后续写占了 40 分。① 通过第一、二轮的实验研究，文学阅读的教学策略和教学模式已基本形成，文学阅读已经成为我校学生英语课程学习的重要组成部分，也成为我校课程基地的特色之一，但高三如何把文学阅读和英语复习结合起来呢？面对这种状况，文学阅读能否改变高三复习中这种被动的教学和沉闷的学习状态呢？于是第三轮行动研究的两个问题初步确定为：

1. 如果更有效地实践自由自主的文学阅读？
2. 如何发挥文学阅读在高三复习教学中作用？

带着这些问题和英语组部分老师交流时，他们认为第二个问题很有意义，高三复习教学一直受到人们诟病，复习教学往往禁锢学生的活力和创造性，如何创造性地开展复习教学，给复习教学注入生机和活力是一个值得一线教师反复探讨的问题。

二、制定行动计划

在领会了自由自主阅读相关研究的理念后，笔者在 2015 年暑假里尝试在自己任教的两个班级里布置了一次自由自主阅读的阅读任务，任务是这样的：暑假里我们把常规的暑假作业减少了一半，② 但让同学们阅读一本自己喜欢的英文名著，阅读的题材、体裁不限。对于学生的阅读效果要有检测，不然流于形式，而且检测也不可能采用常规通过回答问题检测理解情况或者通过词汇等手段检测语言掌握情况，因为学生的阅读会是多元、丰富的，是无法预见的，所以检测必须是适合学生阅读的任何书籍，而且要有一定的趣味性。经过仔细的考虑我设计了一个活动，只要求准备一篇题为 *The Book That* _____ *me* 的演讲词，开学初用两节课的时间在全班举办演讲活动推介自己的书，由同学们投票决定谁的推介最成功。

针对问题二，为了提高高三复习的效果，让复习的成效立竿见影，大多数学校都是词汇听写、语法分块强化、单项试题专题训练、整张试卷模拟演练等题海战术的做法。这样的复习方式大受欢迎，为广大师生接受，市面上充斥着迎合这种复习模式的各种宝典，这样靠时间以及集中强化的复习方式也许暂时能提高考生的学习成绩，但从长远的角度来看这正是英语教育遭受攻击的诟病，因为这种复习方式忽视学生的情感需求和语言的运用规律，把语言当作应试的工具，高考完后大多学生就缺乏英语学习的兴趣。其次，从教师自身而言，如果只是一味讲题做题，不考虑开发新的、更有效的教学资源，也不考虑采用更有效的课堂教学方式，则会限制自身能力的提高。③ 为了避免上述问

① 葛炳芳. 读写整合引领语言运用思维能力统整语言学习[J]. 教学月刊(中学版)，2017(1/2)：5-9.
② 常规的暑假作业是完成英语报里的十套试题，这是当地大多数学校的惯例，假期里采用各种辅导资料，完成定量的试题，学生大多称这种作业为刷题。
③ 宋越鸿. 主题式语言复习教学实践[J]. 中小学外语教学(中学篇)，2015(10)：1.

题，理想的复习模式应该是基于提高学生的语言综合运用能力为宗旨的，我的设想基于新高考对于读写的要求，以及借鉴语文教学和国外阅读教学中通常采用的方法主题阅读和群文阅读等方式，采用基于文学阅读的读写结合的方式来帮助学生做好高三的英语学习和复习，这里强调的不仅仅是复习，更是学习，只有怀着学习的心态才能让语言的复习充满源头活水，而且复习的材料除来自教材外，大多材料仍然选自经典的文学作品。整个第三轮行动研究如图 5-1。

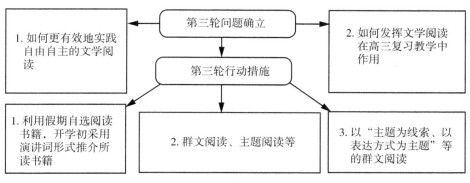

图 5-1　第三轮行动研究措施

第二节　行动计划的实施

一、基于自由自主原则的文学阅读实践

阅读是个性化的行为，理想的阅读应该是自由选择阅读材料，起源于兴趣，而英语教学中的阅读大多是以应试为动机，这样的阅读对很多同学来说不是自由自主的阅读，近年来国外越来越认识到自主阅读的重要性。

（一）自由自主阅读

近年来自由自主阅读(Free Voluntary Reading，FVR)模式在国外比较流行，它是指纯粹因为想阅读而阅读，不需要写读书报告，也不用回答章节后的问题。若是不喜欢这本书了，也不必勉强读完它。FVR 是许多人着迷的阅读方式。[1] 校内的自由阅读计划提供了阅读功效的最佳例证。这些阅读计划中，部分学校将时间拨给无限制的自由自主活动。校内的自主阅读计划主要有三种方式：持续默读(sustained silent reading)、自主选择阅读(self-selected reading)以及广泛阅读(extensive reading)。[2] 这三种方式体现了三种不同的阅读态度，持续默读是阅读的一种回归，真实的阅读，一种个性的、内心体悟

---

[1]　斯蒂芬·克拉生著. 阅读的力量[M]. 李玉梅译. 乌鲁木齐：新疆少儿出版社，2012：1.
[2]　斯蒂芬·克拉生著. 阅读的力量[M]. 李玉梅译. 乌鲁木齐：新疆少儿出版社，2012：2.

的过程，它摈弃任何功利的目的，是一种持续的和文本对话的过程。自由自主选择阅读是一种基于兴趣的，尊重学生个性发展需要的阅读，它是对传统的课堂上忽视学生多样性、对统一文本条分缕析、千篇一律解读的反拨。广泛阅读是对阅读量的要求，阅读能力的提升只有浸润在大量的阅读中才能完成，正如游泳只有下水才能学会一样。这几种阅读方式是对碎片化阅读、功利化阅读的对抗和补救。

（二）自由自主阅读的效果

自由阅读的效果在外语教学中得到了广泛的证明。新加坡开展了一项自由阅读对学习第二语言的新加坡学生是否有影响的研究，这项持续了 1~3 年，包括了 3000 名 6~9 岁学生的研究显示，参加"阅读与提升英语能力计划"（Reading and English Acquisition Program）的学生，在英语综合运用能力方面即不论是阅读能力、词汇、口语能力、语法、听力与写作等分项能力上，都大大优于在传统教学方法下学习的学生。而"阅读与提升英语学习计划"所采用的方式就是分享读书经验、语言经验和自由阅读。① 学者 Beniko Mason 的研究也显示，校内广泛阅读对年龄大的学生学习外语也有帮助。Mason 的第一项研究中，实验组的学生在日本的大学学习必修的英文课程。这些学生的特别之处是他们全部都有英文不及格的经历。在前测和后测的完型填空测验中，学生要将文章中空缺的英文单词填上。整个学期中，实验组的学生在课内和家中都要阅读分级简易读本。他们除此之外责任很少，只需要用日文写下简短的摘要，以及写日记，记录自己的感觉、想法和进展。对照组学生上的课则以传统的词法和翻译教学为主。如表 4-7 所示，虽然实验组学生在学期初始的阅读测试成绩远低于对照组、但他们进步神速、甚至在学期末时几乎追上接受传统教学法的学生。

表 5-1　　　　　　　　**日本学生的广泛阅读成效：完形填空测试结果②**

	前测平均（标准差）	后测平均（标准差）
广泛阅读组	22.55(11.54)	31.40(11.43)
传统教学组	29.70(8.23)	33.05(8.24)

这个研究最重要也最令人印象深刻的发现，是广泛阅读组学生显著的态度变化。许多原本抗拒学英文的学生变成了急切渴望阅读的人。有些人在日记中写到他们对自己的进步也感到吃惊。

Shin 在 2001 年对 200 名六年级的学生采取了"自主选择阅读活动"对他们的阅读能力的影响进行了为期 6 周的研究。这些学生因为阅读能力低下而不得不参加额外的暑假补习课程，其中约 30% 的学生的英文能力非常有限。他们每天要上 4 小时的课，2 小时

---

① 　Elley, W. Acquiring Literary in a Second Language：The effect of book-based programs［J］. Language Learning, 1991(41)：375-411.

② 　Mason, B & S. Krashen. Extensive reading in English as a foreign language［J］. System, 1997 (25)：91-102.

是自主选择阅读，自主阅读过程中这部分学生大多选择自己喜欢的儿童读物如《鸡皮疙瘩》(*Goosebumps*) 系列等，6 个星期的课程下来，孩子们在奥图阅读理解测试中取得的成绩(Altos test of reading comprehension) 以及词汇上的进步相当于平时 5 个月的学习效果。而对照组的孩子在暑假上的是标准的学习课程，由老师按照传统的方式分析阅读的文本，要求学生完成大量的阅读练习，结果显示对照组的孩子阅读能力反倒退步了。①

上述的研究显示了自由阅读对于阅读者阅读能力的良好效果，而过多干预下的传统阅读的效果是难以乐观的。英语教学中要培养学生的阅读能力，提高他们的阅读素养，自由自主阅读是一条必经之路。

(三) 自由自主阅读案例

分享的第一个案例是全班同学的一次自由自主阅读活动，这次阅读活动的结果是令人震惊的，震惊之一是通过阅读后发现青少年的内心世界是如此丰富。震惊之二是阅读的力量是如此巨大。两个班级 50 名同学阅读的书籍有 30 多种，除了耳熟能详的书籍如《哈利波特》系列、《简爱》《飘》《傲慢与偏见》《双城记》《爱丽丝漫游仙境记》《远大前程》《野性的呼唤》《格列佛游记》《海底两万里》《小王子》等，还包括《汤姆索耶历险记》《茶花女》《芒果街的小屋》《肚子和解》《布鲁克林有棵树》《廊桥遗梦》《一个无足轻重的女人》《国富论》《上海生死劫》《谁动了我的奶酪》《理智与情感》《绿山墙的安妮》《消失的地平线》《绿野仙踪》《吹小号的天鹅》《白衣女人》《快乐影子之舞》《动物庄园》《纯真年代》《爱在黎明破晓前》和《爱在日落余晖时》等共 30 余种不同的书籍。从同学们阅读的书单来看，很多书我是第一次听说，这无疑对老师来说也是一次启蒙，这让我更好地了解到了同学们阅读的多元性和个性化需要，以前很难想象他们的内心世界是如此丰富。而且在开学初举办的班级演讲比赛也让我震惊，很难想象阅读的力量是如此巨大，它可以改变读者对人生的态度，从下面摘录的开学初以 *The Book That _____ Me* 为题所做演讲中选摘的冠军和亚军②获得者的演讲词就可以略见一斑。

冠军 Selina Chen③ 的演讲词摘录如下：

The Book That Purifies Me

Dear Classmates, It's a great honor for me to stand here and give you a speech. Today, My topic is the book that purifies me. The book that purifies me must be the books which make me have a sense of purity and justice. The words clean and naive came into my mind after I finished the book *The Little Prince*. This book tells me a story about love and responsibility which we should always keep in mind. I will explain the

---

① Shin. F. Motivating students with Goosebumps and other popular books[J]. California School Library Association，2001(25/1)：15-19.

② 当时高二(8)班陈同学共获得 25 位同学的 19 票在两个班级中票数最高，获得冠军。而高二(7)胡同学获得 24 位同学中的 15 位获得亚军。

③ 高二(8 班陈同学，英文名是 Selina，故这里用名 Selina Chen。下文中亚军英文名是 Frank，该同学姓胡，故这里称呼为 Frank Hu.

reason why we should hold them in the following two parts.

Firstly, we should have a typical children's attitude to life. Intelligence, determination, love and responsibility are the qualities born with us. However, unfortunately, many people lose them as they grow up. They set up barriers between themselves and others. As this happens, the most beautiful emotion is leaving us as well. Isn't it ridiculous? Just like the character Rose in this book, she loves the prince, but the four sticks around her body hurt them all. They can't be together. So, please love purely. Secondly, as far as I am concerned, we should slow down our steps toward the fame and fortune, especially the adults who are always chasing for a better life. But absolutely, there are still a few people know what they are looking for. City life is busy and easy to lose the aim. The only thing you can do is to calm down and think about the life. So please, live purely.

Someone may ask: what is the specific way to happiness? The author also points it out to us. Why is Rose loved by the prince so unique? Because of love. As the world establishes a connection with the one you love, your heart will be filled with happiness.

In a word, only if you have an innocent heart can you love purely, live purely and to be loved purely.

Thank you.

亚军 Frank Hu 的演讲词摘录如下：

The Book That Reclaimed Me

Hello everyone. Today I want to share my experience about a famous book—you may have heard its name because it is so famous—with all of you. A book that reclaimed me.

First of all I want to show my sincere thanks to my former English teacher, who gave me the English version of the book as a present when I graduated. The book is called *The Adventure of Tom Sawyer*, to be honest, it brought back all my childhood sweet memories.

There is a saying that once you are afraid of sunshine, rain, or the mud on the pavement would spoil your new shoes, your childhood is over. Well, my childhood has been long gone. In the story, Tom would gather some of his best pals and go to the deep forest in search of gold, or exchange credit with all kinds of cool stuff such as a grasshopper with his classmates, in order to get good grades, all these cracked me up and held me entirely in its power. What's more, the book is also a good teacher to me. It told me that reality can't always be like what you wish. You have to stand up to it by using your own strength to fit into the atmosphere around you. When I was a kid, I used to be under my parents' careful protection so I can't make dozens of friends and take our own territory just like Tom did. I also tried my best to find a river or a pond, where I could enjoy swimming in the clear and see-through water, but all I can find are rivers whose water is brown or ponds with all kinds of garbage floating on it. I still remember the sorrowful disappointment I felt that I found out I can never lead a colorful life like Tom did.

Years flew by, when I read the book again, what I appreciate is Tom's bravery that he stand against wickedness. And, by the way, the book, thank you for teaching me that a good book begs to be read in different ages, and the reader will benefit totally differently.

My experience with the book will last a lifetime.

Thank you very much.

　　从这两位同学的演讲词可以看出自主阅读的力量是如此的巨大，陈同学读完《小王子》后对生活开始重新思考和审视，并学会了放慢步子欣赏生活原本拥有的美丽，她认为这种独特的体验在净化她的灵魂。胡同学通过读完《汤姆索耶历险记》而勾起他对自己童年的回忆，在现实的无奈中尝试着寻找一种让自己强大的力量，他认为对这本书的阅读让他重新审视自己的童年。这两位同学的阅读不是为了应试，而是自由自主的源于兴趣的阅读，在阅读中还能主动建构自己的人生体验，他们的阅读是渗透到生命里的，这正是真实的阅读能力，相信这样的阅读会生成在血肉里，而生长成为伴随人生的一种素养——阅读素养。

　　第二个自由阅读的典型案例是一名同学的文学阅读经历，近5年的文学阅读研究中发现了不少开始由教师领着阅读到最后发展到自由自主阅读的个案，同学们形成了良好的阅读习惯以后，对阅读的痴迷往往一发不可收拾。分享一位董同学的案例，暂且称呼他为 Peter Dong①，下面是他对讲述的3年来从课内的文学阅读到课外的自由自主阅读的变化。

　　高尔基说："书籍是人类进步的阶梯"。的确，良好的阅读习惯能使人受益匪浅，这种好处，更为直接地表现为语言能力的提高，不论母语还是外语。

　　我不会趾高气扬地说自己已经有了多强的阅读能力或理解能力，毕竟这些能力的养成需要在时间的长河中洗练与沉淀，但是我能够切身感受的是阅读对于自己确实大有裨益，不论是在英语成绩的提高还是认识能力的提升等方面。

　　我真正进行大规模的英语阅读其实也就3年不到的时间，在初中阶段，我所接触的是一套完全不同的理念和教育方式，在那段时间里，我更多的精力投放在基础的训练和考前大规模的刷题上，这种方式比较应试，当然，我对上述方法不持批判或是否定的态度，其对于语言基础的夯实的重要作用亦是不容否认的。只是，当一个人的外语学习具有一定的基础，再要提升的话如果学习方法仍然过于应试便略显

---

① 该同学英文名字是 Peter，姓董，所以称呼为 Peter Dong。

单调和乏力了。

　　到高中时我最先接触的阅读资源是一套 *Good English* 的简写本教材，其中收录了较为经典的英文名著简写本。*Good English* 的语言较为简洁明了，却不失主动性，对于刚接触正规性英文文学阅读的我来说，具有较强的引导和过渡作用。

　　我真正迎来第一个高峰阅读点是高一暑假时，因为我的期末英语考试成绩是班上第一名，George（笔者的英文名字）建议我可以免做暑假作业，以读一本英文原著来代替，书籍我可以根据兴趣自选，并且开学初要向全班同学介绍这本书。这个暑假我正好报名参加为期20天的伦敦游学活动，机缘巧合之下一位当地的老师给我介绍了一本名为 *Scorpia Rising* 的书，这本书是 Alex Rider 系列丛书中的一本，它讲述的是一个14岁的年轻男孩，帮助英语 M16 军情六处完成特工任务，战胜邪恶势力的故事，也有人戏称此书为青少年版的 *James Bond*。对于青少年来说，较为惊险刺激的小说往往更受欢迎，而特工类、侦探类、冒险类、校园生活类英文读物对于激发青少年初始阶段的阅读兴趣有着不言而喻的绝佳作用。

　　随着阅读能力的不断提升，我的阅读范围也不断拓深拓宽。我开始阅读 *Gone With the Wind*, *The Old Man and the Sea*, *Sherlock Homes* 等进阶读物。在文学经典的阅读中，我深深地领略到文学的美丽和感染力。与此同时，由于个人的偏好，我还会自主阅读哲学、社会科学、英国柳叶刀的医学研究报告等英文书籍或英文资料。

　　到近期，在英语的推荐下，我开始系统阅读《美国中学语文》原版教材，通过这些教材的阅读和学习，让我更全面和精细地了解到世界的历史和文化变迁，并学习和反思不同的价值体系。

　　我知道我的阅读历程还很漫长，也知道不同的人有不同的阅读方法，但就我个人而言，在有一定的基础的情况下大量的阅读是摆脱学习瓶颈与指明方向的绝佳途径。

　　根据这位同学的陈述，他的阅读习惯的养成也是近3年的事情，从开始在老师引领下的阅读，到后来根据自己的兴趣自由自主的阅读，现在的阅读已经涉猎到社会学、哲学甚至医学英文书籍和杂志等。他的阅读已经上升到一种自主的行为，无论是阅读的数量、阅读的质量、阅读的品质等方面都已经呈现出独特的优势。以我最近的观察，他现在正在自由阅读美国语文教材，而且结合自己的阅读自由地撰写各种读书心得，经常和老师分享他撰写的心得，交流他阅读的体验，可以说他这段阅读的演变之路也是他人生格局发生重大变化的道路。这位同学目前正在准备纽约大学的面试，相信他成长的道路会越来越开阔，而自由自主的阅读是他成长道路的加速器。

二、基于文学阅读的高三复习教学的实践

　　正如上文所述，多年以来，受高考指挥棒和应试教育的影响，高三英语复习教学中"题海战术、题型情结"等功利化现象屡见不鲜，学什么考什么，条块分割式的模块复

习、专题训练、限时训练以及模拟仿真训练成了教学的常态。① 一位已经读大学的同学在邮件中回忆说："高三一年，我的英语能力没有多大的进步，一是因为我将精力更多地投入到其他科目的复习上，二是因为高三一年英语教学离不开背单词、记语法，这对我来说是十分枯燥的。"② 要改进低效的教学行为，提高教学质量，必须有创新的、科学的教学行为，《课程标准》指出，基础教育阶段英语课程的总体目标是培养学生的综合语言运用能力。综合语言运用能力的形成建立在学生语言技能、语言知识、情感态度、学习策略和文化意识等素养的整体发展的基础上。③ 因此，在高三的复习教学中，教师不能孤立地训练某一个方面，而要有系统、整合的观念，以较好体现五方面的关联性，并促进综合语言能力目标的实现。④ 经过实践的探索和理论的研究，笔者认为基于话题的语言复习教学实践和基于文学语篇的群文阅读是实现这一目标的有效途径。基于话题的语言复习教学实践是一种全新的再学习模式，与以往按单元顺序复习不同的是，该复习模式要求教师将高中教材内容参照《课程标准》的话题项目(《课程标准》的话题项目共24项) ⑤分类整合，达成复习的相关性和整体性⑥。本文重点介绍和本研究有关的基于文学语篇的群文阅读。

(一) 群文阅读的简介

群文阅读是师生围绕着一个或多个议题选择一组文章，而后师生围绕议题进行阅读和集体建构，最终达成共识的过程。群文阅读把阅读教学由"单篇"引向"群文"，形式的变化带来教育理念的巨大变革，由个体学习走向集体建构，由知识灌输走向寻求共识，对于学生的阅读兴趣和教师教学效能的提高都有极其重要的意义。⑦ 关于群文阅读，不少语文学科专家、学者、一线教师已从不同角度进行了诸多的研究。对于同属语言与文学领域的英语教学而言，群文阅读教学也有不少值得探索、研究的空间。它的理论基础主要有关联理论和窄式阅读理论。⑧ 基于文学语篇的群文阅读就是一定的议题选择一组文学语篇进行复习教学的尝试，基于文学语篇的群文阅读文本议题确定的线索主要有以主题为线索，以作者为线索，以体裁为线索，以表达方式为线索等。下文以案例的形式重点阐述以主题为线索和以表达方式为线索的基于文学语篇的群文阅读复习尝试。

(二) 基于文学体裁的群文阅读案例

任何阅读文本都有相对清晰的主题，在高三复习中按《课程标准》中的话题重新整

---

① 林才回. 群文阅读——高三英语复习的新常态[J]. 中小学英语教学与研究，2015(5)：63.

② 引自于现就读于宁波诺丁汉大学的胡同学2015年2月12日发给我的邮件。

③ 教育部. 普通高中英语课程标准(实验)[M]. 北京：人民教育出版社，2003：6.

④ 林才回. 群文阅读——高三英语复习的新常态[J]. 中小学英语教学与研究，2015(5)：63.

⑤ 教育部. 普通高中英语课程标准(实验)[M]. 北京：人民教育出版社，2003：71-78.

⑥ 吴萍. 以话题为主线的高三英语复习教学[J]. 教学月刊(中学版)，2014(3)：18-20.

⑦ 于泽元，王雁玲，黄利梅. 群文阅读：从形式变化到理念变革[J]. 中国教育学刊，2013(6)：62.

⑧ 林才回. 群文阅读——高三英语复习的新常态[J]. 中小学英语教学与研究，2015(5)：63.

合教材以外，笔者尝试围绕同一主题选择一些经典、鲜活的文学语篇来带动复习，在高三上学期根据教学实际我设计了 5 个话题，这 5 个话题分别是：Love For Nature（热爱自然），Born To Win（生而为赢），Feast Of Life（生命的盛宴），Road To Wisdom（智慧之路），Time For Youth（年轻时光）等，围绕这些话题从文学名著中挑选相关美文，并设计相关阅读任务，每个话题选 5 篇文章。选材的原则和理由如表 5-2。

表 5-2 群文阅读选材原则和理由

选材原则	选 材 理 由
经典性	所选文本大多来源于英美文学中不同时代耳熟能详的经典原著，如莎士比亚的《罗密欧与朱丽叶》、勃朗特姐妹的《简爱》《呼啸山庄》、奥斯汀的《傲慢与偏见》、梭罗的《瓦尔登湖》等。也适当选择现当代如罗素、杜威、林语堂、怀特等名家的作品。部分文本是名家完整的小品文
教育性	所选作品按照人文素养初步分为 5 个专题，以专题选文旨在学习语言的同时还注重公民教育，培养学生作为公民应该具备的基本品质，这些品质包括和自然和谐相处、热爱生命、追求智慧等，从而实现从英语教学到英语教育的转变
多样性	所选的文本体裁、题材多样，从体裁看主要是散文，但也适当选择小说、诗歌、戏剧等。作品的题材也按照主题分门别类
适宜性	所选材料能够考虑到高中生语言学习的实际，文本难度适中，长短适合（1000~1500 字），并通过背景介绍、词汇梳理、不同的文本解读练习等形式逐步消化文本，尽量让不同层面的学生不论是从心理上还是从语言学习的能力上都能接受这些文本

根据以上选材原则这 5 个板块的选文分别见表 5-3：

表 5-3 群文阅读选材内容

Section 1 Love for Nature	Lesson 1	Journal of the First Voyage	Christopher Columbus
	Lesson 2	August	Charles Dickens
	Lesson 3	The Garden In Summer	Charlotte Bronte
	Lesson 4	At the Edge of Sea	Rachel Carson
	Lesson 5	Nature	Ralph Waldo Emerson
Section 2 Born to Win	Lesson 1	The Old Man and The Sea	Ernest Hemmingway
	Lesson 2	Life of Pi	Yann Martel
	Lesson 3	Speech Accepting the Nobel Prize in Literature	William Faulkner
	Lesson 4	Three Days to See（Ⅰ）	Helen Keller
	Lesson 5	Three Days to See（Ⅱ）	Helen Keller

Section 3 Feast of Life	Lesson 1	Walden	Henry David Thoreau
	Lesson 2	Taking Attendance	Mitch Albom
	Lesson 3	The Story of Mankind	Hendrik Willem van Loon
	Lesson 4	The Million Pound Bank Note	Mark Twain
	Lesson 5	The Art of Living	Rabbi Alexander M. Schindler
Section 4 Road to Wisdom	Lesson 1	Companionship of books	Samuel Smiles
	Lesson 2	The Fourth Tuesday: We Talk About Death	Mitch Albom
	Lesson 3	The Life and Surprising Adventures of Robinson Crusoe	Daniel Defore
	Lesson 4	Change Has Come to America	Barack Obama
	Lesson 5	The World as I See It	Albert Einstein
Section 5 Time for Youth	Lesson 1	The Story of My Life	Helen Keller
	Lesson 2	Playing Pilgrims	Louisa May Alcott
	Lesson 3	The Secret Garden	Frances Hodgson Burnett
	Lesson 4	Bill Gates' Speech at Harvard Graduation	Bill Gates
	Lesson 5	A Boy's Ambition	Mark Twain

　　高三阶段的文学阅读以阅读、鉴赏和创意表达为主，根据前两轮文学阅读的经验，高三群文阅读基本操作流程如表 5-4：

表 5-4　　　　　　　　　　　　　　群文阅读操作流程

读前	主题选定，选定作品，作品简介，教师导读
读中	阅读思考，词典辅助，个体摘记，拓展检测
读后	创意表达，拓展阅读，课外朗读

　　一位同学在读完第一组以自然为主题的 5 篇文章后有感而发创作的一篇短文如下。

　　Emerson, an American writer, is famous for his literary essays and poems. After reading his articles the strongest impression he gave me his sharp opinion. His article usually focuses on nature, individuality and dialectic.

　　As for nature, Emerson was a practitioner. He used to jog along the river and go hiking alone. Due to this he had a better understanding of nature. He tried to be immersed in nature and his behavior enabled him to accumulate a lot of writing materials for him. In a way I think his writing is the principles of his lifestyle.

When it comes to individuality, Emerson is also an advocate. He thinks every single man and women are independent individual. They shouldn't submit to the government. On the contrary, the best government is the one which governs least. His bravery is far-reaching and awe-inspiring.

Last his dialectic helped him to get a better understanding of many problems and as a result he could analyze many problems deeply and seriously. As a student, we should learn from him to reflect more on what happens around us.

（三）以"表达方式"为主题的群文阅读

此类群文阅读重点关注的是语言表达方式，表达方式相同或类似的文章一般是话题相同或题材相近的文章。教师在教学时可以将表达方式类似的文章组合在一起，通过群文阅读教学，引导学生关注并了解同一话题文章中的好词佳句，并能通过创设不同情境语言运用活动，比较同话题文章中类似的表达方式所带来的表达效果。① 例如上文中以自然为话题的一组文章，同学们在阅读过程中就可以摘录有关景物描写的语句。甚至阅读同一本文学作品时，也可以围绕某一表达方式有目的地阅读，比如某学生在阅读文学简写本《海底两万里》时，就按"心情描写"（表 5-5）和"场景描写"（表 5-6）两种表达方式摘录了下面的句子：

表 5-5　　　　　　　　　　　　以表达方式为主题：心情描写

心情描写
Bored（厌倦）（P 9）
Weeks passed and nothing happened. We went up and down the North Pacific for two months, but we saw nothing except calm, empty waters. Everybody on the ship became short-tempered and bored. We were beginning to look like fools. Where was this famous sea creature?
Surprised（惊讶）（P 13）
I was taken by surprise and felt myself falling forward. I grabbed helplessly at the rail, and then I tumbled over the side and into the sea.
Restless（不宁）（P 29）
…but Ned was restless. He paced up and down like a caged animal. He was a man of action, not books. Even the sight of the giant tortoises didn't interest him for long.
Happy（高兴）(P 40)
A herd of kangaroossprang out of the bushes and Ned hopped along with them, holding his hands to his chest like kangaroo paws. Conseil and I laughed so much we scared the birds away.

---

① 林才回. 群文阅读——高三英语复习的新常态［J］. 中小学英语教学与研究，2015（5）：68.

表 5-6 　　　　　**以表达方式为主题：环境和场景**

Saloon 会客厅的描写（ P22）

Apart from books, there were many other treasures in the saloon. It was like being in a museum full of things that lived in the sea or were lost at sea. There were glass cases of fossils and shells, and aquariums full of coral, seaweed, and multi-colored fish.

鲨鱼的凶猛（ P53）

A huge shark was swimming towards him, its eyes on fire and its jaws open. The diver flung himself to one side and the shark missed its prey. But its tail thrashed and knocked the poor man to the seabed. I was speechless with horror and unable to move.

鱿鱼的描写（P67）

… It was a giant squid, close to eight metres long. It swam with the Nautilus, staring in through the window with bright green eyes. It tentacles lashed furiously and its mouth was like parrot's beak, snapping open and shut. A horny tongue and several rows of pointed teeth darted in and out of the beak. It was a bird's beak on a sea creature.

地点描写

岛的描写（ P39）

The island was covered in enormous trees, many tens of metres tall, mingled with swaying palms, white orchids and green ferns.

美丽的海底（ P51）

The sun's rays reached down to the bottom of the seabed, reflecting off the backs of silver fish. Every rock, flower, shell and fish shone like a rainbow. It was more beautiful than I can describe.

（四）复习效果反思

高三基于文学体裁的群文阅读是对原有复习模式的补充和改良，对高三枯燥的复习注入了新鲜的血液，复习不是原有知识的重复和叠加，而应该是原有知识的活化和提升，基于文学体裁的群文阅读无论在选材还是复习的方式方面都是一种创新。它既可以降低阅读者的情感焦虑，增加阅读的趣味性和知识性，促进语言的自然习得，还可以在复习过程中以旧带新、以点带面，帮助学生扩大词汇量，增强语法意识，培养思维品质，丰富语言表达，提升文化素养。①

第三节　第三轮行动研究典型课例

一、课例背景

该课例是高三复习课，授课时间是 2016 年 6 月 13 日上午第三节，地点是 X 中学报告厅，听课对象是 Z 省名师班学员，这是一堂阅读课，授课的理念是基于群文阅读的

---

① 林才回. 群文阅读——高三英语复习的新常态[J]. 中小学英语教学与研究，2015(5)：69.

文学阅读教学模式。

二、教学设计

Teaching Topic：The Lost Civilization

Teaching Aims of the Reading Period：

The students are expected to：

1. understand and reflect on the passage by reading and sharing.

2. study and use the strategies of reading travel diaries.

3. raise some questions and do some（critical）thinking.

Ice-breaking

Talk about Beijing and lead to the topic lost civilizations

Before-reading

1. What do you expect the passage will tell you about the two lost civilizations?

2. If you write a travel journal, what is included in your passage?

While-reading

1. Read the passage and answer the questions you raised.

2. Read the passage again by using the reading strategies and fill in the blanks.

Fill in the blanks：the facts and historical information/personal feeling.

表 5-7　　　　　　　　　　　第三轮典型课例表格

		Time	Historical information	Personal Feeling
Pompeii		In the 8 century		
		In 89 BC		
		On 24 August AD 79		
		In 1860		
Loulan		2000 years ago		
		From AD 200 to AD 500		
		years ago		

6. Read the passage again and discuss in groups and see whether they have any puzzled questions about the passage.（write down the questions in the question box.）

Possible questions：

（1）What are similarities and differences between Pompeii and Loulan?

（2）How does the writer's emotion change? Why?

（3）What lessons do you learn from the loss of the two cities?

（4）What can we do to protect the civilizations from being lost?

Post-reading

7. Read two more additional passages（handouts to the students）by using the reading strategies and then share your reading experience.

Homework.

Suppose Ann visited Hemudu Relics on day 4—6 and help her to write the missing part of the diary by referring to the passage you have read this period.

三、课例反思

这是堂高三复习阅读课，它体现的是群文阅读的理念，由课内一个文本的阅读发散到阅读类似文本，目的是通过一组同话题文章提高阅读能力，掌握相应阅读技巧。阅读课应该回归到阅读的本源，笔者认为阅读的本源首先是读者应该有充足的时间真正读懂文本，其次是读者在读懂文本的基础上应该有自己的个性化的思考，并且每次阅读应该积累一定的阅读体验，这些体验可能为今后的阅读提供一定的指导。回顾这堂课就文本的理解这一环节笔者是想鼓励同学借助这类文本的阅读技巧来读文本，并通过一个表格来检查。读者的个性化思考这一环节笔者是想通过让学生提问这一任务来达成，这一节笔者在课堂上是经常采用的，可惜这节课提出的问题似乎质量不高，几个问题似乎都是在猎奇，当时如果先给一个 possible question 做个示范效果可能会好些，由于时间关系，笔者自己设计的几个问题也没有去讨论，（其实这几个问题我觉得有一定代表性，是希望同学们提到的，如果学生没提到或没问题，笔者会备用这些问题。）最后一个任务是阅读体验的延伸应用，笔者的设计旨在鼓励同学们运用阅读课中用到的阅读策略，笔者就在课外找了一组类似文本，并用本单元的阅读技巧来读类似的文本，但最终因为时间关系这个任务没有完成，而且在学生读前笔者的指令也很模糊，有些学生可能并没有理解我的真正意图。总体反思整堂课笔者觉得学生真实地读文本的时间并不是很多，学生对文本的个性化的思考似乎也只是停留在表面，学生对策略的运用似乎也不到位，所以整堂课还是需要进一步改进。表 5-8 是听课老师的发言。

表 5-8 第三轮典型课例听课老师反馈

T1	我非常同意你对阅读课的理解，学生浸入文本，然后从文本中探出头来做自己的思考，学生在阅读前知道自己本节课将要做的事和达成的目标是什么。学生在阅读的时候还是带着比较清晰的阅读策略去做的，因此对文本的整体框架和体裁特点了解得比较好
T2	Question Box 的想法。如果学生能长期有这方面的锻炼，相信他们的 critical thinking 的能力会多有受益
T3	Follow-up reading 的选择。跟进活动能较好地检测课堂的有效性，看学生是否能学以致用

续表

T4	学生对日记的文体并不陌生，无论是私人的日记或有些博客都会采用这样格式。因此是否能在进入阅读之前对学生的原有背景做两方面的"摸底"：对主题的了解，旅游—历史—失落的文明；对文体的了解，日志(特别是旅行日志)中会包含的元素。以现在学生的生活体验来说，这两方面可能都已经有一定的积累，从他们自己的体验出发，对话题的兴趣可以被激发。我猜测从母语的写作体验中，他们也不难预测到将要读到的日志中会包含"信息、经历、情感"等要素。如果在阅读前可以达到这个效果，可以给阅读环节做好铺垫，无论是框架阅读还是细读都可以做得更充分。当然，在有些主题比较陌生或阅读策略比较难的课中，教师的引导会更重要些，但了解学生的学习背景总是会有所帮助的。在 Question Box 环节，学生提出了不少有趣的问题。你所说的问题质量不够高，可能是因为在布置任务的时候并没有很清晰地确定问题的方向。如果学生能稍微了解一下他们的问题属于思维分级中的哪个类别(知识、理解力、应用、分析、评估等)，是属于低层次的问题还是高层次的问题，在提问的时候就会比较注意问题的质量。这是一个很有挑战性的过程，不过我觉得很有意义，在以后的课堂中我也会多做这方面的尝试
T5	在最后的延伸阅读中，如果时间充裕，学生也可以从两条线做分享，一条是作者的旅游体验，一条是阅读策略的运用。课堂上时间比较紧张，课后还是可以作为跟进的内容。因为这个话题和文体的实用性，我觉得从阅读到写作的过渡也是一种延伸的方式。从他人的作品中获取经验，当自己有了类似体验之后也可以用文字诉诸笔端，这应该是更进一层的目标
T6	如果我来上这堂课，首先我会激活学生原有的背景知识，引入旅游的话题，讨论日志文体的特点；整体阅读，了解旅行的主要内容和文章的框架；结合日志的要素寻找信息和情感的描写，在这个过程中，学生可以结合自己的经验去体会；借鉴 Question Box 的做法，如果学生在网络上读到这篇旅行日志，会在下面如何跟帖？内容可以是分享、评价和提问；师生分享：曾经读过的、印象深刻的日志或旅行日志，说明印象深刻的原因；尝试写旅行日志或其他日志。如果真要付诸课堂实践，肯定需要更细致的思考，特别是课堂任务的设计，总之希望课堂和老师所提供的文本能抛砖引玉，把学生心底的能量尽可能激发出来

第四节　前三轮行动研究初步回顾

回想近 5 年的文学阅读教学研究，先后在两所学校进行实践，参与实验的学生达535 人，回顾这段教学行动研究，既充满了收获的喜悦，也留下很多遗憾和不足。

(一)高中文学阅读教学是可行的但宜因地制宜。在选材和课程设计方面，可选用文学原著，并采用经典名著简写本等进行实践，实践过程中探讨文学阅读在培养高级思维能力、如何利用文学阅读做好高三复习教学等。毋庸置疑，历时 5 年的实践过程证明了文学阅读教学在高中是可行的。当然本研究聚焦的是两所当地知名中学，由于受试语言水平的差异、相关政策的制约、学校课程安排甚至教师的教学理念等主客观因素都可能影响到文学阅读教学的顺利开展。

（二）三轮行动研究环环相扣，步步深入，体现文学阅读在教学的阶段差异性。5 年的行动研究，第一轮行动研究是高中文学阅读尝试摸索阶段，主要是摸索如何合理选材，尝试如何开展高中文学阅读课堂教学实践。第二轮研究是成熟定型阶段，这阶段建立了高中文学阅读的课程模式，并改进阅读模式建立了基于"文学圈"的文学阅读模式。第三轮是文学阅读的拓展应用阶段，主要是探讨在高三英语教学中如何应用文学名著。三个阶段体现了文学阅读的阶梯性和丰富性。在日常的教学中，无论是选材方面还是课程设计模式、教学模式等方面都可以根据学生的实际和教学条件的实际在教学中灵活运用文学阅读。

（三）三轮文学阅读要兼顾两头、适当平衡。观察发现无论在哪所学校开展文学阅读实践，整个文学教学实践让部分学生脱颖而出，这些学生大多天性喜欢阅读，对于文学阅读近乎痴迷的态度，由老师带着课堂上读到问询老师推荐书籍自读，到最后自主按专题阅读，这些学生由读英文文学类的书拓展到阅读哲学、历史等英文原著，个别学生还坚持写英文读后感甚至英文小说，他们的英语学习已经远远脱离了应试的围困①，已经进入了一种自由的境界。当然实验中我观察到每个班级依然有几个学生对英语文学阅读并不感兴趣，他们依然坚信教材，甚至在课外自己去参加补习班学习《新概念英语》等其他教材。这些同学有的是苦于基础，有的还是坚信高考中不考文学名著里的内容，英文文学阅读是超纲的，所以他们对文学阅读的态度大多是消极的。这些同学一方面我们要理解他们的想法，另一方面要努力寻找契机点燃他们阅读的兴趣，给予他们读下去的自信。总之文学阅读中如何兼顾两头、寻找平衡是保障文学阅读有效的重要准则。

（四）从前瞻意义上来看高中英语文学阅读教学不仅仅是一次教学实践，它更应该是一次认识上的变革、价值上的复归。在当今网络媒体泛滥，传统阅读每况愈下的背景下，倡导经典的文学阅读的回归，这是一次观念上的革新，它需要勇敢者去践行。在应试教育的大环境的笼罩下，文学阅读的回归无疑是扒开迷雾、拨乱反正的教学举措。文学的使命在于它为人类提供了良好的人性基础②，阅读经典英文文学作品除了浸润在优美的语言中习得语言外，文学作品中的想象之真、人伦之善、情感之真无时无刻地都在拍打着读者的心灵。它隐形的课程价值时刻都在潜移默化地影响着年轻的读者，毫无疑问，文学阅读隐形的精神价值更是不可估量的教育价值，它融化在每一个读者的血肉中，内化成了公民素养和灵魂气质的一部分③。这一部分就是人生的精神底座。

总之，5 年来的实践既有成功的喜悦，也有受挫的懊恼和失败的教训，一些已经毕业的学生经常念叨我们当年的勇敢和远见，怀念当年的课堂，这是对我最大的安慰。而且更重要的是我作为读者也读完了一本本名著，这些美妙的阅读体验早已融化在我的血肉中，丰富了我的人生体验，它让我学会谦卑、懂得感恩。眼前又是一届高三毕业生，

---

① 其实从高考首考成绩来看，这类同学高考多在 130 分以上。
② 曹文轩. 双桅经典童书系列[M]. 上海：少年儿童出版社，2006：1-3.
③ 李学斌. 儿童文学"隐性课程"的价值迷失与复归[J]. 中国教育学刊，2016(8)：73-76.

一些学生受益于文学阅读，自主地在英文名著的海洋中不断寻宝，读完一本本名著而乐此不疲，但个别同学仍然汲汲于教材中的有限的篇章咬文嚼字，认为课外读书是遥远的事情，先把分数提高再说吧，殊不知浙江去年十月份高考首考下来，130 分以上的同学大多是喜欢阅读的同学，其实道理很清楚，得阅读者得天下！

第六章　高中英语文学阅读教学的反思性研究：成效和改进

　　三轮行动研究的结果显示在高中英语教学中渗透文学阅读教学是可行和有效的，而且高中英语文学阅读的教学策略和教学模式已经初见雏形，文学阅读必修课和选修课的课程设置的框架也基本形成。近几年基础教育界出现了一个热门词汇"核心素养"，教育部在全面深化课程改革的要求中提出，新课改和高中课程标准修订要突出"立德树人"和"核心素养"的建构。① 本研究的文学阅读教学实践和英语学科核心素养有什么关系？高中文学阅读核心素养对提升学生的英语学科的核心素养有哪些帮助？本章将结合这些问题反思以上的行动教学研究，在汲取行动研究的经验的同时更要探讨将来如何更好地开展高中英语文学阅读的教学实践。

第一节　高中英语文学阅读有利于培养英语学科核心素养

　　高中阶段的英语学习处于打基础阶段，基础知识学习和基本技能的培养仍是高中英语教学的主要内容。在进一步拓展学科知识的同时，培养学生形成良好的语言习惯、学习策略、应用能力和与之相应水平的英语思维能力，是这个学段的基本任务。② 文学作品使用的是文学语言，文学语言是语言的精品，英文原著阅读对于开拓学生的视野，提高学生的人文素养，培养健全的人格，提升学生的语言能力具有无与伦比的功用。③

一、英语学科核心素养

　　2014 年 3 月，教育部发布了《关于全面深化课程改革落实立德树人根本任务的意见》④提出了核心素养这一重要概念，要求将研制与构建学生核心素养体系作为推进课程改革深化发展的关键环节，英语学科作为基础教育的基本学科在基础教育中具有举足

---

① 　张连仲. 核心素养全聚焦[J]. 英语学习，2015(12)：4.
② 　孙大伟. 对高中阶段英语学科核心素养的自我认识[J]. 英语学习，2015(12)：4.
③ 　何泽. 如何提高读写综合能力——基于英美名篇的高中英语阅读[M]. 上海：上海教育出版社，2016：1.
④ 　中华人民共和国教育部. 教育部关于全面深化课程改革落实立德树人根本任务的意见[Z]. http：//www. moe. edu. cn/publicfiles/business/htmlfiles/moe/s7054/201404/167226. html.

轻重的作用，研制和在课程教学中落实英语学科的核心素养是课程改革的重要组成部分，国外核心素养研究的文献有不少涉及外语学科核心素养的讨论。如欧盟的框架中八大核心素养之一就是使用外语交流，定义为"在适当范围的社会文化情境中理解、表达与解释的能力；跨文化理解、交流与协调能力"。① 在充分吸收和借鉴国内外有关核心素养的理论和实践研究成果的基础上，结合中国基础教育英语课程的现实需求，修订的《高中英语课程标准》(待颁布)将英语学科的核心素养归纳为语言能力、文化品格、思维品质和学习能力四个方面。②

二、高中英语文学阅读和英语学科核心素养的培养

(一)细读鉴赏、学用结合，培养语言能力

英语学科核心素养中的语言能力是指借助语言以听、说、读、看、写等方式理解和表达意义的能力，这一能力是作为语言学科的英语课程所具备的第一种能力，也是英语学科核心素养的一个维度。语言能力要求学习者可以整合这些语言技能并经由语境与语篇等传递意义，进行交流③，前文中已经多次讨论到文学阅读对学生语言能力的提升。文学阅读在语言能力的培养方面最大程度地注重了"学"和"用"两个方面的结合，做到了学用互动、学用互促、学用融合，让学生在学中用、在用中学、边学边用。例如学生在阅读文本后，进行小组分享，这个过程就是对陈述性知识的内化加工，培养学生用自己的语言能力对英语材料进行思考、分析、推理、归纳的能力。而且文学阅读还有利于学生在阅读过程中不断地接触丰富的表达方式，表 6-1 是某小组在阅读 *David Copperfield* 后整理的小说中有关不同情感的表达方式，表 6-2 是学生完成 *Jane Eyre* 阅读后整理出来的人物描写段落，笔者在教学 *The Secret Garden* 时，布置给 language master 的另一个任务就是找出文中所用的修辞，如表 6-3，阅读中的这种鉴赏和归纳的能力对提高学生的综合语言能力意义深远。

表 6-1 **小说中有关不同情感的表达方式举例**

got up in a rage（p5）light up（p6）a very heavy heart（p8）shivered with fear（p9）full of gloom and cruelly（p9）shook with terror（p12）dragged my spirits down farther（p12）Terroe gripped me（p17）with a roar（p17）My stomach tightened with anxiety（p18）nodded glumly（p20）overjoyed with（p23）stayed downhearted（p25）it felt as if my whole world had just been shattered（p26）welcoming（p30）choking back sobs of fury and desperation（p33）I was now in a pit of total despair（p34）A wave of relief flooded over me.（p39）My spirits sank.（p40）A flush anger and embarrassment spread across one's cheeks.（p41）

---

① 裴新宁,刘新阳. 为 21 世纪重建教育：欧盟"核心素养"框架的确立[J]. 全球教育展望, 2013(12)：89-102.

② 程晓堂,赵思奇. 英语学科核心素养的实质内涵[J]. 课程·教材·教法, 2016(5)：79-86.

③ 陈艳君,刘德军. 基于英语学科核心素养的本土英语教学理论建构研究[J]. 课程·教材·教法, 2016(3)：50-57.

表 6-2 人物描写片段举例

St John was, I think, nearly thirty, tall, fair, and slender and very handsome with an earnest, intense way of speaking. I was aware of his careful observation, as if no detail should ever be missed. (p87)

A man in black, who with his great height, dark clothes and grim face, looked like a black pillar of stone. (Mr Brocklehurst)

She was tall, pale and dark-haired, and for some minutes she surveyed us gravely and silently, I saw kindness in her eyes and dignity in her bearing.

表 6-3 小说中的修辞举例

simile：p6：as sour as a crab apple
　　　　p15：trailing like a waterfall down to the ground
metaphor：p24：wrapped in a warm blanket
personification：p23：as if holding hands
exaggeration：p21：her heart beating faster than a galloping horse
　　　　　　p65：eyes nearly popped out of his head
repetition：p56：I can see it. I can see it.

　　总之，文学阅读的意义远远超出了阅读的层面，通过阅读、讨论、书评、角色扮演等多种形式，实现了对听说读写能力训练的自然整合。从学生的反馈中也可以看出文学阅读对提升学生语言能力的影响。

　　有学生认为："文学原著的阅读对培养语感确实有很大程度的作用。和统编的教材不同，英文文学原著没有一个知识点的指向性，因此其行文更为优美以及生动，没有课文一板一眼的机械性。且在原著阅读中能够学习到很多书本上不可能出现的有趣的口语和俚语。而且看多了原著之后对长篇文字的阅读能力上升。假期里做绘画作业的时候喜欢同时用电脑看电影，绘画不同于文书工作，对我而言这样反而容易静下心来。而且经过几年英语原著学习之后对电影当中的口语理解也轻松多了。"

　　还有同学说："在写的方面，会不自觉地模仿所读的英语原著里的写作风格，读了《相约星期二》就很想写一些人生哲理，读了《了不起的盖茨比》就想用那种悲剧的嘲讽的口吻写点东西。但是毕竟没到那个知识水平，就算真的写了什么可能还是怪怪的，而且高考作文也不会让你去写这些东西，但有这种写作的冲动总有一天会受益的，我还奇怪地认为英语阅读给语文作文也积累了很多素材，因为读的都是名著，所以都给作文加分……"

　　"对单词量的提升很快。相比于纯粹地记忆单词，在阅读过程中的记忆更深刻，有相对应的语境，还可以了解单词的用法。而且在原著中，单词的用法更加地道。"

（二）潜移默化、理解共情，培养文化品格

　　文化品格指对中外文化的理解和对优秀文化的认知，是学生在全球化背景下表现出的包括知识、观念、态度和行为的品格。英语学科核心素养尤其强调从多元文化的角度对文化品格进行渗入式培养。通过知识获取、内涵比较、异同分析、精华吸纳等手段，学习者应在自尊、自信、自强的价值观引领下达成传播优秀传统文化，理解运用外来异域文化，从而顺利完成跨文化沟通。①《课程标准》也明确把文化意识作为基础教育阶段英语课程的总体目标之一，倡导一种具有文化视野的英语教育。文化是一个人类群体的生活方式和形态。有些文化是隐性的，如价值观、社会制度、宗教信仰等，该文化的大部分内涵只能在该文化语境中理解。还有些文化是显性的，如历史文化、节庆活动、日常生活方式等，可以在其他文化语境里理解。对显性文化的教学容易在学生中引发共情，而学生对隐形文化的敏感度则需要教师的启发和引导②。（施丽华，2015）《课程标准》同时也指出：“语言有丰富的文化内涵。在外语教学中，文化是指所学语言国家的历史地理、风土人情、传统习俗、生活方式、文学艺术、行为规范、价值观念等。”可见英文原著阅读不论是培养显性的文化还是隐形的文化都具有潜移默化的作用，也是提升学生核心素养不可缺少的一部分。

学生说：“原著阅读可以让我真正地读到原汁原味的英文文章，这和我们平时读到的中国人写的考试阅读和课文风格完全不一样，原版小说里有很多地道的表达，不会出现什么 long time no see 之类的中国式英语，可以体会到不一样的文化魅力。像《傲慢与偏见》这样经典名著还让我们了解了很多那个年代的生活习俗和生活方式。”

例如《简爱》是反映维多利亚时代（Victorian era）生活的典型作品，维多利亚时代是英国工业革命和大英帝国的顶峰时期，作品中描写了当时社会面貌特别是寄宿制学校的生活、女性作为家庭教师职业的特殊性，爱情观等，而这些在同时代的小说《呼啸山庄》《大卫·科波菲尔》等小说中也集中反映出来，这些隐性的文化只有通过教师的启发和引导，学生才能对于维多利亚时代特别是工业革命时期的社会面貌和文学特征形成一个整体的概念，而这些文化知识的熏陶本身不仅有助于学生对作品的深刻理解更有助于提升今后对相关时期作品的阅读的解读能力。

（三）思维探究、批判创新，提升思维品质

在新的高中英语课程标准中将英语文学阅读列为选修 II 的拓展类课程，这样做的的目的是为了夯实学习者的英语文学素养基础，与思维品质（分析与比较、综合与分类、抽象与概括、批判与创新）等要素共同构成英语学科核心素养。这充分反映了在英语学科的教学中对文学阅读与思维发展的重视是具有十分重大意义的。③ 国内外研究表明文学阅读对英语学习者的思维能力发展有深远的影响，在英语教学中，英语文学阅读因为其丰富的英语教育文化内涵而体现了英语课程的工具性和人文性的统一，在学习者思维培育方面具有其他任何阅读无可比拟的优势。文学阅读是读者结合已有知识和经验

---

① 陈艳君，刘德军. 基于英语学科核心素养的本土英语教学理论建构研究[J]. 课程·教材·教法，2016（3）：50-57.

② 施丽华. 也谈中学英语教育和学生文化意识培养[J]. 英语学习，2015（12）：15-19.

③ 兰春寿. 基于思维过程的高中英语文学阅读思维型课堂教学构架[J]. 课程·教材·教法，2015（12）：82-89.

使用一定的阅读策略在文本的各部分之间，在文本与个人经验之间积极构造意义，在这样的释义过程中，学生对文本内容的推理、评价和做出个人的判断反映了他们对文本本身所蕴含的信息进行认知、理解与加工的高层次思维。

在文学名著阅读的过程中思维的培养是渗透在整个阅读过程中的，从读前学生基本文学要素(人物、情节、主题、文体、主题等)为抓手的初读，打造思维的底层框架。读中讨论问题的思维化，问题的设置从理解到应用、从分析到评价、从联想到推断、从比较到质疑等思维活动层层深入，循循善诱，激趣引思。读中活动的探究化(Exploring and evaluating)：探究结构和情节(Exploring the structure and the plot)；探究主题思想(Exploring the theme and the writer's ideas)；探究象征意义(Exploring the symbolic meanings)；探究人物特征(Exploring the character)等①，读后对语言的回味和品读，对主题的深度挖掘，链接自我生活的同理体验，同类主题作品的比较，同一作者不同作品的探讨等都能激发读者的联想思维、推理思维、批判性思维等。

(四) 自主探究、合作分享，养成学习能力

学习能力指学习者应主动拓展学习渠道，积极运用学习策略，从而提升学习效率的一种品质。学习能力体现在对这一学科能保持学习兴趣、有明确学习目标、能有效获取学习资源并选择适当策略通过监控、反思、调整、评价等方式进行合理学习。② 通过文学阅读教学的实践学生的学习能力明显提高，这既包括阅读习惯的改变，自主阅读习惯的养成，阅读空间和阅读方式的变化等，特别是基于"文学圈"模式下的文学阅读，整个阅读过程中，学生主宰自己的阅读活动，他们只是在教师的指导下，完全通过自身能动的、富有创造性的学习，实现自主性发展的教育实践活动。

文学阅读对于学习能力的提升，不同的学生有不同的收获，有学生说："在阅读英文原著的过程中，会养成良好的习惯。如果能够脱离中文版本，阅读原著是没有其他捷径可以走的，为了阅读顺利，我们不得不去查生词，解构长句子的成分，久而久之，在英语学习上会更加脚踏实地。"

"还有一个明显的影响就是阅读速度，一定会随着阅读量的增加而提升。这些学习能力的提升对考试中的阅读题型很有帮助。"

"在阅读过程中，我养成了做批注的能力，这种学习能力可能会影响我一辈子，我相信不动笔，不看书。"

"大大提高了我阅读的耐心。原著都是非常长而且生词比较多的，但是因为它比较引人入胜，而且有挑战性，比较能激发我去啃下这本书的欲望，久而久之看篇幅比较长的英语阅读就完全感觉不到那种很吃力很头疼或者看一半就放弃的焦躁感了。我觉得这种能力是应试阅读难以培养到的。"

---

① 戴军熔. 区域高中英语文学欣赏选修课程群的教材开发实践与探索[J]. 中小学外语教学与研究，2015(11)：58-65.

② 陈艳君，刘德军. 基于英语学科核心素养的本土英语教学理论建构研究[J]. 课程·教材·教法，2016(3)：50-57.

三、文学阅读的课程价值：从英语教学到英语教育的嬗变

我们长期以来只提英语教学，不提或者忽视了英语教育。这不只是一个提法的问题，而是关涉到对语言的本质和教育的认识的根本问题。如果只认为语言是一种工具，它只是一套符号系统，一种交流信息和表达思想的工具，而完全忽略了语言与我们的思维、情感、文化还紧密相关，可以说语言是我们人类存在的一种方式，文学是记载我们存在方式的重要途径，优秀的文学作品不仅仅是一个国家、一个民族的宝贵财富，它更是全世界共有的财富，它是极具内涵和教育性的优秀范本，阅读文学作品对人们的人生观和价值观都具有深刻的影响，这种影响是知识无法取代的，这种教育与影响也正是文学阅读的价值所在。

基础教育的基本任务是素质教育，而素质教育的核心是人的教育。文学原著阅读不仅让学生接触更多真实的语言，丰富学生的文学读写体验，提高了语感，而且原著的阅读还具有特殊的思想、人文等诸方面的课程价值，能提高学生的文化意识和思维能力。更为重要的是它能改变教学方式，变接受学习为自主学习、合作学习和探究学习，提高学生课堂生活质量，促进学生精神的成长，实现从英语教学到英语教育的转变。

第二节　高中英语文学有利于阅读习惯的培养

在世界范围内，推动全民阅读，尤其是青少年阅读，一直是很多国家政府高度重视的一项工作。在我国，发展儿童和青少年的阅读能力、培养他们的阅读兴趣和阅读习惯也已经成为全社会的共识。人们认识到，在当今信息爆炸的时代，阅读能力的发展是学生未来全面发展的重要基础。2014 年，"倡导全民阅读"首次被写进政府工作报告，此后连续三年均出现在政府工作报告中，这足以说明我们政府对开展全民阅读的重视，也体现了开展全民阅读的重大意义。2016 年 2 月 15 日，国家新闻出版广电总局根据国务院立法工作计划起草了《全民阅读促进条例》(征求意见稿)(以下简称《条例》)，《条例》指出："鼓励教师开展阅读指导，有针对性地开展教师培训，开设必要的阅读课程，开展多种形式的校园阅读活动。"[1]国务院教育行政部门在推进实施素质教育的过程中，应当根据未成年人身心发展状况和实际情况，加强培养其阅读兴趣、阅读习惯和阅读能力。[2] 可见阅读已经成为青少年成长的不可分割的一部分。

---

① 王蕾，陈则航. 中国中小学英语分级阅读标准(实验稿)[M]. 北京：外语教学与研究出版社，2016：6.

② 国务院. 国家新闻出版广电总局关于《全民阅读促进条例》(征求意见稿)公开征求意见的通知. [EB/OL][2016-2-15]. http://www.gapp.gov.cn/news/1663/274862.shtml.

一、阅读教育越来越被重视

在西方很多国家，阅读早已成为基础教育的重点研究的课题，无论是政府还是民间组织都努力在青少年中推广重视阅读的意识，培养良好的阅读习惯等。以美国的基础教育对阅读的重视为例，美国国会图书馆从 1980 年以来，每年以不同的主题来推行全民阅读活动，例如 1981 年(Books Make Us Different)"读书使我们不同"、1987 年的 The Year of the Reader ("全国阅读年")、1992 年的 Explore New Worlds—Read! ("探索新世界——阅读!")、2001 后连续五年的 Telling America's Stories (讲述美国的故事)等，这些以国家图书馆的名义不遗余力的阅读推广可见政府对阅读的重视。美国政府近年来还通过立法来保障公民基本的阅读能力。在 2002 年 1 月，布什政府就出台了 No Child Left Behind Act(《不让一个孩子掉队法》)的教育改革法案。该法案中有一项重要的主导性的政策是"阅读优先"(Reading First)，这项政策的目标是提高儿童特别是三年级以前的儿童的基本阅读能力，该法案是政府以立法的形式来保障青少年的阅读能力，这项立法充分地体现了阅读在美国的中小学教育中的地位和作用。1996 年克林顿总统发起了"美国读书挑战项目"，目的是鼓励更多的青少年能够独立阅读。2009 年奥巴马总统继续在全民中推广阅读方案，在《美国复苏和再投资法案》(ARRA)中再次呼吁要在基础教育阶段普遍开展阅读提高计划。而且美国的一些民间机构也都在通过各种手段和形式来呼吁公民养成良好的阅读习惯，在美国民间知名的 One City One Book ("一个城市一本书")等活动已经影响到世界 200 多座城市，它的意图是唤醒成年人的阅读意识。

谈到素质教育、人文教育其实就是要培养良好的阅读习惯和阅读兴趣，其实归根结底也就是阅读的重要性，2011 年颁布的《义务教育语文课程标准》就指出"要重视培养学生广泛的阅读兴趣，扩大阅读面，提高阅读品位"。① 培养阅读兴趣、扩大阅读面已经写进了课标，可见我们过去对阅读还不够重视，在应试教育的驱动下，我们走了不少弯路，而且《义务教育语文课程标准》还给我们指明了阅读的方法"提倡少做题，多读书，好读书，读好书，读整本书"。同是语言的英语学科学习的秘诀何尝不是如此呢，而目前课本和练习中的阅读是大部分同学英语阅读的主要材料，这是英语教学中的遗憾。

二、重塑英语阅读教学的路径

中小学英语课程在过去十几年的改革中取得了突破性的进步，学科教学的价值已经越来越重视凸显：英语学科不仅仅是一门语言学科，更是一门育人的学科，语言不是孤立的、僵化的知识，而是充满思想和情感的传承人类文明和文化的载体，英语学科的价值也逐渐从过去单一的语言知识和语言技能的训练转向到对于学生人生发展中关键能力的培养，这些能力既包括敞开胸怀拥抱外来优秀文化的能力，体验和欣赏英语文化和文学中伟大作品的能力，用英语来传播和表达中国博大精深的传统文化的能力等。而实现

---

① 教育部. 义务教育语文课程标准(2011 版)[M].北京：北京师范大学出版社，2012.

这些能力的关键是养成良好的阅读能力，在阅读中感受外来文化，从阅读中提升自己的语言能力从而达到语言综合运用的能力。近年来英语阅读已经受到越来越多的重视，"得阅读得天下"的理念已经深入人心，但毋庸置疑这个理念背后反映的还是应试教育在作祟，只是近年来测试中越来越重视阅读才反映到课堂教学中重视阅读教学，这样的阅读教学仍然是受功利价值的影响，并不是一种长远和理想的阅读行为。为此我们应该思考的是如何重塑阅读教学的路径。

首先应该认识到阅读在英语教学中的重要性和意义。英语作为一名语言学科，它的传统表现形式更多的还是书面形式，传统意义上的阅读就是感受和体验这些书面文字的过程。阅读是人类学习和表达的一种基本的行为，在我国缺少真实语言交际的情况下，书面阅读自然就成为英语学习中更重要的组成部分，特别是我国大多依然是大班教学、各地英语教学条件极不均衡的情况下，起点低、花费少的阅读是最容易见效也最便捷的方式。成功的英语教学和重视阅读是分不开的，阅读不够在语言学习中会造成很多弊端，如抓不到文章的主旨、写作水平一定会不高、无法深刻表达自己的想法、文章常常会主旨不明等。① 可见英语阅读的意义和重要性。而且阅读是一种个性的行为，通过阅读能够唤醒每个个体的独特的人生体验，把自己的人生体验重置到阅读的情境中，这样就实现了文本的再次生成和构建，而自我的人生体验也更加丰盈，可以说阅读是重现人生意义的过程。

其次要培养阅读的兴趣、激发阅读的情感。基础外语教学中阅读的形式仍然单一，过多教材或者习题中语言材料的阅读势必会削减青少年深层学习和长远学习的动机，以考试为目的进行阅读是短视的和肤浅的。要培养阅读的兴趣和情感首先要研究青少年的心理需求，笔者在调研过程中发现，大多数学生最喜欢的阅读读物仍然是充满故事和想象力题材的读物，如在最喜欢的英语读物中选择最多的是英语作家 J. K. 罗琳（J. K. Rowling）的《哈利·波特》②系列，而我们现在的英语教材中并没有类似的作品。幼小读者的阅读欲望得不到呵护，后续的阅读动机和兴趣就很难维持，作为政府应该研究不同年龄层次学生的阅读兴趣，根据不同年龄层次青少年的阅读兴趣和阅读能力提供阅读清单，近年来越来越多的民间机构已经参与英语阅读教学的研究并尝试提供各种阅读清单，这对于提升中小学生的阅读欲望和热情意义是重大的。

再次就是要监控阅读行为和过程。笔者在实践中一直坚信只有从阅读中才能学习阅读，所以监督同学的阅读行为和过程。特别是起步阅读阶段的阅读行为是保证阅读成功的重要一步，在阅读开始阶段为同学们制定阅读清单，让同学们坚持填写阅读日记，反思阅读行为等都是对于阅读过程和行为监督的有效方法。当然在阅读开始时对于按时完成阅读同学的鼓励以及加强对阅读困难学生的指导也是顺利开展阅读的保障，总之克服阅读失败的关键是要有良好的阅读开端。阅读行为是一种潜移默化的行为，它也许不能立刻反映在英语分数上，它是一种心灵内化的长期行为，这个过程有时是枯燥的和孤独

---

① 李家同. 大量阅读的重要性［M］. 北京，中国人民大学出版社，2014：29-40.
② 《哈利·波特》（*Harry Potter*）是英国作家罗琳（J. K. Rowling）于1997—2007 年所著的魔幻文学系列小说，共 7 部。

的，教师如果以读者的身份去陪伴学生走过这段孤独的阅读旅程，相信他们感同身受的经历以及放下身段和学生不断的交流和分享一定能使学生的阅读体验更加丰富，阅读的氛围更加浓厚，这样的阅读过程对于激发他们阅读的动力和耐心一定是大有裨益的。

最后阅读材料的选择是重塑阅读之路的核心，笔者认为本研究的文学阅读是重塑中学阅读之路的关键选材，可以说采用文学名著作为阅读的素材是一种高质量的语言输入，因为文学作品语境更丰富，语言也更真实和地道等特点使得它更加有助于学生英语综合运用能力的发展，而且英语文学作品中丰富的文化元素，充满情节的故事冲突，在培养语言能力的同时，对于培养学生的思维能力和同理心等都是不言而喻的。

三、从文学阅读到阅读习惯的养成

文学阅读因阅读者在故事情节或者生活语境中获得对音、形、义之间的关联以及词汇、语法等多方面的语言输入而更易培养学生的阅读兴趣，从而激发阅读者良好的习惯的养成。笔者以个案为例来看看学生是如何通过文学阅读来培养阅读习惯的。

(一)个案背景

该同学来自笔者任教的高一(8)班，以下简称 S 同学，[①] 高一上学期半年的教学发现 S 同学偏重理科，英语成绩在班级中等偏下，是名理科有明显特长的学生，而且 S 同学在英语课堂上较被动。

(二)个案陈述

在 2016 年 10 月的高考首考中 S 同学在英语高考中取得了 131 分的成绩，明显高于班级平均分(118 分)，看到这个同学的进步，笔者请 S 同学以书面的形式回顾他近 3 年的阅读经历，下面是 S 同学的陈述。

回想近 3 年的高中生活，我很感谢英语何老师在英语课堂上不遗余力地带领我们阅读英语原著，阅读英语原著不仅培养了我对英语的兴趣，在高考中取得不错的成绩(高考首考 131 分)，养成了良好的阅读习惯，更在于阅读原著提升了我对英语的理解，还锻炼了我的品格。

回想刚进 X 中学的时候英语对于我来说简直是一场噩梦，初中英语 3 年枯燥的应试，每天至少一张英语试卷(到初三复习阶段每天 3 套英语试卷是常事)让我对英语厌恶至极，英语对我来说就是刷题目、背单词和课文，而且觉得到了高中，有时就是我背了，在血红的分数面前这些努力似乎是徒劳，高中英语的学习似乎不只是记忆和背诵。

就在我逐渐对英语这门学科丧失信心的时候，重新点燃我的兴趣的就是对原著的阅读，我记得何老师对我们介绍的第一本文学原著是《秘密花园》简写本，封面上印了一只绿红色的知更鸟，就是那只知更鸟带我飞进了神秘的英语花园。

当我开始把单词一个个放进语境中体会时，我慢慢感觉到它们活起来了，突然

---

① 该同学姓沈，这里简称为 S 同学，感谢沈同学的书面陈述。

有了温度，翻开我的英语摘记本，我当时把所有描写秘密花园的句子都摘录在一起（如下表），现在朗读这些句子，依然觉得亲切。

■ p11 It's had been locked up for ten years. Mr Craven locked it after his wife died. Mr Craven was heartbroken. He buried the key, so nobody could find the garden ever again.

■ （p19 It was a key. A long rusty key.）

■ （p21 pure magic A strong gust of wind lifted the ivy, parting it like a curtain. —Mary saw the knob

■ p23 Rose tress had taken over the garden. They had climbed over…

■ p43 There's magic here—a secret garden

■ p48 Green shoots were sprouting everywhere now.

■ p49 The garden was coming alive.

■ p62 plum tree—was about to burst with white blossom and it formed a canopy…

把这些单词放在描写的语境中去体味的时候，它们就不再是被钉死在名为单词表上的十字架，当语言活起来的时候，语法也自然蕴藏其中了，而不是一张张永远也做不完的语法题目，这样英语就成为了一种活生生的语言，而不是一门学科。

这只是一个开始，当我涉猎过《弗兰肯斯坦》《呼啸山庄》和《鲁滨逊漂流记》后，我将求知的双眼望向了莎士比亚——英国伟大的戏剧家。

当我第一次翻开《麦克白》的扉页的时候，我就被其中成堆涌出的生单词吓住了，所幸当时我没有放弃，花费了几个小时，以巨大的耐心将整本书都写满标注，于是我就养成了查字典和用字典的习惯，原本我向来贪图方便，在互联网上百度一下，但是这回不同，字典详细解释了每一个单词在各种语境下的详细用法，例句清晰明了，慢慢地就被字典吸引住了，从此厚重的《牛津高阶》成了我随身携带的宝藏，往往查一个单词就会连带查阅相关的许多单词，思维就像从树干上垂下的柳条一样散发生长开去。

记得读《麦克白》的过程中我突发奇想也要写英文小说，我脑海中一直酝酿的英雄故事就变成了每天几百字的英文，我还坚持用到每天小说阅读中的好词佳句，每天写完后就去何老师办公室和他交流，我的小说现在已经写到了90多页，虽然后来因为准备高三首次高考不得不停止，但这个种子已经发芽，相信将来的某一天它依然会蓬勃生长。

现今，我对英语的探求也不仅仅限于阅读简写本，我已经读完了《哈利·波特》《相约星期二》《老人与海》等几本原著，而且英语的影视、杂志、报纸都成了我汲取营养的宝库，多读英文原著、多查词典、多尝试成为了我学习英语的准则，我的英语水平也在提高，这一切都要归功于英语老师把我引进英语文学阅读的大门和那躺在书架上的一本本原著。

（三）个案回顾

这位同学一开始对英语没有任何兴趣，初中英语大量偏重应试的学习让他认为学习英语是一种煎熬，如果没有文学阅读打开这位同学语言学习的又一扇门，相信这位同学英语学习的兴趣就被浇灭了，而文学阅读让这名同学养成了良好阅读习惯，他的英语学习逐渐走上了一条理想的道路。学者梅仁毅在《得阅读者得天下》①一文中曾总结了阅读和文学阅读的四大好处，一是"通过阅读，可以学到很多单词"。这位同学在开始的时候同样遇到很多生词，但是他没有放弃，故事情节的吸引让他坚持下去，从此他的词汇量不断上升，后续阅读的障碍越来越少。二是"通过阅读，可以学到很多好的用法"。这位同学在阅读中不断积累，还举例来说明自己在文学作品中学到新鲜的语言，他的阅读让英语学习不再成为一件枯燥的事情，他认为在阅读中的词汇和表达是充满温度和生命的。三是"通过阅读，学习者的写作水平可以得到很大提高"。这位同学阅读后坚持用英语写文学作品并和老师分享，这是在没有任何功利意图的条件下自主地运用语言的有效途径。四是"通过阅读，可以丰富学习者的知识结构，理解水平也可以由此提高。"读简易读物对打好英语基础极有作用，要多读。一是数量要多。二是要重复读。这位同学坚持阅读，并且已经养成了运用词典的良好习惯，相信他这种滚雪球式的阅读会让他在英语学习的道路上越走越远。

第三节　高中英语文学阅读的后续影响

参加首轮行动研究的学生已经在不同的大学深造，无论他们学习什么专业，英语仍然是他们必学的功课，他们在高中阅读原著的实践对他们现在英语的学习有什么后续的影响？而且我们的研究不仅应该聚焦于文学阅读对于语言学习的影响，而且更应该聚焦于文学阅读对于这些同学价值观、人生观的形成有何作用？这些同学现在正是价值观、世界观形成的关键时期，这些阅读对他们有什么影响呢？如果用他们现在的眼光来看，对当时的文学阅读教学实践他们有好的建议吗？② 带着这些问题我通过邮件的形式在2015年1月份寒假期间采访了三位参加过第一轮实验的在校大学生，下文将通过他们的邮件内容来讨论这个问题。

这三位同学现在就读于不同大学和专业，这三个同学分别是 Frank Hu，Berial Zhang，Maxine Zhou。③ Frank Hu 是当时的课代表，Berial Zhang 是一个艺术考生，Maxine Zhou 是入学以来一直和我保持邮件来往的同学，这三个同学的基本情况表 6-4：

---

① 姜伟. 站在 17 位英语名师的肩膀上［M］. 北京：机械工业出版社，2008：171-172.

② 建议部分在下文的改进措施中另行讨论。

③ 为了保护隐私，文中用这三位同学的英文名加姓氏代表，再次对这三位同学接受采访表示真诚的感谢。

表6-4　　　　　　　　　　　　　　　**访谈学生简介**

学生	现就读高校	高考英语成绩
Frank Hu	宁波诺丁汉大学	138
Berial Zhang	中国传媒大学	112
Maxine zhou	上海海事大学	127

本着客观公正的原则，他们邮件的内容笔者没有做任何的删减，出于研究的需要，笔者只是在一些针对上述问题答案的关键词语下面加上下画线，并且在这三份邮件前加三个小标题。

一、追梦国际名校的少年 Frank Hu

初中和高中，我都在 F 中学就读。这所学校所使用的特色外语教学模式让我的语言天赋得到了最大化的开发。除了初中所学的《典范英语》，恐怕对我影响最大的便是高中时期的外国原版小说教学了吧，我现在在诺丁汉这样的学校能够游刃有余，无论是每次课堂上的 presentation 还是学期末演讲比赛我都表现优异，不得不承认这些都得益于高中那段时间的文学名著阅读。

记忆之中，高中时期读到的几本名著，无论是充满欢乐和想象力的 *Charlotte's Web*，还是深化了我的人生观和价值观的 *The Old Man and the Sea* 以及 *Tuesdays with Morrie*，以及后来告诉我金钱和爱情含义的 *The Great Gatsby* 和 *Pride and Prejudice* 都令我痴迷和爱不释手。我的想法是，原著所含有的魅力，是无论文学功底多么深厚的译者所翻译的译著都无法比拟的。因为能够完完全全地解释某种语言、以及读出其中所含的感情的，只有这种语言本身。在阅读这些作品的同时，首先需要扫除其中的生词(因为这是带着看懂原著的目的而去背的单词，相比看着教材后的单词表去死记硬背而言要有动力得多)，这就增加了我的单词量；课堂上的 popcorn reading，以及这些原汁原味的语句(而不是教材上 made in China 的英文)让我的英语口头表达能力有了很大的提高；对于读后感以及相关文章的叙写，也让我学到了很多教材上学不到的 expression。

也谈谈我们读的这几本书对我人生观的影响吧：

Charlotte's Web 教给我的是，自信心的重要性以及友情的可贵，让我最为感动的是，那种为了朋友可以付出一切(包括是自己的生命)的信念。

Tuesdays with Morrie 告诉我的，我想在这里可以浓缩成一句话：且行且珍惜，因为你永远不知道，明天和意外是哪个先来。直面死亡的 Morrie，我在他的身上没有看出一丝对于死亡的不舍，而是一种淡然，以及那种"将自己所知的一切全部交给学生"的那种作为一名教师的职业精神。"死亡，是一个必定会降临的节日"，这是我在看这本书时印象最为深刻的一句话。死亡不失为一个沉重的话题，但当我们面对死亡的时候，我们所要做的，就是像 Morrie 一样，拥抱死亡。

The Old Man and the Sea 从这本书之中，我看到了人与自然的关系。老人的形象，

与这本书的作者"硬汉"海明威如出一辙。自然是无情的，无论你是腰缠万贯或是一贫如洗，在自然的力量面前，人类始终是渺小的。而我们所能够做到的，仅仅是不知有无意义的挣扎和抵抗，往往正是这份挣扎和抵抗才显出生命的珍贵，正如西西弗斯周而复始推着巨石一样。但是也只有这样，才是我们人类活着的意义。

The Great Gatsby 教给我的是，对于爱情以及金钱的态度，这和 *Pride and Prejudice* 的角度差不多。爱情，看似感性，但是也要使用理性的方式去追求，不然等待你的只能是悲剧。金钱，身外之物也，可以使用，不可挥霍。

二、坚持写 report 和 summary 的名校艺术生 Berial Zhang

先说说大学英语吧，我们专业对英语之类的文化课不怎么看重，但是我校英语学习的分班是全校性质的，在开学分班考试之后所有新生打乱分班，我很幸运，得益于高中原著阅读打下的基础，我被分到英语成绩最好的一班，是和广播电视学、广告学、公共管理等专业同学一起上课，班上没有学动画的同学。

我是很不喜欢上英语教材的，不得不说大学英语教材和高中英语教材一样编得让人连一点表情都不想有，所以其实大学我不怎么热爱上英语课。我在一个欧美的动漫爱好者网站拥有账号，上面有很多人用动画和游戏里的人物和世界观创造编写故事。我基本都会挑自己喜欢的动画游戏的衍生作品看。我只要是认可并看完的都会写下短评 report。当时在高中的时候，每看完一章原著都会有个 report 的小作业，有生词和几个小问题吧。我当时做得不是很轻松，还感觉自己被作业伤害了……但到了大学读了更多的东西之后，这个 report 的习惯没有荒废甚至得到扩展。一个原因是我读的东西是基于完全的兴趣，第二是我所在的圈子里能够分享的人更多了。高中时候我喜欢小组讨论的环节，虽然面对原著大家都有时一知半解难以深化思想，但在讨论的途中就会更为认真地理解句子和剧情，站在人物的角度去思考，而且小组讨论的时候大家都会很开心。

因为专业和爱好的原因我确实在大学接触日语更多了，但我认为语言的学习都是一样的。首先要拥有兴趣，然后是拥有求知欲。我在大学的阅读环境更为自由，因此都会挑自己喜欢的东西来看，由于基本都是日文和英文（还有小部分韩文我真的很没办法，好在韩国人的日语水平基本让我很放心），那我就只能努力去学努力去看。课文教材无法引起我的兴趣，那么我就会去欧美日韩站上寻求对自己胃口的文章和漫画。而且不得不说初高中打下的英语底子让我在欧美站根本无法被挫败，会感觉看英文真是特别的享受……我有一个朋友，她的日语很好，但是英语却不太行。我的日语问题会向她请教，不懂的句子段落也会找她翻译，与此相对的我会把我看了觉得好的英文作品翻译了推荐给她看。这种在学习中能感受到自己的价值的状态简直是太让人满意了……然后我看英文的速度真是越来越快了……虽然我还是一点都不热爱英语课，但我的期末考试在完全不在意的情况下依旧高分通过……（期末复习阶段刚好是动画系的结课作业准备时间，整个月我就没一天睡足 3 个小时。）而且我的日语水平也从开学连五十音都认不全到现在可以看几千字的小短文了……

考试之前会觉得英语水平肯定是退步了，但其实没有，因为平常接触的时间比我所想的要多很多。就像我那个朋友在我刚进大学的时候，也才开始去日站上找文章看，速度还很慢生词也很多，有时候一篇文章到凌晨 4 点快 5 点还没看完，但现在已经考过 N2 了。所以无论怎么说，在轻松的环境下汲取自己所需要和热爱的比什么都重要，那种求知的动力也远比"听写不及格罚抄课文"强得多。

当然高中比较辛苦，但分给英语的时间我能肯定比大学要多很多。大学轻松吗？也不。我只是把闲暇时间交给热爱的东西了，不热爱英语阅读的当然就不会像我这样还能愉快写 report，刷 Twitter 找马来西亚漫展的代购……所以兴趣还是第一位。

我推崇练习翻译啊！我上大学都不知道翻译了多少东西了，日文英文都有，每天抱着头思考怎么样才能传递出原文那种意境……虽然是不可能的啊真的完全不可能，但总是希望自己能够更靠近作者。某天下午突然看到有人推荐了一篇几万字的英文小说，看了两行觉得很有意思，然后用了一个下午挑重点翻译给朋友，光是一边看下去一边总结 summary 就花费我 5 个小时……还被很多精妙的形容难住了。虽然中文博大精深但英文也有自己的特点……但用一个"推荐给他人"的角度来做这项工作，就会有意思也会用心很多。

三、坚信自由阅读圆留学梦的 Maxine Zhou

文学经典之所以成为经典，是因为它所塑造的人物给人树立榜样，表达的感情给人以震撼，读者能够从中汲取能量，从而激发人的动力，鼓舞人的志气，催人向上。我从小就受父母的影响喜欢阅读，到了高中很幸运碰到您这样有远见的老师，让我们阅读英文原著，说实话班上父母们刚收到您写给他们的告家长书时，班上有些同学的父母还表示疑问，很多同学也都怀疑我们能读懂英文原著吗？但后来实践中老师选择的名著从易到难，并且每本的主题满满的都是正能量，还可以接触国外的文化传统，我们还真的就喜欢上了。如果说文学阅读对我的影响吧，在英语学习和人文素质方面自不必说了，我现在在上海读大学，班级里有来自上海重点中学的同学，但是我的英语无论是笔试还是口试都不输给他们，每次的 presentation 都会受到老师的表扬，还告诉你一个好消息，大一时我就过了四级了，正准备雅思考试，有机会还是想到国外去读研究生。为了提高自己的词汇量，我并没有像其他学生那样按字母顺序背词汇表，我是通过阅读自己喜欢的名著来学习词汇的，大一这半年我自己读了两本文学作品，不过是我一直想读的哈利·波特系列，像当时高中阅读名著一样，我依然坚持摘记词汇、写小评论和 summary（概要），这已经形成习惯了呢。

如果说文学阅读对我人生观的影响吧，虽然时间长了没什么感觉但影响肯定是有的，这些作品读后，觉得都是真正适合自己并且喜欢的文学作品。我一直认为阅读能增长知识和广阔视野，多读自然会逐渐形成自己独特的世界观。但这种影响是潜移默化的，一下很难说清楚，但奇怪的是有些东西还真的是一辈子也忘记不了，记得在读了《老人与海》之后，才发现原来有些坚持即便没有结果也依旧值得自己去付出。最喜欢的是 *The old man and the sea* 开篇中的一句话：*Everything about him was old except his eyes and they were the same color as the sea and were cheerful and undefeated.* 大海是老人的精神支柱，而他拥有的也是如同海一般的意志、勇敢、毅力，正如他坚定的双眸般，可以被打败，但不可以被打倒。这种精神可以说已经进入我的骨髓了，每当有困难的时候，似乎有个坚强的老爷爷站在我身边。

当时老师你走的时间太久了，到后来完全被为了应试而（单调地）填塞语法知识点之类的占领了，很想重新培养读英文原著的习惯，希望有好的书也可以推荐给我呀。

四、总结和反思

从已经毕业的 3 位同学的邮件可以看出，首先高中两年的文学阅读不论是对他们的语言综合能力还是阅读习惯都有深远的影响。Frank Hu 同学能够在国际名校游刃有余，每次做 presentation 都能收到老师的表扬，他认为这不得不归功于高中阶段文学名著阅读期间经常参与讨论和做展示作业。Berial Zhang 同学就读于知名艺术院校，由于扎实的功底被分到英语快班，而且她还坚持写 summary 和 report，高中名著阅读期间养成的习惯一直在影响着她，而且她还自愿帮助其他同学学习语言，更难能可贵的是因为她专业的原因（动漫专业）接触日语很多，她用阅读原著的方法去学习日语，也取得了巨大的成功。Maxine Zhou 同学就读于上海高校，面对名校的高中毕业生她丝毫没有劣势，并且她仍然坚持自由自主的文学阅读，她坚信文学阅读更能提高自己的语言综合能力，她打算通过文学阅读来突破语言关走出国门继续深造。

其次 3 位同学都坚持文学名著阅读培养他们英语学习的兴趣，在邮件中都提到高三复习阶段①采用传统的复习方法，他们觉得很枯燥，觉得浪费了很多时间，可见语言学习中兴趣是原动力。Berial Zhang 同学因为兴趣继续学习日语，她认为"在轻松的环境下汲取自己所需要和热爱的比什么都重要，那种求知的动力也远比'听写不及格罚抄课文'强得多……"

Maxine Zhou 同学因为对文学阅读的兴趣而继续坚持自由自主阅读文学名著，兴趣让她仍然"像当时高中阅读名著一样，坚持写小评论和 summary（概要），这已经形成习惯了呢"。

最后，三位同学都认为坚持文学名著的阅读提升了他们的人文素养，养成了积极的生活态度和健康的人生观，Frank Hu 还详细回顾了几本小说对他人格的影响，*Charlotte's Web* 教给他自信和友谊，*Tuesdays with Morrie* 教给他如何面对死亡以及思考人生的意义，*The Old Man and the Sea* 让他看到了人与自然的关系。*The Great Gatsby* 和 *Pride and Prejudice* 让他思考对于爱情以及金钱的态度。Maxine Zhou 同学认为阅读的几本名著都充满正能量，她举例说在面对挫折的时候觉得《老人与海》里的圣地亚哥老人像站在她身边一样，这无疑是榜样的力量。可见高中两年的文学阅读不仅在语言上提高了学生的综合语言运用能力，更重要的是在育人方面，它点燃了这些学生内心善良的种子，坚韧的种子，爱的种子，可以说这些文学名著已经融化到他们的血肉里，并内化成为种种优良的品质。

---

①　该生高三阶段笔者支教任务结束，回到 X 中学。

第四节　高中英语文学阅读的改进措施

　　高中文学阅读教学活动在我校已经成为了一个课程特色，为了进一步提高文学阅读教学的效率，促进文学阅读教学活动的顺利进行，必须总结实践过程中的不足，思考下一步改进的措施。笔者为了了解前阶段文学阅读教学活动的效果和寻找下一步的改进措施，针对该实验的效果和下一步改进措施在高二年级做了一份问卷并访谈了部分同学和老师，期望从两种研究方法中得到更多的启示。

一、调查问卷介绍

　　为了更加有针对性地得到问题的答案，本问卷只设计了三个问题。问卷如下：

表 6-5　　　　　　　　　　　　　　**文学阅读调查问卷**

同学们！请配合下面一个期中考试后英语教学的小调查，谢谢！ 　1. 你认为我们已经读完的文学名著对你的英语学习有帮助吗？ 　　①很有帮助　　　②有帮助　　　③没什么帮助 　2. 如果今后我们选择开展文学名著阅读教学，你的态度是： 　　①同意　　　　　②不同意　　　③无所谓 　3. 如果你同意我们继续文学名著教学，你对我们的教学有什么好的建议吗？

二、问卷的发放和结果分析

　　全面发放问卷常常回收率不高，并且要求全体同学填写问卷，无效问卷过多，影响研究的信度，为了提高研究的信度本研究采取自愿的原则，每个班级发放 12 份问卷（大约占三分之一同学），让同学们自愿填写，愿意填写的同学大多是对该问题有认真思考并且会认真填写答卷的同学。最终的结果分析：高二发放 120 份问卷，有效问卷 111 份，问卷的答案分析如下：

　　针对问题 1 的答案：觉得有帮助和很有帮助的 95 人占比 86%，有帮助的 10 人占比 9%，没什么帮助的 6 人占比 5%；同意今后继续阅读文学名著共 97 人占比 88%；无所谓 9 人占比 8%，没什么帮助的 5 人占比 4%。从以上调查结果看绝大多数同学认为文学名著对英语学习帮助很大，并且同意今后继续文学名著的阅读教学。

　　针对第三个问题，笔者把所有的建议都采用上文中的扎根理论的数据处理方法，用编码的方法处理并分析数据，这些建议主要集中在选材、教学方式、教学时间的安排等方面，表 6-6 是数据的调查结果（注：每条建议后注明的数字是表示该条建议提到的调查人数）。

表 6-6 文学阅读建议反馈结果

选材	阅读时间	教学方式
1. 建议阅读中长篇和短篇小说的阅读结合起来(单单阅读长篇小说有些乏味),原著和简写本阅读结合起来,名著教学与教材教学结合起来,名著的选择应该简单些(15) 2. 尽量选择稍短的小说、选材的内容更符合年龄特色,太难看不懂,硬要去看也浪费时间。对英语能力一般的同学能否选择短篇的读读,名著经典太长,没有时间好好阅读(12) 3. 选材从简单到深刻,培养兴趣为主(11) 4. 选择阅读不同体裁的读物和有情节、故事性强的书(9) 5. 还可以阅读一些大家对中文版比较熟悉的书以及拍成了电影的书,这样读起来比较轻松,也能提高阅读水平和阅读兴趣,至少能看懂且不易丧失兴趣(8) 6. 语言不宜偏难,以兴趣为主,参考国外的分级阅读,从易到难(6) 7. 青少年还是喜欢探险或者幻想一类题材的书籍,比如《哈利·波特》在同学中很受欢迎,是否也考虑多读些这类题材的书(3)	1. 在假期特别是寒假和暑假可以少布置硬性的英语书面作业而以阅读名著来代替,阅读时间还可以灵活多变,在周末或者期中、期末考试后可以适当多布置阅读任务,而在其他时间每天都有各门功课的作业可以适当少布置阅读作业(10) 2. 建议适当延长阅读时间,不要急于求成,对于有些内容要精读就可放慢些(5) 3. 建议学校开设英语阅读课,让学生有充裕的时间来阅读,以前我们初中语文课就有阅读课,阅读课是到图书馆去上的,而且我们是自己挑选书籍阅读,然后大家一起分享所读书籍,这样的活动印象深刻(2) 4. 还可以安排早自习来朗读英语,现在没有早自习显得很不习惯,小学、初中一直都有晨读时间,全班同学轮流领读,每次轮到领读都觉得很光荣(2)	1. 从作品的社会背景入手,加深对主题的讨论,在学习之余做些阅读很好,但希望有利于学习或者说应试,多关注优美的语言比如好词好句,积累一些高级词汇,可组织统一生词和短语的统一默写,增加赏析的内容,把阅读和新高考的写作(读后续写)结合起来,名著教学和应试尽量结合起来。增加对所读的书的检测,多设置一些过关类的测试督促同学认真阅读,同时可以要求背一些精彩的段落,定期抽查。 2. 名著教学形式可以多样化,加强趣味性,多发挥学生的主体性,多给学生分享作品的机会,更多让学生小组合作展示、分享阅读报告、分组表演、辩论、共同表演、看电影写影评等形式,并增加听力练习机会,增加词汇、语法的讲解,不一定读整本书,挑选某些书的精华部分。文学名著课上的接近语文课,是否少些细节解读,多些鉴赏、诵读的机会,进度是否可以慢点,部分重点章节重点讲。对情节、人物特征、写作技巧的分析抓重点而不是全面开花(12) 3. 阅读时的功利性太强,会将眼光集中在好词好句上,导致忽略文章的本质。建议学校不要强制阅读某几本名著,而是规定每一学期每人自由阅读一本,以 book report 的形式演讲,汇报成果。可以推荐一些不做强制性要求,难度较高的几本书,要求一学期读一本,然后期末分享,或写书评或读书报告。还可以看一些大家对中文版比较熟悉的书,这样读起来比较轻松,也能提高阅读水平,至少能看懂且不易丧失兴趣(11) 4. 布置同学每周阅读一定的章节,每周抽出一节课的时间分享读书体会。讨论的内容可更加深刻,希望更加细致和深入的阅读和学习(5) 5. 喜欢这样的方式,但可以加入一些有趣的方式,再现情节如表演和朗诵等。分工明确、加强讨论、深入理解(4)

三、访谈及结果分析

笔者分别通过邮件访谈几个专家型教师和已经毕业的同学。邮件里笔者先简单介绍了自己的教学实践，这会让受访者有话可说，访谈的问题是：针对你个人的文学阅读和教学经历，你对有效开展高中文学名著阅读教学有哪些建议或措施？为了提高问题答案的可信度，访谈的对象来自三个层面：大学英语教师(University Teacher，ET)，中学英语教师(Middle School Teacher，MT)和已毕业并参加过第一轮实验的在校大学生(Former Student，FS)，其中大学英语教师和中学英语教师必须要有丰富的教学经历，并且有文学教学的经验，在征求被访谈者的意见后，本着自愿参加访谈的原则，最后确定了6名访谈者，表6-7是这6位访谈者的信息：

表6-7　　　　　　　　　　　　　　　访谈者信息

身份	性别	年龄	职称/学历
UT1	男	58 岁	教授/博士
UT2	男	46 岁	教授/博士
MT1	女	42 岁	硕士/中学高级
MT2	女	35 岁	本科/中学一级
FS1	男	20 岁	本科在读
FS2	女	20 岁	本科在读

因地域关系，本研究采用邮件的形式收集数据，共收到邮件6封，笔者在反复阅读邮件的内容后，综合上文中调查得出的主题：选材原则、阅读时间和阅读模式三个焦点问题，反复研读收集的数据，通过编码、比对、整理、综合等分析手段后，得出如下结论：

1. 在选材方面，要注重选材的趣味性和难易程度，并按梯级选材。下面是就选材方面摘录的数据观点：

FS1. 青少年时期多读名著是一生受用的。但高中学生学习的时间毕竟是紧张的，因而要根据学生的阅读经验，制定合理的阅读顺序，循序渐进地安排。同时我们还可以补充相关的阅读作品。如阅读完《鲁滨逊漂流记》可以接着读《汤姆历险记》；读完《老人与海》，可以继续读《热爱生命》等作品。最好能选择在假期多读几本名著，因平时课后作业及考试已充斥了学生的所有时间，如再想抽空去读名著，不太现实，如读了也是草草地阅读，效果不佳。

UT2. 选择的名著至少要能看懂且不易丧失兴趣。多关注情节而不是背单词，多分析人物特征和写作技巧，阅读后增加表演，尽量阅读不同体裁的读物以及有情节、故事性强的书，建议读完名著后看电影可加深理解。

　　UT1. 选材很重要，诸如《傲慢与偏见》之类的小说，由于创作时期离现在太远，遣词造句很古典，和当代英语有较多区别，很难应用在现在的写作上。建议多阅读近现代的原著小说。而且选择书的时候不要选过于简单或者过于难的书，不然效果会比较差一点，像《相约星期二》和《了不起的盖茨比》这样的最好，就我自身而言，我更喜欢一些比较年轻的作品，比如 *Harry Potter*, *The Song of Ice and Fire* 和 007 系列，这些年轻的作品中有一种更为独特的特质，一种奋发和拼搏的精神，而一些中二①的血气和不怕挫折的正义感正是年轻人所必需的。

　　2. 在阅读时间方面，可更多利用周末、寒暑假或自习课，并且因书而异对于有一定难度的并且内涵深刻的作品要给予充足的阅读时间。对于阅读时间的建议摘录的数据如下：

　　UT2. 个人觉得阅读时间可以安排在自习课上或阅读课上，建议让同学们选择安静的环境比如图书馆去阅读。

　　MT2. 阅读最好相对集中，对于原著周末可以布置一章的阅读任务，简写本可以读一本。

　　MT1. 要善于利用零碎的时间，和学生一起共度分享，比如规定每天至少读 15 分钟英文作品。

　　FT1. 其次是时间。这是一个大问题，也是应试教育和素质教育最不相容地方之一。刷几张试卷只需要一个晚上，但是读完一本书呢？那就遥遥无期了。更何况，读一本书提高的成绩搞不好还没有刷题来得快。另外，学业压力使得我很难挤出时间来看书。比如当时学校要跳集体舞，每天的自修课都在排练，而化学又恰好教到重点难点，一张化学试卷我要做 3 节晚自修。其他作业只能在下课或者晚上熬夜做。在"温饱问题"都还没解决的情况下，读名著这样的"精神享受"根本做不到。

　　3. 在阅读方式方面的建议最多，主要集中在鼓励自由自主的阅读模式，建议学生参与到整个阅读过程中，适当地观看影视和表演有利于激发阅读兴趣。这方面的观点摘录如下：

　　MT2. 引导学生积累好词佳句，学习运用巧妙的语法，了解文章背后的主题内涵。名著篇目的选择可以根据学生的喜好来定。多加介绍名著的作者及写作的背景，并引荐相关的名著加以比较阅读。给同学观看电影片段，以激发同学们的阅读兴趣。在课堂上可以给学生更多的讨论时间。随时检查同学们的阅读情况，防止有些同学偷工减料。

　　FS1. 课堂除讨论外，也可以换一种形式，比如辩论会，对于有争议的人物角

---

　　① 据百度百科解释，中二是网络用语，比喻日本青春期的少年过于自以为是等特别言行的俗语。

色，亦正亦邪，展开英语辩论。

UT1. 文学名著阅读教学首先可以给大家看看由名著翻拍的电影，让大家初步了解图书，这样也会增加同学的兴趣。另外，以下几点也可尝试 (1)增加同学上台演讲的次数；(2)增加表演等新颖的模式；(3)在分析书的同时分析电影。

FS1. 阅读时的功利性如果太强，会将眼光集中在好词好句上，导致忽略文章的本质。建议学校不要强制阅读某几本名著，而是规定每一学期每人自由阅读一本，以 book report 的形式演讲，汇报成果。也可以推荐难度较高的几本书给个别优等生，但不做强制要求。

UT2. 应多铺垫背景，生词量循序渐进，选取故事性更强的。可以发些短篇的看看，名著经典太长，没有时间好好阅读。建议组建阅读俱乐部，激发自主阅读和课外阅读的兴趣。真正的阅读是自由自主的阅读。

FS2. 这样的阅读意义远远大于每天发的练习，两年下来我越来越喜欢这样的阅读方式，建议在讨论作品中多结合时代背景，深入挖掘人物的性格。在重视语言获取过程中也不能忘记挖掘作品要表达的主旨。讨论后增加辩论、表演等趣味性活动。选材难度不应过大。

通过以上的数据分析，我们对于文学阅读的改进获得了很多有益的经验，在今后的文学名著阅读实践中，在阅读时间的安排、阅读模式的选择、选材的适切性等方面是我们文学阅读教学实践中绕不过的话题，我们必须怀着研究的态度，不断改进教学中的不足。

第七章 结 论

目前新一轮的课改和课标的修订都指向各科的核心素养，即将颁布的《普通高中英语课程标准（征求意见稿）》①将英语学科的核心素养定位在语言能力、文化品格、思维品质和学习能力等四个方面。文学名著的阅读正是以主题意义探究为目的，以语篇为载体，在理解和表达的语言实践活动中，发展语言能力，在自主阅读和探究活动中发展学习能力，在分析问题和解决问题的过程中发展思维品质，在潜移默化、理解共情中培养文化品格，整个文学阅读的过程是学习语言和育人结合的过程，文学阅读以其丰富的语言、文化内涵和潜在的育人的课程价值无疑是和英语学科核心素养的培养路径契合的。

这项基于一线教学实践的高中文学阅读教学行动研究历时近 5 年，先后在两所重点中学实践，参与学生共 535 人，5 年来的研究很难说在理论上和实践上有重大的突破，但这项源于一线的教学变革在当地形成了一定的影响，无论是在实验学校还是我市的教研活动中，高中英语文学阅读已经多次成为主题的教研活动，回顾 5 年来的行动研究，取得了一些初步的结论，对于未来的研究也充满无限的期待。

第一节 文学阅读教学的策略和方法

到目前为止，该行动研究涵盖了文学阅读教学的可行性、教学策略、课堂教学模式、课程结构安排、评价等方面。这些结论涉及高中文学阅读教学的价值、路径、经验和改进等方面，整个研究的初步结论如图 7-1 所示。

一、文学阅读的课堂教学模式：四种课型及操作

本研究通过行动研究初步提出文学阅读在课堂教学中可尝试的课型：任务展示课、读写实践课、综合分析课、欣赏表演课等；并提出了相应的课堂教学策略，即调动学生积极性，读写结合，合作分享，体验欣赏等。各课型的具体操作和效果见表 7-1。

---

① 普通高中课程标准修订组. 普通高中英语课程标准（征求意见稿）[M]. 2016：5-6.

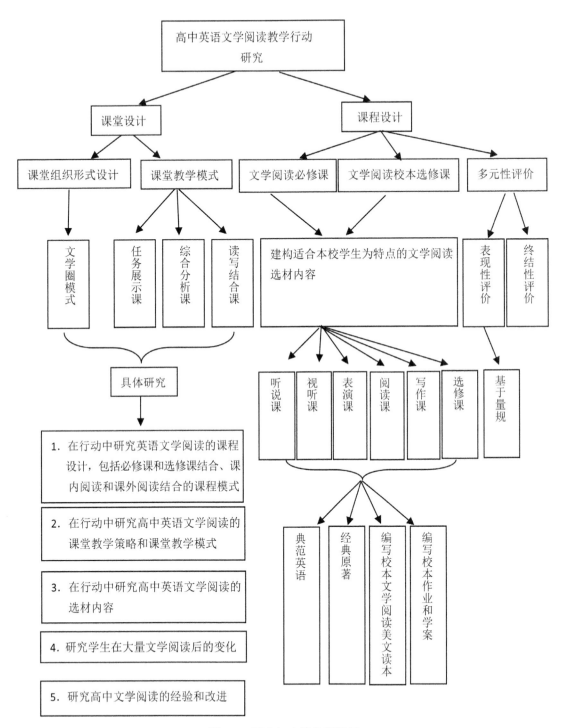

图 7-1 研究初步结论框架图

表 7-1 　　　　　　　　　　　　　文学阅读的课堂教学模式

文学阅读基本课型	特点	具体操作	效果
任务展示课	课外自读、课内分享	学生课外自读："文学圈"小组成员根据角色需要进行独立阅读，并做好笔记； 小组讨论，选择一个主题做好展示任务，其中包括撰写展示文稿、制作展示课件或海报等； 教师事先批阅学生的展示文稿和课件，提出修改意见； 课堂分组集中展示，小组相互评点	充分发挥学生学习的主动性，使学生在完成任务的过程中逐渐形成摘录要点、评价、判断等阅读策略，培养团队合作精神，提高资料收集和整合能力，学会讨论和分享，有利于发展学生的自主学习能力和终身学习能力
综合分析课	师生共读、共享作品	针对不同的作品内容，通过讨论分享、出声朗读、角色扮演、影视欣赏等不同形式解读作品内容，挖掘作品内涵，探究作品寓意，欣赏语言魅力，升华情感体验，培养思维能力	引导学生赏析和内化作品语言，激发学生的探究兴趣，诱发学生的思维，促进学生的进一步阅读，为下一步的语言输出打下语言和话题基础
读写实践课	读写结合、以读促写	基础读写实践：通过摘抄、朗读和赏析好词好句、翻译句子、在书本空白处写简短评论等方法来夯实基础，培养写作习惯； 高层次的读后写作活动：针对作品中人物、情节等的精彩描写，让学生仿写生活中的相关内容；也可以写故事梗概、续写故事情节、写书评等	通过阅读积累有用的语言知识和写作素材，学习文学名著中的写作方法和技巧。反过来，也能检查和加深学生对阅读内容的理解
影视表演课	读演结合、加深理解	根据需要选取文学作品相关的电影、电视或其他艺术形式的片段让学生观看； 学生以小组为单位选取部分章节尝试表演	基于文学作品的表演有助于学生更好地理解作品，同时在表演的过程中也训练了语言表达能力

二、文学阅读的课程模式：必修和选修结合

本研究在初期主要选用英文原著作为阅读补充教材，在 2012 年秋季开始在高一和高二年级完成了《夏洛的网》《相约星期二》《老人与海》《傲慢与偏见》(第一部二十三章)《了不起的盖茨比》等英文原著的课堂教学任务。从 2014 学年秋季开始为了配合浙江新高考实施走班制，英文原著阅读教学主要放在选修课班级，这更有利于学有余力和对原著阅读感兴趣的同学选择，而在必修班级我们选择《典范英语 10》作为补充阅读教材。《典范英语 10》共 14 本，都是名著的简写本，包括《简爱》《呼啸山庄》等经典作品。据

此，构建文学阅读课程体系，见表 7-2。

表 7-2 文学阅读课程体系

课程体系	课程类型	选用教材		授课对象
	必修课	名著简写本	《典范英语 10》	高一、高二全体学生
	选修课	英文原著	《老人与海》《相约星期二》《夏洛的网》《了不起的盖茨比》等	高一、高二英语基础较好的学生
		人文素养类	《英文原著鉴赏》《西方哲学简介》(英语)	

三、文学阅读的理想模式：基于"文学圈"的自由自主阅读

"文学圈"模式来源于阅读俱乐部理念，它倡导的理念是阅读并不是个体独自的阅读，而是群体分享阅读体验的过程。传统的课堂教学中学生读什么、怎么读往往都是受到约束的，阅读也仅仅是提高语言技能或者提高成绩的手段，而基于"文学圈"的文学阅读将阅读作为一种存在方式，阅读是一种本体的自觉的行为。这样的阅读无疑重视自由自主阅读的积极作用，而且在自由自主阅读基础上通过文学圈模式中的提问、联系自身、思考等教学活动，有助于合作学习和自主学习能力的培养，促成学生更好地解读文学作品。整个阅读过程中，学生成为活动的主人和核心，他们时而独立自主阅读，时而合作讨论。学生的自由自主阅读的方式理应成为英语阅读教学中的理想阅读模式，研究中的基于文学圈的自由自主的阅读模式操作见表 7-3。

表 7-3 学生自主阅读操作流程

读前	读中	读后
1. 阅读前的自主选材 2. 自主选择分享角色	3. 导学案引领下的自主阅读 4. 自建"文学圈"后的自主阅读 5. 合作中的针对性自主阅读	6. 分享自主阅读成果 7. 自主阅读中的自主创作

第二节 文学阅读的理想效果：从阅读能力到阅读素养

当今信息时代人们的阅读大多呈现碎片化、快餐化等特点，中小学生也深受影响，阅读对阅读文本的认知过程能够活跃大脑、提升思维品质。苏联著名教育学家苏霍姆林

斯基曾指出：“三十年的经验使我深信，学生的智力发展取决于良好的阅读能力。”①国内的教育专家朱永新教授认为：“一个人的精神发育史就是阅读史。”②可见阅读在人生发展中的地位和作用，本研究也正是认识到当前中学英语教学中接触和品读优秀作品的机会越来越少的现实，从一线教学中实践文学阅读的研究，目的也是推动阅读教学的进一步发展，从而让更多的学生在人生发展的基础阶段养成良好的阅读习惯，形成阅读素养，从而更好地发挥英语学习在教育中的作用。本章试图从前瞻的角度和机制保障的角度进一步讨论高中英语文学教学阅读未来的方向，旨在思考未来高中英语阅读教学中如何更加有效采用文学作品进行阅读教学。

近年来基础教育界也越来越意识到阅读在语言教学中的重要性，无论是政府、社会团体还是一线教师从理念层面都在端正对阅读的重新认识。从某种程度上来说阅读并不是仅仅依靠课堂来教会的，阅读能力的培养也不是靠应试阅读来实现的，真实的阅读应该是源于兴趣的自由阅读。阅读是没有捷径的，它是个体生命的一定沉淀，是一种基于良好的阅读习惯和阅读兴趣的生存方式。近年来阅读素养在英语教学中同样越来越受到重视，从阅读能力到阅读素养的转变是英语素质教育的途径。

一、英语教育目标的嬗变

新修订的《义务教育英语课程标准(2011 年版)》提出英语课程具有工具性和人文性的双重性质。英语教学要实现这种双重性质，需要重新定位和梳理英语教育的核心价值、重新建构英语学习的目标。英语教育要体现人文性，应设立“多元目标”即“语言交流”“思维认知”和“社会文化”三个目标。③ 可见当前的英语教育的目标正在发生重大的变革，英语作为一门主干必修的学科它必须完成属于自己份内的“培养什么样的人”的重任，我国目前正在各个学科提出核心素养的培养体系，就英语学科而言，英语教育的目标将从培养“综合语言运用能力”转变为“发展英语学科核心素养”。④ 英语学科作为人文学科，它无疑承载着育人的重任，育人是核心素养的核心组成部分，这是传统的应试教育无法完成的。

二、阅读素养是实现核心素养的重要途径

阅读素养作为公民核心素养之一，在各国国际学业质量评价中均受到重视，国际阅读素养进展研究项目(Progress in International ReadingLiteracy Study，PIRLS)将阅读素养

①　[苏]苏霍姆林斯基著. 杜殿坤译. 给教师的建议(上)[M]. 北京：教育科学出版社，1984.

②　朱永新. 阅读为什么很重要[N]. 南方都市报，2010-2-21.

③　龚亚夫. 论基础英语教育的多元目标——探寻英语教育的核心价值[J]. 课程·教材·教法，2012（11）：26.

④　王蔷. 从综合语言运用能力到英语学科核心素养——高中英语课程改革的新挑战[J]. 英语教师，2015(16)：6-7.

定义为"理解和运用社会所需要或个人认为有价值的书面语言形式的能力。年轻阅读者能够从各种文本中建构意义,他们通过阅读来学习、参与学校和日常生活中的阅读团体,享受阅读的快乐"。① 国际学生评估项目(Programme for International Student Assessment, PISA)指出,阅读素养是理解、运用、反思并积极参与阅读书面篇章,以增进知识,发挥潜能,参与社会,实现个人目标。② 由此可见阅读素养包含多个元素,如形成阅读理解能力,参与阅读群体活动,积极的阅读动机,体验阅读乐趣等。阅读素养是对阅读能力的进一步发展,它不仅包含阅读能力所涉及的各要素,如解码能力、语言知识、阅读技巧和策略、阅读流畅度,还包涵了阅读的动机、态度、习惯等促成个体参与社会活动、促成其发展所需要的综合素养。

阅读作为一种精神活动,它的重要性和意义越来越受到人们的重视,通过阅读不仅能够提高语言技能,而且借以学习更广泛的社会及科学知识、提高人文素养的重要途径。③ 然而目前中学生的英语阅读,无论是课内阅读还是自主课外阅读,现状都不尽如人意。被动的应试型阅读、止于浅层理解的阅读占主流,英语阅读量少而面窄,学生缺少发自内心的阅读兴趣与需求,阅读缺乏个性化和主动性。如果还有人认为英语学科对于中国学生来说就是一门技能,谈不上素养,那么这种狭隘、片面的观点只注意到英语作为语言的价值,没有辩证、全面把握英语作为一个学科的育人价值。④ 英语学科的育人价值很大程度上是通过阅读人类历史上的优秀的文化成果,培养对于传统文化的美好感情来实现的。而且文学阅读是所有阅读的核心,具有发展语言和思维的特殊功能⑤。可见通过阅读来提升语言能力的同时,阅读特别是文学阅读在提升思维和发展健全的人格方面具有重大的意义。

三、从阅读能力到阅读素养

联合国教科文组织早在 1972 年就向全世界倡导"走向阅读社会"的口号,为了让人们认识到阅读的重要性,在 1995 年宣布每年的 4 月 23 日为"世界读书日",把读书确定为一个重大的节日足以证明阅读已经成为人类日常生活不可或缺的一部分。如今,在民族竞争日趋激烈的背景下,各国都重视公民阅读素养的培养⑥。近年来我国不论是官

---

① IEA. PIRLS 2016 Reading Framework [R]. TIMSS&PIRLS International Study Center, Lynch School of Education, Boston College and International Association for the Evaluation of educational Achievement, 2013.

② OECD. PISA 2009 Assessment Framework Key Competencies in reading, Mathematics and Science[M]. Paris: OECD Publishing, 2010.

③ 刘学惠. 以核心素养为导向推进英语自主阅读[J]. 江苏教育(中学教学版), 2016(9): 19-22.

④ 程晓堂, 赵思奇. 英语学科核心素养的实质内涵[J]. 课程·教材·教法, 2016(5): 79-86.

⑤ 黄远振, 兰春寿, 黄睿. 为思而教: 英语教育价值取向及实施策略[J]. 课程·教材·教法, 2014(4): 63-69.

⑥ 蔡菁. 国外阅读立法: 现状, 特点与借鉴[J]. 图书馆杂志, 2016(8): 29.

方还是民间多次举办重大的推广阅读活动和宣传阅读活动，培养阅读的兴趣、提升阅读素养已经成为基础教育的一项重要议题。国际知名的 PISA 考试中，阅读素养是重要的一项。英语作为一门语言学科，它的载体大多是以语篇的形式来呈现，毫无疑问英语学科是培养学生阅读素养的重要学科。而优秀的文学作品，通过虚构的表现形式体现真实的人生，小说里有许多角色，让读者看了都忍不住有股冲动，而这些角色的存在，正代表着真实生活中各种典型的人物。① 但阅读不是一门科目，它是生活的基石，是一项链接自我和世界的活动，它更是一种存在方式，如果你希望孩子在长大后成为与众不同的成人，一个能考虑他人观点、心胸开阔、拥有和他人讨论伟大想法的能力的人，热爱阅读是一个必要的基础。② 可以说文学阅读培养起来的阅读素养是一种自觉的、源于内心的心灵活动，它的教育性体现在它对学生的影响，这些影响体现在对于一些重大人生问题的看法，比如对于人生观的看法，对生命意义的理解，甚至文学阅读对于他们金钱观、爱情观等的影响等，下面看看学生的反馈可以对文学阅读的影响略见一斑：

学生一：说一件真实的事，不记得哪次我问 Kerry（就是那个小眼睛厚嘴唇寸头的男生）你最崇拜的人是谁，他说 Morrie，我说哪个 Morrie，他说 *Tuesdays With Morrie* 里的那个老教授。*Tuesdays With Morrie* 这本小说应该说是读得最认真的一本，内容也比较好理解，可能高中正是在塑造价值观的时候吧，看了这本引导正能量的书还是懂了很多东西，也让人去思考人生。具体的事例想不出来，但是阅读的影响一直都是潜移默化的，这本书让我很有感触，可能在解决了很多纠结的事，Morrie 的那种洒脱乐观的态度是我一直都很欣赏也很想拥有的。

还有一本读的比较认真的是 *The Great Gatsby*，作者的文笔真的很好啊，相比较于《傲慢与偏见》的精彩但晦涩，*The Great Gatsby* 通俗易懂但又很有语言那种巧妙的让人惊喜的 point，笔调很辛辣也透露着悲哀，反正我很喜欢……这本书更多的其实是让我了解了美国那个年代的氛围和生活，还有也让我看到了那种浮华生活下人的状态其实是很空虚也很愚蠢的，总结起来就是不要只把钱花在物质生活上，应该更多的去提高自己的修养、充实内心，正确的人生观比什么都重要。

学生二：我很喜欢《相约星期二》《傲慢与偏见》《了不起的盖茨比》。在《相约星期二》中，你可以看到面对一个死期将近的从前的教授，一起陪他度过人生的最后时光是怎么样的感受。他们的话题涉及了人生中的各种哲学，读完这本书，你应该可以更好地领悟到爱、死亡等问题。《傲慢与偏见》在我看来是一本很不错的爱情教科书，除此之外，它涉及了阶级、家庭，当然我觉得这些也可以包括在爱情里面。两个地位悬殊的男女之间也可以跨越鸿沟找到真爱，最重要的是精神上的门当户对。《了不起的盖茨比》向我们输入的则是金钱观，我觉得这本书是在阅读的原

① ［日］斋藤孝. 教育力［M］. 张雅梅译. 上海：华东师范大学出版社，2011：75.

② ［美］雷夫. 艾斯奎斯. 第 56 号教室的奇迹——让孩子变成爱学习的天使［M］. 卞娜娜译. 北京：中国城市出版社，2009：32.

著小说中意义最复杂的，可以同时结合电影一起看，思考得更加深入。其中值得思索的价值观、细节实在太多了，每一次看都会有不同的收获。

从上面选摘的学生陈述可见阅读特别是文学阅读的力量，这种源于生命感悟的阅读无疑会成为读者身上的一种素养。可以说"学校教育的缺点之一，就是没有那种占据学生的全部理智和心灵的真正的阅读。没有这样的阅读，学生就没有学习的愿望，他们的精神世界就会变得狭窄和贫乏。"①著名的英语教育专家刘润清结合自身经验告诫我们，"读原著才是英语教育的开始"②。因此，中学英语教育要设法在文学阅读中投入更多的精力，选编文学阅读材料，引导学生与伟大的心灵对话，甚至在课堂上不断渗透，着重克服当前各类快餐文化和功利思维的影响，创造宽松的阅读氛围，坚持实施文化教育，完成对学生的心灵的滋养。③ 只有这样才能通过提升学生的阅读素养来实现英语教学的育人重任。

第三节　研究创新

本研究选题来自于一线教学的实践，研究的目的无疑是服务于一线教学，提升教学的效率，回顾本研究的整个过程，本研究对于一线教学的创新主要体现在课程资源、阅读教学的本土化、教学理念的提升等几方面。

一、教学内容的创新：课程资源的拓展性

现行高中学段大多仍在采用人教社 2007 年版的高中英语教材，这套教材以功能项目为主线，教材内容大多体现的是工具主义价值观，教材内容缺乏经典完整的文学语篇。而在信息时代，生活中每天发生的变化都是用语言来记载的，教材却是停滞不动的，僵化的教学内容和现实中精彩纷呈的变化必定产生巨大的反差。要适应时代的变化，我们可以尝试走两条路，一方面可以更新教材内容，和时代同步，另一方面我们可以回归经典，寻找人类的精神家园，在优美经典的语言中浸润熏陶。本研究尝试的是后一条路，即把经典的文学作品作为高中英语教学的内容，这是对传统的人文精神的回归，它填补了当今课程资源的落伍状态，改变了教材的更新速度较慢，内容缺乏经典的完整的文学语篇的尴尬境况。毋庸置疑，本研究为课程阅读教学注入了新鲜的血液，有力拓展了现有高中英语教学课程资源，这些课程资源可以根据不同的校情和学生实际用于必修课或者选修课。

---

① ［苏］苏霍姆林斯基. 给老师的建议［M］. 杜殿坤译. 北京：教育科学出版社，2001：521.
② 刘润清. 漫长的学习道路［J］. 外国语，2003（4）：7-14.
③ 宋辉. 大学英语的人文向度［M］. 北京：中国社会科学出版社，2014：134.

二、教学方式的创新：阅读教学的本土化

传统的阅读教学多是信息的传递，阅读教学多沦为知识点的灌输，而本研究倡导的文学阅读是师生间基于阅读体验的一种平等的互动交流，特别是同龄学生之间的交流。在这种阅读教学模式中，学生从被动地接受信息转为阅读的主体，对待阅读的文本从"外在判断"转向"参与"①。特别是研究过程中，笔者借鉴国外的成熟的阅读教学经验，尝试运用"文学圈"阅读模式，持续默读、自由自主阅读等阅读理念，这些阅读理念或者模式在国外文学课教学中已经流行近二三十年，本研究借鉴这些阅读理念，建构了适合我国高中生的阅读教学模式，并且在阅读选材和自主阅读等方面进行了探究性研究，在"外国经验"的本土化进程中实现了自我创新。

三、教学理念的创新：核心素养的学科性

本课题几乎与国内"核心素养"研究大环境同步，即将颁布的《普通高中英语课程标准（征求意见稿）》将英语学科的核心素养定位在语言能力、文化品格、思维品质和学习能力等几个方面。几年的高中英语实施文学阅读教学过程中，不仅大大提升了学生的语言能力，而且学生的学习态度发生了很大的变化，越来越多的学生从课堂的英语阅读，延伸到课外的英语阅读，学习能力大大提升。而且文学阅读不仅仅是一种外在的行为，就其实质而言它更是一种内在的心理过程，是一系列心理现象的综合②。文学阅读不仅能提升学生的语言综合语用能力和学习能力，更富含影响读者成人的隐形的课程价值，它让读者在异域文化里熏陶，丰盈和润泽了学生的精神生命。所以以文学阅读尝试把发展学生的核心素养作为英语学科的教学目标，在高中英语课堂教学寻找培养学科核心素养的触发点、关联点和结合点，探索培养学生的语言能力、思维品质和文化品质的可行路径。

第四节 研究不足和研究展望

一、研究不足

笔者深知5年来高中英语文学阅读教学的研究和探索，要想改善文学阅读教学在中学英语教学中的尴尬地位并在课堂教学中进行有效的文学阅读教学，尚有许多困难要去

① 顾悦. 回归经典阅读：英语专业的人文性与基于阅读经验的文学教育[J]. 外语教学理论与实践，2016(2)：45.
② 康燕. 让阅读教学成为英语学科生存的基础[J]. 江苏教育，2016(5)：40-42.

克服，这些困难不仅包括教育政策、师资设备、教学资源等，更包括广大教师教学观念的转变，但笔者坚信越来越多的专家和一线教师已经深刻认识到文学阅读教学在英语教学中的作用和地位，笔者也坚信文学阅读教学的前景是美好的。尽管笔者经过了近 5 年的文学教学实践，但由于笔者理论水平有限，研究的方法也不一定科学，回顾前面的研究过程和研究思路，其中不免存在一些缺陷和不足。这毕竟是一个初步的尝试，有问题是正常的，随着英语文学教育课程的研究的深入，会有越来越多的理论成果和实践经验来丰富这个领域。回顾本研究的不足，主要有以下几个方面：

（一）实验方法的不足

本研究采用的主要方法是行动研究的方法，不可否认行动研究有很多优势，5 年来我作为研究者始终处于研究的情境中，研究的问题也来源于本人教学的第一线，研究的对象是笔者朝夕相处的学生，这让笔者时刻处在研究的状态下从事自己的教学，使笔者在实践中常常处于反思和审视的状态，改变自己的教学现状的欲望相当强烈，无疑几年的研究实践使我的教学能力也大大提高了。但行动研究也有不可否认的弊端，首先研究者的态度可能会影响研究的效果，几年下来，我作为研究者一定有些主观的情感因素，比如在教学中对个别学生的偏爱，对具体情境缺乏观察的耐心等可能都会影响研究的结果，而且研究的对象学生也是活生生的人，研究者的细微的情感反应可能就会影响到研究对象的兴趣和动机，所以不可否认行动研究必定受研究主体和客体的情感因素影响，研究的结果的信度可能会受影响。其次行动研究很难重复，也很难推广，本研究是两所特定的学校在特定的环境中进行的，如果当时的客观条件存在变化，整个研究就可能会产生不一样的结果，所以行动研究受客观情境的影响也很大，这也影响到行动研究的信度。

（二）选材的问题

在上文中笔者讨论过选材应综合考虑到多方面的因素，这些因素既包括成熟的经验，也包括考虑学生的心理需求和现实需求等。然而在漫长的文学历史长河中，文学作品浩如烟海，我们在卷帙浩繁、汗牛充栋的文学宝库里，面对各种体裁和不同时代的文学作品时，我们的选择往往无从下手，而综合选取多种体裁形式又会导致选材过于散乱。尤其对于中小学学生来说，语言知识有限，阅读真正意义上的文学作品困难很大，一来效果不佳，二来容易伤害学习的积极性。① 在实践研究中，在选材方面笔者虽然也综合多种因素，尽量参考多方面意见，但对如何科学选材的问题还是很困惑，如何建立中小学文学阅读选材体系和阅读分级体系仍是值得进一步研究和探索的。在文学阅读的选材中我们一般都是选用他国（尤其是西方）的文学作品，对介绍中国文化、中国经验的优秀英文著作没有涉及，并且进行两种文化比较的情况并不多，选材联系学生生活实际的也较少②。在选用他人优秀的文化成果的同时，基础英语教学也应把倡导中国社会主流文化价值观、优秀的传统文化价值观作为课程的内容，只有这样我们才能让我们的学生增强文化自信，做到文化自觉，学会尊重和理解多元文化的差异性，形成多元文化

① 徐浩. 语文并重的理念与基础教育英语课程的改革[J]. 英语学习（教师版），2015（10）：8.
② 徐浩. "全环境"取向与中国基础英语教学[J]. 课程·教材·教法，2010（11）：60.

意识，为他们的健康、和谐发展奠定基础。再次文学阅读的选材应不仅仅局限于文学作品或者文学作品中的小说体裁，它至少包含两个维度的内容，一个是语篇，一个是体验性和思想性。语篇是特定功能的语言单位，它可长可短，可简单可复杂①，所以文学阅读在小说阅读的基础上，应向其他类书籍拓展，如传记、时评、报道、历史、科普等涉及多个领域的书籍。② 除此以外，文学阅读当然也包括各种题材的文质兼美的美文，在今后的文学阅读选材中要树立语篇的概念，不断拓展文学选材的范围。

(三)课堂教学模式

有关高中英语文学阅读教学，笔者对文学阅读的课堂教学策略、课堂教学模式、教学过程、文学课程设置等方面都做了一些尝试并提出了一些粗浅的建议，但针对不同学校、不同学业水平的学习者如何建立多元的课堂教学模式和课程体系本研究还显乏力。而且文学阅读更应该注重体验性和思想性，如果文学阅读仍然是简单、机械地记忆一些词汇、短语、表达法，或者背诵一些语段，那么文学阅读最终还是沦为绣花枕头。文学作品的内容固然是重要的语言学习基础，但如果不能把它们用得熟练、流畅，也无法实现外语教育的更高层次的目标——育人。③ 因此如何建构理想的教学模式，既能够提高学习者的语言综合运用能力，又实现立德树人的目标也是本研究值得进一步探讨的地方。

(四)测试评价

测试评价也是本研究的弱点，本研究在测试方面涉及不多，高中英语文学阅读的测试方法和量规值得进一步探讨。文学阅读作为人文素养的一部分，它的测试和评价肯定难以完全用分数来量化，这就要求在测试和评价中要以呵护研究者的兴趣为准则，注重过程性评价、表现型评价等方式。但本研究在这方面做得还远远不够，在今后的研究中如何结合实际，更加科学地建立档案袋、收集作品集、注重活动表现等评价方式的同时，如何分析这些数据，观察学生的日常表现，及时、准确地干预文学阅读的应用效果都值得研究者进一步摸索。

二、研究展望

本研究重点从教学选材、教学策略、教学方法、教学过程以及测试评价体系等方面，对如何实践和改进高中英语文学阅读教学等问题进行行动研究，结合上文中论述的研究不足，在未来的研究中，笔者有以下几点研究展望，期待在将来的研究中这些问题得到进一步突破。

首先在选材方面，高中文学阅读的选材是否能够借鉴语文学科的经验，以定篇的课程内容为基础，定篇是实现文学性目标的主要课程内容。④ 所谓"定篇"就是指教学大

---

① 徐浩. 语文并重的理念与基础教育英语课程的改革[J]. 英语学习(教师版)，2015(10)：8.
② 黄源深. 多读多写——英语学习谈[J]. 外国语，2002(6)：13-17.
③ 徐浩. 语文并重的理念与基础教育英语课程的改革[J]. 英语学习(教师版)，2015(10)：8.
④ 胡根林. 中小学文学课程导论[M] 北京：语文出版社，2013：30.

纲或课程标准中规定语文课程必须的篇目(也包括"书"),是语文课程层面的决策者和制定者选定进入教材,教材编者、使用者是无权更换的。① 如果我们的英语教学大纲和课程标准中借鉴语文课程文学教育的定篇经验,规定每个中学生必须阅读的英语文学篇目,这就有助于实现全国的青少年有一个比较统一的英语阅读水平和鉴赏水平。而且选材方面是否可以借鉴国外的分级阅读体系,针对不同年龄段和心理特征的同学提出建议阅读书目,为高中生文学阅读的科学选材继续探索。

其次,文学阅读的研究只是英语文学教育中的一个分支,在今后的研究中如何拓展研究的层面,把教学的研究拓展到教育的研究。语文教育专家王荣生在《语文科课程论基础》一书中,将语文教育研究划分为"人—语文活动""人—语文学习""语文科""语文课程具体形态""语文教材具体形态""语文教学具体形态"和"语文教育评价"七个层面。② 同属语言教育的英语教育研究是否可以从中得到启发,本文所做的研究目前只是文学课程、文学教学、文学教学选材等具体层面,而对于"文学活动""文学学习""文学教学的评价"等层面涉及较少。在今后的研究中应该扩大研究的视阈,力争为英文文学教育课程的科学化和规范化贡献微薄的力量。

再次,针对本研究的研究范围、研究方法的不足,在未来的研究中会努力拓宽研究的范围,利用课题研究的形式让更多不同层面的学校参与到文学阅读的教学研究。在研究方法上,除了行动研究法等质性研究方法以外,在未来的研究中会尝试采用更加多元的研究方法,如量化研究的方法。在数据的处理方面,本研究采用的方法仍然比较单调,随着未来研究水平的提高,在资料的编码和整理方面会更加成熟。而且在未来的研究中笔者会更加关注高中英语文学阅读教学中微观层面的研究,如在重点中学和非重点中学教学对象和教学环境的不同的条件下如何有效地开展文学阅读教学;在不同地区的学生对英语文学作品阅读的动机和态度不同的前提下,文学阅读的效果存在哪些差异;男女生的性别差异是如何影响到文学阅读的效果等,在未来的教学实践和研究中,笔者会不断去摸索这些问题的。

当然,文学阅读教学是一个复杂的话题,在语文教学中,多年的"文""白"之争、"语""文"之争、工具和人文之争一直没有停止过,同是语言教学的英语教学也面临着同样的困境。在多年的主知主义的教育理念的笼罩下,在"知识就是力量"等口号扎根人心的时候,知识的泛滥、信息的爆炸带来的恶果反而是知识的贬值。在互联网时代,"知识"的观念早已经发生翻天覆地的变化,"学富五车"在海量的知识信息面前也早已显得沧海一粟、微不足道了。③ 这时我们是否该停停我们的脚步思考下什么知识最有价值? 从这个意义上来说本研究无疑只是一种呼唤,它是对知识和技能至上的语言教学的一次变革尝试。笔者希望本研究能够在祛除知识主导英语教学的魅影中起到些警醒作用。教育是灵魂的事业,文学阅读作为人文教育的一部分,它更大的价值在于它能完成人的心智解放和成长。当然笔者更希望文学阅读教学本身不要陷入主知主义的泥淖,正

---

① 王荣生,倪文锦. 论语文教材中的"定篇"类型选文[J]. 全球教育展望,2002(1):46-50.

② 王荣生. 语文科课程论基础[M]. 上海:上海教育出版社,2005:3-20.

③ 徐贲. 阅读经典. 美国大学的人文教育[M]. 北京:北京大学出版社,2015:4.

如语文文学教育中常常受到诟病的"红领巾"教学方法那样，对于文学作品的解读几乎构成了一种千遍一律的教学模式。这种单维的文学知识教学和传统的知识教学没有两样，无疑它极大地限制了学生的文学感受力、多元理解力和丰富的文学想象力。不可否认的是文学教学过程不仅仅是认知和理解，更应该具有感受和体验、对话和交流活动。① 笔者渴望看到更多的专家和一线教师参与到英语文学阅读中的研究中来，让文学阅读研究的大花园里百花争芳。

---

① 胡根林. 中小学文学课程导论［M］. 北京：语文出版社，2013：25-26.

参 考 文 献

一、中文文献

(一) 著作
1. 国内学者著作

[1] 李广田. 论文学教育[M]. 上海：文化出版社，1950.

[2] 付克. 中国外语教育史[M]. 上海：上海外语教育出版社，1986.

[3] 纪树立. 科学知识进化论——波普尔科学哲学选集[M]. 北京：读书·生活·新知三联书店，1987.

[4] 李良佑. 中国英语教学史[M]. 上海：上海教育出版社，1988.

[5] 季羡林等. 外语教育往事谈：教授们的回忆[M]. 上海：上海外语教育出版社，1988.

[6] 童庆炳. 文学理论教程[M]. 北京：高等教育出版社，1992.

[7] 张必隐. 阅读心理学[M]. 北京：北京师范大学出版社，1992.

[8] 朱光潜. 谈文学[M]. 合肥：安徽教育出版社，1996.

[9] 胡春洞. 英语学习论[M]. 南宁：广西教育出版社，1996.

[10] 熊川武. 学习策略论[M]. 南昌：江西人民教育出版社，1997.

[11] 陈向明. 质的研究方法和社会科学研究[M]. 北京：教育科学出版社，2000.

[12] 陈向明. 教师如何做质的研究[M]. 北京：教育科学出版社，2001.

[13] 文秋芳. 应用语言学研究方法与论文写作[M]. 北京：外语教学与研究出版社，2001.

[14] 傅道彬，于茀. 文学是什么[M]. 北京：北京大学出版社，2002.

[15] 曾祥芹，韩雪屏. 国外阅读研究[M]. 郑州：大象出版社，2002.

[16] 王蔷. 英语教师行动研究[M]. 北京：外语教学与研究出版社，2002.

[17] 教育部. 普通高中英语课程标准(实验)[M]. 北京：人民教育出版社，2003.

[18] 束定芳. 外语教学改革：问题和对策[M]. 上海：上海外语教育出版社，2004.

[19] 王荣生. 语文科课程论基础[M]. 上海：上海教育出版社，2005.

[20] 朱寿桐. 文学与人生[M]. 北京：北京大学出版社，2005.

[21] 陈嘉映. 语言哲学[M]. 北京：北京大学出版社，2006.

[22] 曹文轩. 双桅经典童书系列[M]. 上海：少年儿童出版社，2006.

[23] 王富仁. 语文教学与文学[M]. 广州：广东教育出版社，2006.

[24] 王泉根，赵静等. 儿童文学与中小学语文教学[M]. 广州：广东教育出版社，2006.

[25] 陈雪虎. 传统文学教育的现代启示[M]. 广州：广东教育出版社，2006.

[26] 蔡美惠. 台湾中学国文教学研究[M]. 广州：广东教育出版社，2006.

[27] 杨小微主编. 教育研究方法[M]. 北京：人民教育出版社，2006.

[28] 张永德. 香港小学文学教学研究[M]. 广州：广东教育出版社，2006.

[29] 郑国民，张毅，季雪娟，黄显涵. 当代语文教育论争[M]. 广州：广东教育出版社，2006.

[30] 龚鹏程. 文学散步[M]. 北京：世界图书出版公司，2006.

[31] 张正东. 英语教育自选集[M]. 北京：外语教学与研究出版社，2007.

[32] 洪宗礼，柳士镇，倪文锦. 母语教材研究（6）[M]. 南京：江苏教育出版社，2007.

[33] 左焕琪. 英语课堂教学的新发展[M]. 上海：华东师范大学出版社，2007.

[34] 黄耀红. 百年中小学文学教育史论[M]. 长沙：湖南师范大学出版社，2008.

[35] 姜伟. 站在17位英语名师的肩膀上[M]. 北京：机械工业出版社，2008.

[36] 丁钢. 声音与经验：教育叙事研究[M]. 北京：教育科学出版社，2008.

[37] 刘华. 经典语文教育研究[M]. 北京：人民教育出版社，2009.

[38] 秦晓晴. 外语教学问卷调查法[M]. 北京：外语教学与研究出版社，2009.

[39] 格非. 文学的邀约[M]. 北京：清华大学出版社，2009.

[40] 刘道义. 新中国中小学教材建设史. 1949—2000 研究丛书. 英语卷[M]. 北京：人民教育出版社，2010.

[41] 黄远振，陈维振著. 中国外语教育：理解与对话——生态哲学视阈[M]. 福州：福建教育出版社，2010.

[42] 支永碧，王永祥等. 外语教学行动研究与教师专业发展[M]. 苏州：苏州大学出版社，2011.

[43] 文秋芳，韩少杰. 英语教学研究方法与案例分析[M]. 上海：上海外语教育出版社，2011.

[44] 孙三军，周晓岩. 语言研究：方法与工具[M]. 北京：北京师范大学出版集团；合肥：安徽大学出版社，2011.

[45] 余虹. 文学作品解读与教学[M]. 北京：高等教育出版社，2011.

[46] 侯毅凌主编. 英语阅读教学与思辨能力培养研究[M]. 北京：外语教学与研究出版社，2012.

[47] 徐斌艳等. 学习文化与教学设计[M]. 北京：教育科学出版社，2012.

[48] 王蔷，张虹. 高校与中学英语教师合作行动研究的实践探索：在行动中研究、在研究中发展[M]. 上海：上海教育出版社，2012.

[49] 殷建华. 走向教育家：校长社会化研究[M]. 南京：江苏教育出版社，2012.

[50] 孙中有. 英语阅读教学与思辨能力培养研究[M]. 北京：外语教学与研究出版社，2012.

[51] 教育部. 义务教育英语课程标准(2011 版)[M]. 北京：人民教育出版社，2012.

[52] 教育部. 义务教育语文课程标准(2011 版)[M]. 北京：北京师范大学出版社，

2012.

[53]沈海驯. 走向求真的研究——中小学教育科研指南[M]. 上海，华东师范大学出版社，2012.

[54]李希贵. 中学语文教改实验研究——语文实验室计划[M]. 北京：人民教育出版社，2012.

[55]胡根林. 中小学文学课程导论[M]. 北京：语文出版社，2013.

[56]倪江. 理想语文——自由阅读与教学[M]. 南京：江苏凤凰科学技术出版社，2013.

[57]葛炳芳. 外语教师的专业成长：阅读教研和行动改进（第二版）[M]. 杭州：浙江大学出版社，2013.

[58]葛炳芳. 英语阅读教学的综合视野：内容、思维和语言（第二版）[M]. 杭州：浙江大学出版社，2014.

[59]宋辉. 大学英语的人文向度[M]. 北京：中国社会科学出版社，2014.

[60]李家同. 大量阅读的重要性[M]. 北京：中国人民大学出版社，2014.

[61]王蔷，张虹. 英语教师行动研究（基础外语教学与研究丛书）（修订版）[M]. 北京：外语教学与研究出版社，2014.

[62]教育部. 普通高等学校招生全国统一考试英语科考试说明（高考综合改革试验省份试用.（第一版））[M]. 北京：高等教育出版社，2015.

[63]徐贲. 阅读经典. 美国大学的人文教育[M]. 北京：北京大学出版社，2015.

[64]叶圣陶. 叶圣陶语文教育论集[M]. 北京：教育科学出版社，2015.

[65]吴泓. 专题百问：教学实施中的行与思[M]. 北京：北京师范大学出版社，2015.

[66]陈则航. 英语阅读教学与研究[M]. 北京：外语教学与研究出版社，2016.

[67]普通高中课程标准修订组. 普通高中英语课程标准（征求意见稿），2016.

[68]何泽. 如何提高读写综合能力——基于英美名篇的高中英语阅读[M]. 上海：上海教育出版社，2016.

[69]王蔷，陈则航. 中国中小学英语分级阅读标准（实验稿）[M]. 北京：外语教学与研究出版社，2016.

[70]钱晓霞，陈明瑶，刘瑜. 基于课堂教学研究的外语教师专业自主发展：反思与行动[M]. 北京：中国书籍出版社，2016.

2. 国外学者专著

[1][苏]苏霍姆林斯基. 给教师的建议（上）[M]. 杜殿坤，译. 北京：教育科学出版社，1984.

[2][英]怀特海. 教育的目的[M]. 徐汝舟，译. 北京：生活·读书·新知三联书店，2002.

[3][日]佐藤学. 静悄悄的革命[M]. 李季湄，译. 长春：长春出版社，2003.

[4][美]莫提默·J. 艾德勒，查尔斯·范多伦. 如何读一本书[M]. 郝明义，朱衣，译. 北京：商务印书馆，2004.

[5][美]帕克·帕尔默. 教学勇气[M]. 吴国珍，余魏等，译. 上海：华东师范大学出版社，2005.

[6] [意]安贝托·艾柯著. 悠然小说林[M]. 俞冰夏，译. 北京：生活·读书·新知三联书店，2005.

[7] [美]迈克尔·莱恩. 文学作品的多重解读[M]. 赵炎秋，译. 北京：北京大学出版社，2006.

[8] [美]R. M. 加涅等. 教学设计原理(第五版)[M]. 王小明等，译. 上海：华东师范大学出版社，2007.

[9] [美]理查德·I. 阿兰兹. 学会学习(第六版)[M]. 丛立新等，译. 上海：华东师范大学出版社，2007.

[10] [美]W. 迪克，L. 凯瑞，J. 凯瑞. 系统化教学设计(第六版)[M]. 庞维国等，译. 上海：华东师范出版社，2007.

[11] [英]理查德·普林. 教育研究的哲学[M]. 李伟，译. 北京：北京师范大学出版社，2008.

[12] [美]雷夫·艾斯奎斯. 第56号教室的奇迹——让孩子变成爱学习的天使[M]. 卞娜娜，译. 北京：中国城市出版社，2009.

[13] [美]吉姆·崔利斯，沙永玲. 朗读手册[M]. 麦奇美，麦倩宜，译. 海口：南海出版公司，2009.

[14] [美]威廉·劳伦斯·纽曼. 社会研究方法：定性研究与定量研究(英文版. 第六版)[M]. 北京：人民邮电出版社，2010.

[15] [德]康德等. 让人成为人[M]. 杨自伍，编译. 北京：北京大学出版社，2010.

[16] [日]斋藤孝. 教育力[M]. 张雅梅，译. 上海：华东师范大学出版社，2011.

[17] [美]斯蒂芬·克拉生. 阅读的力量[M]. 李玉梅，译. 乌鲁木齐：新疆少儿出版社，2012.

[18] [匈]卢卡奇. 小说理论[M]. 燕宏远，李怀涛，译. 北京：商务印书馆，2012.

[19] [美]C. W. 开林道夫编. 人文主义教育经典文选[M]. 任钟印，译. 北京：北京大学出版社，2012.

[20] [意]伊塔洛·卡洛维奇. 为什么读经典[M]. 黄灿然，李桂蜜，译. 南京：译林出版社，2012.

[21] [西]费尔南多·萨尔瓦多. 教育的价值[M]. 李丽，孙颖屏，译. 北京：北京大学出版社，2012.

[22] [美]乔纳森·卡勒. 文学理论入门[M]. 李平，译. 南京：译林出版社，2013.

[23] [英]伍尔夫. 一个人应该怎么读书[M]. 吴瑛，译. 南京：江苏文艺出版社，2013.

[24] [美]托马斯·福斯特. 如何阅读一本小说[M]. 梁笑，译. 海口：南海出版公司，2015.

[25] [英]特里·伊格尔顿. 文学阅读指南[M]. 范浩，译. 郑州：河南大学出版社，2015.

[26] [英] 詹姆斯伍德. 小说机杼[M]. 黄远帆，译. 郑州：河南大学出版社，2015.

[27] [美]朱丽叶·M. 科宾，安塞尔姆. L. 施特劳斯. 质性研究的基础：形成扎根理

论的程序与方法(第三版)[M]. 朱光明, 译. 重庆: 重庆大学出版社, 2015.

[28][美]唐娜琳·米勒. 书语者[M]. 关睿, 石东, 译, 阿甲, 审译. 乌鲁木齐: 新疆少年儿童出版社, 2016.

3. 词典

[1]中国大百科全书(教育卷)[M]. 北京: 中国大百科全书出版社, 1985.

[2]夏征农, 陈至立主编. 辞海(第六版缩印本)[M]. 上海: 上海辞书出版社, 2010.

[3][英]霍恩比. 牛津高阶英汉双解词典(第八版)[M]. 赵翠莲, 邹晓玲, 译. 北京: 商务印书馆, 2014.

(二) 学位论文

1. 硕士论文

[1]黄嵘. 中学英语课的文学教学[D]. 华中师范大学硕士论文, 2003.

[2]范淑华. 基于英语文学的高中英语阅读能力培养实验研究[D]. 华东师范大学硕士论文, 2006.

[3]马隽. 新课程标准下普通高中英语文学选修课程的开发和实施[D]. 华东师范大学硕士论文, 2006.

[4]陈振兰. 新课标下高中英语课堂中的文学教学[D]. 福建师范大学硕士论文, 2008.

[5]吴玉玲. 英语简易读物与高中英语课程的结合[D]. 福建师范大学硕士论文, 2006

[6]徐枫. 高中开设英语文学欣赏选修课的可行性研究[D]. 东北师范大学硕士论文, 2008.

[7]邓尚尚. 高中英语阅读教学的现状分析及对策研究[D]. 东北师范大学硕士论文, 2009.

[8]赵红霞. 英语报刊阅读在高中英语阅读教学中的实践与研究[D]. 华东师范大学硕士论文, 2010.

[9]文静. 文学阅读教学中的"文本细读"研究[D]. 山东师范大学硕士论文, 2011.

[10]余俊. 高中英语教学中的文学教学[D]. 华东师范大学硕士论文, 2011.

[11]牛艳敏. 论高中英语文学欣赏选修课校本课程开发——以长沙雅礼中学为例[D]. 湖南科技大学硕士论文, 2011.

[12]李顺妹. 英语经典作品阅读与高中生的英语读写能力[D]. 华东师范大学硕士论文, 2004.

[13]寥炜春. 中学英语文学课外阅读设计[D]. 华东师范大学硕士论文, 2012.

[14]黄少珠. 高中英语文学阅读"持续默读"教学模式建构[D]. 福建师范大学硕士论文, 2012.

2. 博士论文

[1]刘良华. 行动研究的史与思[D]. 华东师范大学博士论文, 2001.

[2]王荣生. 语文科课程论建构[D]. 华东师范大学博士论文, 2003.

[3]胡根林. 语文科文学课程内容研究[D]. 上海师范大学博士论文, 2008.

[4]周燕. 语文科文学课程研究[D]. 上海师范大学博士论文, 2008.

[5]史洁. 语文教材文学类文本研究[D]. 山东师范大学博士论文, 2008.

［6］夏甘霖. 英语阅读策略教学对中国大学生阅读成绩的影响［D］. 上海交通大学博士论文，2008.

［7］黄耀红. 演变与反思：百年中小学文学教育研究［D］. 湖南师范大学博士论文，2008.

［8］谭清. 建构主义视野下基于网络的大学英语写作教学：课堂行动研究［D］. 中央民族大学博士论文，2009.

［9］朱建军. 中学语文课程"读写结合"研究［D］. 华东师范大学博士论文，2010.

［10］张俊英. 大学英语多维互动教学模式行动研究［D］. 上海外国语大学博士论文，2010.

［11］殷建华. 走向教育家——位小学校长的社会化研究［D］. 华东师范大学博士论文，2011.

［12］张雁玲. 行动研究中高校外语教师研究能力的发展［D］. 上海外国语大学博士论文，2011.

［13］李本友. 文本与理解：语文阅读教学的哲学诠释学研究［D］. 西南大学博士论文，2012.

［14］于红. 医学生英语写作能力培养研究———项基于各种写作教学法在课堂上综合应用之行动研究［D］. 上海外国语大学博士论文，2012.

［15］周周. 课例研究：阅读教学的针对性［D］. 上海师范大学博士论文，2013.

［16］杨运强. 梦想的陨落：特殊学校聋生教育需求分析［D］. 华东师范大学博士论文，2013.

［17］魏莉莉. 脆弱的国家未来竞争潜力及其原因探析——基于90后成就动机的代际比较研究［D］. 华东师范大学博士论文，2013.

［18］黄芳. 大学生批判性思维能力培养方式实践探索———项基于商务英语教学的行动研究［D］. 上海外国语大学博士论文，2013.

［19］刘友霞. 高中生问题解决能力发展的实证研究——以S市为例［D］. 华东师范大学博士论文，2015.

［20］曹耀萍. 英语专业教师的文化领导力研究［D］. 华东师范大学博士论文，2015.

［21］齐守泉. 中高职专业衔接研究［D］. 华东师范大学博士论文，2016.

［22］王东. 未来教师的教育功能研究——以S市"未来教室变革课堂教学项目"为例［D］. 华东师范大学博士论文，2016.

［23］周益斌. 当前我国大学文化危机研究［D］. 华东师范大学博士论文，2016.

（三）期刊报纸

［1］许国璋. 回忆学生时代［J］. 外语教学与研究，1995（2）：75-76.

［2］黄源深. 思辨缺席［J］. 外语与外语教学，1998（7）：1.

［3］陆效用. 美国21世纪的"5"C［J］. 外语教育，2001（05）：23-25.

［4］黄源深. 多读多写——英语学习谈［J］. 外国语，2002（6）：13-17.

［5］熊英. 文学在英语教学中的地位［J］. 辽宁高职学报，2002：29-30.

［6］王荣生，倪文锦. 论语文教材中的"定篇"类型选文［J］. 全球教育展望，2002（1）：

46-50.

[7]刘润清. 漫长的学习道路[J]. 外国语,2003(4):7-14.

[8]闫建华,张平. 英语专业诗歌教学初探[J]. 外语教学,2004(3):63-66.

[9]钟志贤. 如何发展学习者高阶思维能力[J]. 远程教育杂志,2005(4):78.

[10]马和民. 教育理论构造的两种理想模型[J]. 华中师范大学学报(人文社会科学版),2005(9):118-122.

[11]黄源深. 好的英语是"读"出来的[J]. 外语界,2006:63-66.

[12]柯安利. 中小学英语也要重视文学阅读[N]. 光明日报,2007-7-18(10).

[13]姚生军. 短篇阅读为何让学生感到"无聊"?——论当前高中英语阅读资源之缺乏[J]. 中小学外语教学(中学篇),2009(2)28-31.

[14]朱刚. 外语专业教育中的经典阅读[N]. 中华读书报,2009-08-19.

[15]韩宝成. 关于我国中小学英语教育的思考[J]. 外语教学与研究,2010(4):300-302.

[16]黄睿. 外语教学中如何选用课外文学作品[J]. 现代教育科学,2011(5):149-150.

[17]熊金霞. 谈英语教材阅读文章的选编[J]. 中小学外语教学(中学篇),2010(10):7-11.

[18]徐浩. "全环境"取向与中国基础英语教学[J]. 课程·教材·教法,2010(11):56-61.

[19]林颖. 高中生英语阅读理解中的困难及对策[J]. 中小学外语教学与研究,2011(9):39-43.

[20]宗兆宏. 元认知策略培训对学生阅读能力的影响[J]. 中小学外语教学(中学篇),2011(12):14-22.

[21]卢立涛,井祥贵. 教育行动研究在中国:审视与反思[J]. 教育学报,2012(1):49-53.

[22]阮旦君. 高中英语教材文学阅读教学资源的不足与拓展策略[J]. 中小学英语教学与研究,2012(2):48-51.

[23]葛炳芳. 高中英语阅读教学改进策略的思考[J]. 课程·教材·教法,2012(2):94-98.

[24]马丽. 浅谈高中英语文学欣赏选修课的选材[J]. 中小学外语教学(中学篇),2012(5):25-30.

[25]傅云山. 高中英语文学欣赏课教学实践研究[J]. 英语教师,2012(11):2-11.

[26]龚亚夫. 论基础英语教育的多元目标——探寻英语教育的核心价值[J]. 课程·教材·教法,2012(11):26-34.

[27]姚林群. 阅读能力表现:要素、水平与指标[J]. 教育发展研究,2012,32(Z2):35-39.

[28]黄远振,兰春寿,黄睿. 英语文学体验阅读READ教学模式构建研究[J]. 外语界,2013(1):11-19.

[29]王艳艳,王勇. 循环模式视角下的大学英语听力教学行动研究探析[J]. 外语教学

理论与实践，2013(1)：49-54.

[30]吴云开. 初中英语文学阅读活动课"三维体验"模式探究[J]. 中小学外语教学(中学篇)，2013(6)：24-28.

[31]于泽元，王雁玲，黄利梅. 群文阅读：从形式变化到理念变革[J]. 中国教育学刊，2013(6)：62-66.

[32]周大明. 高中英语综合课 USE 教学模式的构建与实践[J]. 中小学外语教学(中学篇)，2013(8)：1-6.

[33]吴思廉. 英语文学阅读活动课 RAISE 教学模式研究[J]. 中小学外语教学(中学篇)，2013(10)：12-16.

[34]徐孝邦，黄远振. 高中英语文学阅读对学业成绩及思维发展的影响[J]. 中小学英语教学与研究，2013(10)：27-31.

[35]张千. 例谈英美短篇小说作品赏析在高中英语教学中的实践[J]. 中小学外语教学(中学篇)，2013(10)：34-37.

[36]盛艳萍. 儿童文学阅读在初中英语课堂中的实施[J]. 中小学外语教学(中学篇)，2013(11)：17-22.

[37]裴新宁，刘新阳. 为 21 世纪重建教育：欧盟"核心素养"框架的确立[J]. 全球教育展望，2013(12)：89-102.

[38]王蔷，胡亚琳. 通过开展行动研究做研究型外语教师[J]. 中小学外语教学(中学篇)，2014(1)：1-6.

[39]胡亚琳，王蔷. 访谈法在中小学外语教师行动研究中的应用策略[J]. 中小学外语教学(中学篇)，2014(2)：25-30.

[40]国红延，陈则航. 如何在行动研究中采用问卷调查方式收集数据[J]. 中小学外语教学(中学篇)，2014(3)：32-37.

[41]黄远振，兰春寿，黄睿. 为思而教：英语教育价值取向及实施策略[J]. 课程·教材·教法，2014(4)：63-69.

[42]张虹，王蔷. 如何在行动研究中采用问卷调查方式收集数据[J]. 中小学外语教学(中学篇)，2014(5)：32-35.

[43]张宁，敖娜仁图雅. 如何收集和分析课堂话语[J]. 中小学外语教学(中学篇)，2014(6)：35-38.

[44]孙晓慧，罗少茜. 如何在行动研究中记录和分析教学日志[J]. 中小学外语教学(中学篇)，2014(7)：25-30.

[45]陈则航，国红延. 行动研究中测试和问卷数据的整理和分析[J]. 中小学外语教学(中学篇)，2014(7)：31-36.

[46]胡新建，马欣. 如何分析行动研究中访谈与反思的数据[J]. 中小学外语教学(中学篇)，2014(8)：46-封三.

[47]罗少茜，孙晓慧. 如何撰写行动研究报告中的文献综述[J]. 中小学外语教学(中学篇)，2014(9)：45-48.

[48]钱小芳，马欣. 如何撰写行动研究报告[J]. 中小学外语教学(中学篇)，2014

（10）：46-封三.

[49]刘道义. 外语教育面临的矛盾与问题[J]. 中小学外语教学（中学篇），2014（2）：1-4.

[50]吴萍. 以话题为主线的高三英语复习教学[J]. 教学月刊（中学版），2014（3）：18-20.

[51]中国中小学生课外英语学习现状[N]. 二十一世纪英语教育，2014-4-1（A3）.

[52]胡俊杰. 理性审视下的英语教育[J]. 上海教育，2014（7A）：26.

[53]白皎宇. 十问英语[J]. 上海教育，2014（7A）：29.

[54]夏谷鸣. 以文化为导向的外文特色教育[J]. 英语教师，2014（7）：37-39.

[55]陈之腾. 教师读书报告[J]. 上海教育，2014（9B）：11.

[56]彭莉. 高中英语教学中文学性的渗透策略[J]. 中小学英语教学与研究，2014（9）：9-13.

[57]王琳琳. 开发和实施高中英语美文欣赏校本选修课程的实践[J]. 中小学外语教学（英语篇），2015（2）：42-47.

[58]潘洪建. 教学行动研究：旨趣、问题与应对[J]. 当代教育与文化，2015（3）（Vol. 7 No. 2）：42-43.

[59]张惠娥. 高中英语文学阅读"为思而教"的导学实践[J]. 中小学外语教学（中学篇），2015（3）：49-54.

[60]张世建. 基于两节同课异构高中戏剧课的教学探讨[J]. 山东师范大学外国语学院学报（基础英语教育），2015（3）：91-95.

[61]马海青，高霄霄. 诗歌在初中英语教学中的运用[J]. 教学与管理，2015（4）：61-64.

[62]朱峰颖，冷德荣. 文学语篇在英语阅读教学中的应用[J]. 现代中小学教育，2015（5）：44-46.

[63]林才回. 群文阅读——高三英语复习的新常态[J]. 中小学英语教学与研究，2015（5）：63.

[64]黄瑞贤. 基于学生体验的高中英语文学阅读导读[J]. 中小学外语教学（中学篇），2015（6）：34-37.

[65]薛蓉. 基于人文素养培养的高中英语戏剧教学——以人教版（选修 10，Unit 2，King Lear）为例[J]. 福建教育（中学版），2015（6）：47-48.

[66]李兴勇. 阅读圈在高中英语阅读教学中的运用[J]. 中小学外语教学（中学篇），2015（6）：59-63.

[67]梅学芳. 以创新提问为支架培养批判性思维[J]. 中小学外语教学（中学篇），2015（7）：14-17.

[68]戴建敏. 高中英语时文品读选修课的实践探索[J]. 中小学外语教学（英语篇），2015（9）：20-25.

[69]汪艳. 英语原版小说阅读选修课的实践与探索——以《穿条纹睡衣的男孩》为例[J]. 中小学外语教学（中学篇），2015（8）：1-8.

[70]卢健. 基于理解-表达-探究的文学阅读体验课[J]. 中小学外语教学(中学篇), 2015 (9): 38-42.

[71]宋越鸿. 主题式语言复习教学实践[J]. 中小学外语教学(中学篇), 2015(10): 1-6.

[72]徐浩. 语文并重的理念与基础教育英语课程的改革[J]. 英语学习(教师版), 2015 (10): 6-9.

[73]谢慧萍. 在生态学习环境中开展英语文学阅读工程——促学生自主持续发展[J]. 英语教师, 2015(10): 10-15.

[74]程岚. 面向全体学生引导自主阅读——高中英语文学阅读七步法探索与研究[J]. 英语教师, 2015(10): 16-21.

[75]陈素萍. 培养批判性思维能力的解构式英语小说阅读教学[J]. 中小学外语教学(中学篇), 2015(10): 27-31.

[76]戴军熔. 区域高中英语文学欣赏选修课教材开发: 实践与探索[J]. 中小学外语教学与研究, 2015(11): 58-65.

[77]孙大伟. 对高中阶段英语学科核心素养的自我认识[J]. 英语学习, 2015(12): 4-5.

[78]施丽华. 也谈中学英语教育和学生文化意识培养[J]. 英语学习, 2015(12): 15-19.

[79]徐卓, 展鑫磊. 高中英语文学赏析课 The Giving Tree 课例[J]. 中小学外语教学(中学篇), 2015(12): 55-59.

[80]兰春寿. 基于思维过程的高中英语文学阅读思维型课程教学架构[J]. 课程·教材·教法, 2015(12): 82-89.

[81]王蔷. 从综合语言运用能力到英语学科核心素养——高中英语课程改革的新挑战[J]. 英语教师, 2015(16): 6-7.

[82]邹为诚. 对我国部分高中英语教材内容的分析性研究[J]. 山东师范大学外国语学院学报(基础英语教育), 2015, 17(5): 3-11.

[83]李振来. 英语文学名著简易读物读写指导教学模式探究[J]. 中小学外语教学(中学篇), 2016(1): 60-64.

[84]金衡山. 问题与对策: 英语文学阅读课程设置原则与实践——基于华东师大英语系文学阅读课程的实验[J]. 外语教学理论与实践, 2016(2): 14-21.

[85]陈俊松. 英语文学阅读课程有效教学模式的建构——基于教学系统设计理论的探索[J]. 外语教学理论与实践, 2016(2): 22-27.

[86]周郁蓓. 文学: 研究型大学英语学科转型之要[J]. 外语教学理论与实践, 2016 (2): 28-34.

[87]金雯. 情感与形式: 论小说阅读训练[J]. 外语教学理论与实践, 2016(2): 35-41.

[88]顾悦. 回归经典阅读: 英语专业的人文性与基于阅读经验的文学教育[J]. 外语教学理论与实践, 2016(2): 42-46.

[89]何泽. 在高中英语阅读教学中采用英文原著的实践[J]. 中小学外语教学(中学篇), 2016(3): 41-45.

[90]陈艳君, 刘德军. 基于英语学科核心素养的本土英语教学理论建构研究[J]. 课

程・教材・教法，2016(3)：50-57.

[91]张春良. 基于文学作品阅读的语感阅读教学模式研究[J]. 中小学外语教学(中学篇)，2016(5)：23-26.

[92]康燕. 让阅读教学成为英语学科生存的基础[J]. 江苏教育，2016(5)：40-42.

[93]程晓堂，赵思奇. 英语学科核心素养的实质内涵[J]. 课程・教材・教法，2016(5)：79-86.

[94]蔡菁. 国外阅读立法：现状、特点与借鉴[J]. 图书馆杂志，2016(8)：29-35.

[95]李学斌. 儿童文学"隐性课程"的价值迷失与复归[J]. 中国教育学刊，2016(8)：73-76.

[96]刘学惠. 以核心素养为导向推进英语自主阅读[J]. 江苏教育(中学教学版)，2016(9)：19-22.

[97]刘威. 高中英语文学作品课外阅读教学指导模式探究[J]. 中小学英语教学与研究，2016(9)：43-46.

[98]李倩雅. 阅读、写作和文学占据课时最大份额[N]. 中国教育报，2016-10-14(05).

[99]吴艺迪. USE 模式在初中英语文学阅读教学中的应用[J]. 中小学外语教学(中学篇)，2016(10)：47-51.

[100]姚莉. 高中英语小说欣赏选修课的实践探索[J]. 中小学外语教学(中学篇)，2016(10)：52-55.

[101]叶咏梅. 例谈基于话题的高三英语语言知识复习教学[J]. 中小学外语教学与研究，2016(10)：65-72.

[102]刘威. 通过读活英语原版小说培养学生的高阶思维能力[J]. 中小学外语教学(中学篇)，2016(11)：27-31.

[103]陈开池. 中学英语戏剧教学：从传统模式转向基于语用的模式——以人教版必修3"百万英镑"为例[J]. 中小学英语教学与研究，2016(11)：25-28.

[104]何泽. 高中英语文学名著阅读教学实践探索[J]. 福建教育学院学报，2016(12)：51-54.

[105]葛炳芳. 漫议中学教学中的经典作品阅读教学[J]. 英语学习(教师版)，2016(12)：19.

[106]葛炳芳. 读写整合引领语言运用思维能力统整语言学习[J]. 教学月刊(中学版)，2017(1/2)：5-9.

[107]章兼中. 英语教育的核心素养根植于其自身历史发展规律之中[J]. 中小学外语教学与研究，2017(2)：13-18.

二、英文文献

[1] Corey Stephen M. *Action Research to Improve School Practices*[M]. New York：Bureau of Publications，1953：23-30.

[2] Goodman. K. S. Reading：A Psycholinguistic Guessing Game[J]. *Journal of the*

Reading Specialist, 1967（6/1）：126-135.

［3］Arthur, B. Reading Literature and Learning a Second Language［J］. *Language Learning*, 1968(18)：199-210.

［4］Wardhaugh. R. *Reading：a Linguistic Perspective*［M］. Cambridge：Harcourt, Brace and World, 1969.

［5］Gough, P. B. *One Second of Reading. Language by Eye and by Eye：The Relationship Between Speech and Reading*［M］. Cambridge, MA：MIT Press, 1972：331-358.

［6］Goodman. K. S. *Behind the Eye：What Happens in Reading*［M］. New York：International Reading Association：1976.

［7］Rumelhart, D. *Toward an Interactive Model of Reading. In D. Stanislaw（ed.）. Attention and Performance*［M］. New York：Academic Press. 1977, Vol. 1：573-603.

［8］Marekwardt, A. H. *The Place of Literature in the Teaching of English as a Second Language or Foreign Language*［M］. Hawaii：University of Hawaii Press, 1978.

［9］Carleworth, R. A. The Role of Literature in the Teaching of English as a Second Language or Dialect［J］. *English Quarterly*, 1978(11)：157-177.

［10］Francoise grellet. *Developing Reading Skills：A Practical Guide to Reading Comprehension Exercises*［M］. Cambridge：Cambridge University Press, 1981.

［11］Kemmis, S. & Mc Taggart, R. *The Action Research Planner*［M］. Victoria（Australia）：Deakin University Press, 1982.

［12］Stern, H. H. *Fundamental Concepts of Language Teaching*［M］. Oxford：Oxford University Press：1983.

［13］Joanne Collin & Stephen Slater. *Literature In the Language Classroom*［M］. Cambridge：Cambridge University, 1983.

［14］Bernhardt. E. Proficient Texts or Proficient Readers?［J］. *AdFl Bulletin*, 1986（18/1）：25-28.

［15］Kemmis, S. & Mc Taggart R. *The Action Research Planner*［M］. Geelong：Deakin University Press, 1988.

［16］Harris, A. J. & Sipay, E. R. *How to Increase Reading Ability*［M］. New York：Longman, 1990.

［17］Carter, R. & Long. M. *Teaching Literature*［M］. Harlow, Essex：Longman, 1991.

［18］Elliot, J. *Action Research for Education Change*［M］. Milton Keynes & Philadephis：Open University Press, 1991.

［19］Elley, W. Acquring Literary in a Second Language：The Effect of Book-based Programs［J］. *Language Learning*, 1991(41)：375-411.

［20］Altrichter, H., Posch, P., & Somekh, B. *Teachers Investigate Their Work：An Introduction to the Methods of Action Research*［M］. London and New York：Routledge, 1993：24.

［21］Daniels, H. *Literature Circles：Voice and Choice in the Student-Centered Classroom*

[M]. York, Marine: Stenhouse Publishers, 1994.

[22] Elizabeth Noll. Social Issues and Literature Circles with Adolescents[J]. *Journal of Reading*, 1994(10) Vol. 38, No. 2: 88-93.

[23] Hyerle. David. *Thinking Maps: Strategy-based Learning for English Language Learners* [M]. CA: Office of Education. Sonoma County, 1995.

[24] Zuber-Skerritt, O. (ed.) *New Directions in Action Research*[M]. London: Falmer Press, 1996: 4.

[25] Gail Heald Taylor. Three Paradigms for Literature Instruction in Grade 3 to 6[J]. *The Reading Teacher*, 1996(3) Vol. 49, No. 6: 456-466.

[26] Mason, B & S. Krashen. Extensive Reading in English As A Foreign Language[J]. *System*, 1997 (25): 91-102.

[27] Michael J. Wallance. *Action Research for Language Teachers* [M]. Cambridge, Cambridge University Press, 1998.

[28] Narvaze, D., Van den Broek, P. & Ruiz, A. B. The Influence of Reading Purpose on Infernce Generation and Comprehension in Reading[J]. *Journal of Educational Psychology*, 1999, 91(3): 488-496.

[29] Brumfit, C. J. *Literature and language Teaching*[M]. Shanghai: Shanghai Foreign language Education Press, 2001.

[30] Shin. F. Motivating Students with Goosebumps and Other Popular Books [J]. *California School Library Association*, 2001(25/1): 15-19.

[31] Hsu, J. Y. Reading Together: Student Teacher Meet in Literature Circles[C]. *The Proceedings of the 2003 National Conference on English Teaching and Learning*, 2003. 1-9.

[32] Krashen, S. *The Power of Reading: Insight from the Research*(*2nd edition*) [M]. Portmouth, NH: Heinemann, 2004.

[33] Tanja Janssen, Martine Braaksma, Gert Rijlaaksma. Literary Reading Activities of Good and Weak Students: A Think Aloud Study[J]. *European Journal of Psychology of Education*, 2006, Vol. XXL: 35-52.

[34] Gregory Handley. *Action Research in Action*[M]. Beijing: People's Education Press, 2007.

[35] Thomas S. C. Farrel. *Planning Lessons for a Reading Class*[M]. Beijing: People's Education Press, 2007.

[36] Agnes L. Dimitriou. Using Literature Circles as Pre-writing Activity[J]. *Hispania*, 2007(3) Vol. 90, No. 1: 138-141.

[37] Jennifer I. Berne & Kathleen F. Clark. Focusing Literature Discussion Groups on Comprehension Strategies[J]. *The Reading Teacher*, 2008(9), Vol. 62, No. 1: 74-79.

[38] Van, T. T. M. The Relevance of Literary Analysis to Teaching Literature in the EFL

Classroom[J]. *English Teaching Forum*, 2009(3): 2-9.

[39] Lewis, M. & Hill, J. *Practical Techniques for Language Teaching*[M]. Beijing: Foreign Language Teaching and Research Press, 2009.

[40] OECD. *PISA 2009 Assessment Framework Key Competecies in Reading, Mathematics and Science*[M]. Paris: OECD Publishing, 2010.

[41] 顾佩娅. 优秀外语教师成长案例研究(英文)[M]. 北京: 外语教学与研究出版社, 2009.

[42] Levin K. Action Research and Minority Problems[J]. *Journal of Social Issues*, 2010 (4): 34-46.

[43] Caroline Pearson. Acting up or Acting out? Unlocking Children's Talk in Literature Circles[J]. *Literacy*, 2010(4), Vol. 44, No. 1: 3-11.

[44] Heidi Mills & Louise Jennings. Talking about Talk: Reclaiming the Value and Power of Literature Circles[J]. *The Reading Teacher*, 2011(5) Vol. 64, No. 8: 590-598.

[45] Burns. A. *Doing Action Research in English Language Teaching: a Guide for Practitioner*[M]. Beijing: Beijing Foreign Language Teaching and Research Press. 2011.

[46] Mohammad Khatib. Why & Why Not Literature: A Task-based Approach to Teaching literature[J]. *International Journal of English Linguistics*, 2011(1): 214.

[47] IEA. PIRLS 2016 Reading Framework [R] TIMSS & PIRLS International Study Center, Lynch School of Education, Boston College and International Association for the Evaluation of educational Achievement, 2013.

[48] L. Roxanne Russell & Joshua Cuevas. Designing Customizable Reading Modules for a High School Literature Classroom[J]. *TechTrends*, 2014(9/10), Vol. 58, No. 5: 71-80.

[49] Kim Lenters. Just Doing Our Jobs: A Case Study of Literacy-in-Action in a Fifth Grade Literature Circle[J]. *Language and Literacy*, 2014(1): 53-71.

[50] Richard Paul & Linda Elder. *The International Critical Thinking Reading and Writing Test(2nd edition)*[M]. Beijing: Foreign Language and Research Press, 2016.

[51] Richard Paul & Linda Elder. *How to Read a Paragraph: The Art of Close Reading*[M]. Beijing: Foreign Language and Research Press, 2016.

[52] Linda Elder & Richard Paul. *Asking Essential Questions*[M]. Beijing: Foreign Language and Research Press, 2016.

[53] Richard Paul & Linda Elder. *How to Write a Paragraph: The Art of Substantive Writing*[M]. Beijing: Foreign Language and Research Press, 2016.

[54] Richard Paul & Linda Elder. *Critical Thinking Competency Standards*[M]. Beijing: Foreign Language and Research Press, 2016.

[55] Richard Paul & Linda Elder. *The Guide to Critical Thinking*[M]. Beijing: Foreign Language and Research Press, 2016.

［56］ Richard Paul & Linda Elder. *The Nature and Function of Critical and Creative Thinking*［M］. Beijing：Foreign Language and Research Press，2016.

［57］ Handoyo Puji Widodo. Engaging Students in Literature Circles：Vocational English Reading Progress［J］. *Asia-Pacific Edu Res*，2016，25(2)：347-359.

三、网络资料

［1］ 浙江省教育厅官网. 关于深化普通高中课程改革的通知.［EB/OL］.［2012-6-19］http：//www. zjedu. gov. cn/news/21024. html.

［2］ 张云龙，王笛. 中国式英语教育引发热议. 新华网.［EB/OL］.［2013-3-13］http：//news. xinhuanet. com/edu/2013-03/13/c_124455435. htm.

［3］ 中共中央关于全面深化改革若干重大问题的决定. 新华网.［EB/OL］.［2013-11-15］http：//news. xinhuanet. com/2013-11/15/c_118164235. htm.

［4］ 教育部. 关于全面深化课程改革落实立德树人根本任务的意见［EB/OL］.［2014-03-30］http：//www. moe. edu. cn/publicfiles/business/htmlfiles/moe/s7054/201404/167226. html.

［5］ 韩梁. 法国"高考"为何对哲学"情有独钟".［EB/OL］［2015-06-20］. http：//newspaper. jfdaily. com/jfrb/html/2015-06/20/content_105685. htm.

［6］ 国家新闻出版广电总局. 关于《全民阅读促进条例》(征求意见稿)公开征求意见的通知.［EB/OL］［2016-2-15］. http：//www. gapp. gov. cn/news/1663/274862. shtml.

［7］ 2016全球英语熟练度指标出炉上海领跑中国. 搜狐网.［EB/OL］.［2016-11-16］http：//mt. sohu. com/20161116/n473300261. shtml.

［8］ 李光宇. 建议高考取消英语科目改必修为选修. 中国网.［EB/OL］.［2017-3-4］http：//media. china. com. cn/cmyw/2017-03-04/992011. html.

附　　录

附录一　高中英语文学阅读教学学生作业选

Course Paper: Literature Reading
Name _____   Class _S1501C___

Dear classmates: You are required to write a course paper with a word limit of 400-600 for the novel Pride and Prejudice you read this term in English or your advice on our current literature teaching. Your paper is advised to include any of the following points: what you have learnt from the novel; your understanding of the theme of the novel; your advice about literature teaching; any other book you recommend and why you recommend it etc.

The story begins with the worries of Mrs. Bennet of whom her daughters will marry with. A newcomer neighbor called Bingley became her goal. On an assembly, Bingley fell in love with Jane with Jane at first sight. And his friend Darcy, who attra attracted many ladies' eyes at first, was deemed to be an arrogant person later because of the pride manner. But before long, Mr. Darcy began to have a good impression of Lizzy. Bingley's sister Caroline who was determined to marry Darcy, and an officer in the militia named Wickham whom Lizzy appreciated places obstacles in the way, which deepened Lizzy's misunderstanding of Darcy. The prejudice made Darcy's first proposal failed, but it makes both of them change. And Darcy left a letter explained for himself to clear up the prejudice.

Next summer, Lizzy met with Darcy. She found he'd changed a lot, he even pays Wickham's debt in cose to let him marry Lydia. From the on, all the prejudice changed into love. This couple married at last.

This novel is unique. Story just takes place in the countryside, but the plot is attractive, and the languages and dialogue in Austin's writings are humor and ironic, which makes the characters in her book became lively and touchable.

The most impressive one is Mrs. Bennet. She's just the symbol of country women. Just as the author describes " her mind was less difficult to develop. She was a woman of mean understanding, little information, and uncertain temper. She's vain and always shows off if she has chance in order to make others admire and jealous. She wants to perform well, but her words and etiquette betray her. She's ignorant and fatuous.

→ next page.

1

181

Course Paper:　Literature Reading

Name _Frank Hu_　Class _S15>1_

Dear classmates: You are required to write a course paper with a word limit of 400-600 for the novel Pride and Prejudice you read this term in English or your advice on our current literature teaching. Your paper is advised to include any of the following points: what you have learnt from the novel; your understanding of the theme of the novel; your advice about literature teaching; any other book you recommend and why you recommend it etc.

Part I:　Understanding of the novel ‹Pride and Prejudice›:

Firstly, I'd like to say that it's a very ol good novel, except that the text itself is sometimes hard to understand. The theme, from in my own perspective, is the conflict between true love and happiness, 'cuz the sentence in the novel " happiness in morrige is entirely a matter of chonce" surely impression impressed me a lot. The plot, which is perfectly organized of expression, somehow I felt was I was " brought into" the novel, in another way, being one of the characters, and deeply held by the plot, hoping to know what will happen next at once.

Another

~~Anther~~ main attraction of the novel is characters, Jane Austen is so a talented writer that she was able to make every character full of characteristics, for instance, Elizabeth — ~~rational~~ wise, Mr Bennet — rational, Bingley - hypocritical, etc. I suppose, there is no so-called "main character", 'cuz all character has a special spark, which can't be seen in anybody else.

In all, I suppose, the No.2 among the top 100 literature, the book itself is a very good mental supply. But, it might be a a little not suitable for our high - school students, since it has too many complex sentences.

Part II:　My idea of literature teaching

We are the students of Ningbo Foreign Language School, we are supposed to be the ~~most~~ best at English among the students in Ningbo, so, our English teaching methods must be special. In my opinion, our textbook is kind of " out of fashion", we need fresh English everyday, and which is beneficial for a second languge learning. Youdao, for instance, provides fresh English, is very good for us, as well as the news. The most important, literature, which is the ~~essence~~, essence of the language, I suppose, literature learning must:

(i)　Choose the right literature, which must:
(a) Have positive theme;
(b) not too much complicated text;
(c) good for students.
(ii)　use proper teaching methods, which includes:
(a) feedback;
(b) discussion;
(c) presentation.
1　(iii)　Have high ~~sprit~~ spirits in learning them.

And, the book I recommand, is ‹ The Adventure of Tom Sawyer ›, which I suppose is the most interesting, and the most suitable for our teenagers.

Course Paper: Literature Reading

Name _Adeline_ Class_____

Dear classmates: You are required to write a course paper with a word limit of 400-600 for the novel Pride and Prejudice you read this term in English or your advice on our current literature teaching. Your paper is advised to include any of the following points: what you have learnt from the novel; your understanding of the theme of the novel; your advice about literature teaching; any other book you recommend and why you recommend it etc.

Pride and Prejudice is really a great novel. In this book, Jane Austen created many characters with different personalities, and showed her ideas of love and marriage.

As the foreword goes: Literature masterpieces usually mirror the culture of a country or area in a specific period of time. Their opinions of social classes divided. Darcy and Madam Katherine upheld status. They thought more about wealth when they were making friends or choosing wife/husband. But the love finally changed Mr. Darcy's mind. As for Elizabeth, she thought respecting each other is more important. Others may feel quite strange, because Elizabeth always chased the fair between the poor and the rich.

When I was reading this book, I sensed that I communicated with the characters face to face. I felt the importance of first impression. Taking Elizabeth as an example, Darcy treated others with pride in first ball, so the bad impression in Elizabeth's mind reminded a long time. However, the good manners, which Mr. Wickham showed in social activities, really pleased many people. First impression is important, but we can't judge others by first impressions.

Although some of their lifestyles I don't agree with, I still take their lives as a dream. They lived in an easy and comfortable life, and didn't need go to work everyday. I hope I can have more freedom like them.

I faced many difficulties when I was reading Pride and Prejudice, which included new words, culture and so on. I think the next time, we can choose a not only simple but also interesting book. We should hand out the word list earlier, so that students can start to read it earlier.

1

Course Paper:　Literature Reading

Name Serena　　**Class** SL102

Dear classmates: You are required to write a course paper with a word limit of 400-600 for the novel Pride and Prejudice you read this term in English or your advice on our current literature teaching. Your paper is advised to include any of the following points: what you have learnt from the novel; your understanding of the theme of the novel; your advice about literature teaching; any other book you recommend and why you recommend it etc.

Choosing a literature to read is definitely an efficient and rapid approach to improving our English level and attainment. There is no doubt that Pride and Prejudice is a good choice for us, for it can mirror the culture of England in 18 or 19 century.

This book is mainly talking about love and family. The Author also shows different kinds of love concepts. Some chasing for true love, their love are based on deep understang and long period spending together. Money and status are not important in their eyes and love comes first. These people include: Darcy, Bingley, Elizabeth and Jane. And others are totally different. Lydia and Wickham are unconventional and unrestrained. Their life is full of freedom and love is more like company. Nowadays, many people share the same value and attitude with Charlotte, Elizabeth's best friend, who just want to have a peaceful and steady life. Some even managed to find a rich man to change their fate. Even though Jane Austin didn't emerge her thoughts and comments, judging from their own endings we can see she prefers true love among all, and she intends to guide readers to owe

1

Reading Comprehension Check 2 (the Great Gatsby) Good !

Chapter 2

1. What is the "valley of ashes"?

About halfway between West Egg and NY the motor road hastily joins the railroad and runs beside it for a quarter of a mile. So as to shrink away from a certain desolate area of land.

2. What are the "eyes of Dr. T. J. Eckleburg?

"Their retinas are one yard high. They look out of no face, but instead, from a pair of enormous yellow spectacles which pass over a nonexistent nose.

3. Who did Tom take Nick to meet?

Mr and Mrs Wilson.

4. Identify Myrtle and George Wilson.

"Myrtle was faintfully stout and carried her flesh sensnously, fe her face contained no facet or gleam of beauty. George Wilson was a blond spiritless man, anaemic and faintfully handsome

5. What did Mrs. Wilson buy while she was out with Tom and Nick?

① A copy of Town Tattle ; ② A moving-picture magazine ; ③ some cold cream ; ④ a small flask of perfume ; ⑤ A coat with dog's feather

6. Where did they go? What was at 158th Street?

The McKees   A long white cake of apartment-houses.

7. Identify Catherine and Mr. & Mrs. McKee.

Catherine- extraverted
Mr McKee - mindless praising
Mrs McKee - shiftless.

8. What does Mr. McKee tell Nick about Gatsby?

He's a nephew or a cousin of Kaiser Wilhelm's.

9. What reason did Myrtle give for marrying George Wilson?

"He was a gentleman"

10. What did Tom do to Myrtle when she mentioned Daisy's name?

Making a short deft move. As well as broking her nose with his open hand.

185

Reading Comprehension Check Chapter 5
Name Echo

1. Describe the meeting between Gatsby and Daisy. Why was he so nervous?

For half a minute they were silent. Then a sort of choking murmur and part of a laugh from Daisy. And Gatsby was so nervous, because he hadn't met Daisy for nearly five years.

2. How long did it take Gatsby to make the money to buy the mansion?

Just three years.

3. Why did Gatsby want Daisy to see the house and his clothes?

Gatsby wanted to show Daisy around, and how rich he was. And Daisy may regret that she didn't marry to him.

4. What had the green light on the dock meant to Gatsby?

Possible It
The green light occurred to him that the colossal significance of that light had now vanished forever, because he met Daisy. Compared to the great distance that had seperated him from Daisy it had seemed very near to her.

5. What had Gatsby turned Daisy into in his own mind?

Sometimes Gatsby was confused. There were moments when Daisy tumbled short of his dreams. Gatsby's illusion had gone beyond Daisy or everything.

6. Find a paragraph you like and make a comment on it.

P59 (the last paragraph): As I went over to say good bye... the expression of bewilderment had come back into Gatsby's face, as though ... He had thrown himself into it with a creative passion. ....

Comment: Gatsby had been addicted into the happiness of the meeting between he and Daisy. His nervous feelings had all gone but bewilderment. He doubted if that moment was real or not.

典范 Book 9 Jane Eyre 学案

(For the 1ˢᵗ reading)

I. Questions

** **Setting** 1.When and where is the story set? What do you know about the social background at that time?

Time: 18 century

Place: Gateshead Hall Lowood. Thornfield Hall The Moor Ferndean

Social background: Women still have little power. society was developed in a frist speed. but it didn't change the women's position in society.

** **Characters** 2.There are many people involved in Jane's life. Who/What are they?

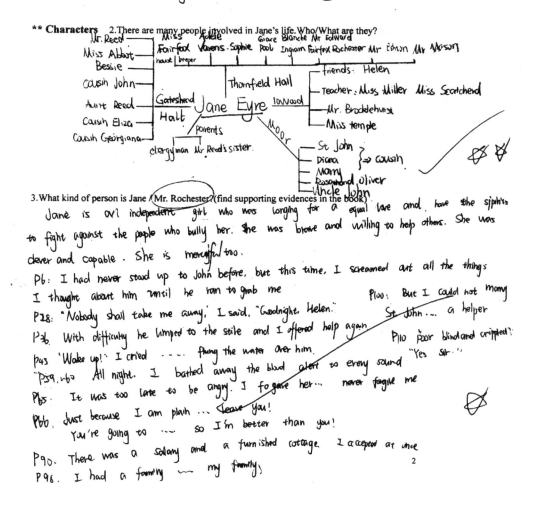

3. What kind of person is Jane / Mr. Rochester? (find supporting evidences in the book)

Jane is an independent girl who was longing for a equal love and. have the spirits to fight against the people who bully her. She was brave and willing to help others. She was clever and capable. She is merciful too.

P6: I had never stood up to John before, but this time, I screamed out all the things I thought about him until he ran to grab me

P28: "Nobody shall take me away," I said. "Goodnight, Helen."

P36. With difficulty he limped to the stile and I offered help again

P45 'Wake up!' I cried ---- flung the water over him.

P59,60 All night, I bathed away the blud alert to every sound

P65. It was too late to be angry. I forgave her... never forgive me

P66. Just because I am plain ... leave you!
   You're going to ---- so I'm better than you!

P90. There was a solary and a furnished cottage. I accepted at once

P96. I had a family --- my family)

P100. But I could not marry St. John ... a helper

P110 poor blind and crippled! "Yes sir."

2

典范 **Book 9 Jane Eyre** 学案

(For the 1st reading)

I. Questions

** **Setting** 1. When and where is the story set? What do you know about the social background at that time?

When: the mid 19th century.

Where: England (Gateshead Hall, Lowood, Thornfield Hall, Moor House and Ferndean Manor)

Social background: At that time the social status of women was low; as the author had to write with a male's pen name. And there was a gap between the rich and poor.

** **Characters** 2. There are many people involved in Jane's life. Who/What are they?

their mother — John Eyre — father — mother — Mr Reed — Mrs Reed — Gateshead Hall
and later → St John Diana Mary
Jane Eyre
John Eliza Georgiana
Robert (coachman)
couple → Bobby (son)
Bessie
Miss Abbot } (servant)
Mr Lloyd (doctor)

Hannah (servant)
Moor House
wife, daughters

Lowood
Mr Brocklehurst (owner)
Miss Temple (headmaster)
Miss Miller
Miss Scatcherd } (teachers)
Helen (friend)

Thornfield — Blanche Ingram — Mr Briggs (lawyer)
Mr Rochester (master, husband) — Mrs Rochester — brother — Mason
Mrs Fairfax (housekeeper)
Adele (pupil)
John — Mary } (servants)
guardian
Grace Poole
landlord of an inn

3. What kind of person is Jane / Mr. Rochester? (find supporting evidences in the book)

Jane: 1. Independent. At Moor House, she insisted on finding a job and earning her own living instead of relying on others.

2. Brave. After knowing Mr Rochester had a wife alive, she dared to run away alone and with almost nothing.

3. Self-respecting. She regarded herself and Mr Rochester as equal and always stood up to him.

4. Principled. She would rather separate from the man she loved than live as his mistress and suffer from dishonesty. Also she would never marry without love.

5. Strong-willed. She wasn't defeated by the grief of being unable to marry Mr Rochester, but instead, started to build a new life.

6. Generous. She shared the money inherited from her uncle equally with her cousins. She attached much more importance to family love than to wealth.

8. Observant. She could judge whether one was in love from detailed expressions, for example St John's love for Rosamond.

附录二　读书报告和自由阅读演讲词选①

A Book Report of *David Copperfield*
Hastings

I had read this novel many years ago, but it was a Chinese version. I think the novel is very interesting. It has a sad beginning, but it has a quite happy ending.

The writer is Charles Dickens who was a famous Critical realism novelist in the 19th century. He had written a lot of famous novels, such as *Oliver Twist*, *A Tale of Two Cities*. And I think this was the most successful novel in the 19th century. The novel narrates David Copperfield's life. David was very pool when he was a kid. His father had been died before he was born. And he lives with his mother and their housekeeper Peggotty. Then his mother married a cruel man, Mr Murdstone. And he was sent away to a boarding school. He had a happy life there. But he was forced to work at a warehouse when his mother died. Then he found his aunt, Miss Betsey Trotwood, and lived a happier life with her. From here, David began his happy life. He went to work and met many friends. He helped his friends, Uriah Heep and Agnes, resolved the problems caused by them. And he married a beautiful young woman. Sadly, she died. But David became a successful writer and married Agens.

This novel reveals the darkness of the 19th century' social condition. Lots of pool man didn't have enough money and they had to do a lot of work. Their children had to do so. The industrial revolution let science and technology become more and more important, and it promoted the capital to be developed. But there was a crucial problem appeared—social differentiation became more and more serious. This made the society unstable.

This novel sharply showed those problems to us. We should know that everything has two aspect. The social development let people have a rich life, but it also made the people become ruthless. So we have to do something to make the society more and more warm. More people can have a better life!

A Book Report of *David Copperfield*
Michelle

I fall in love with this book after reading the introduction on the Internet. So I began my reading of *David Copperfield* soon.

David Copperfield was written by a England writer Charles Dickens who also wrote some famous novel such as *Oliver Twist* and *A Christmas Carol*.

---

① 感谢提供该读书报告和演讲词的同学。

This book is one of my favorite in *Good English* 10, and it tells a story about David. From the cover of the book, I can tell David is a lovely boy. But his story has a sad beginning.

David didn't have a happy family and he lost his father before his birth and lost his mother at a very young age. He even has a cruel second father, Mr Murdstone, who always beat David. After a fight with Mr Murdstone, David was sent to a boarding school. Later, he left home to find his anut Betsey. They lived a happy life together. Years later, he married Dona. After Dona's death, David married Agnes. This is the story's happy ending.

The book was written in 1850, and the plot was closely related to the Historical background. Many people was forced to work in the factory to make the industry even including some children such as David in this book. Although being tortured, David was still optimistic and love life. I think this is the best thing on David. We should learn from him and cherish the chance of studying!

A Book Report of *David Copperfield*

John

David Copperfield is a good novel set in the Industrial Revolution. It criticized the society and showed that poor people under the pressure looked forward to beautiful future.

The novel told about a boy called David Copperfield and his life story. During his life, he met different kinds of people, beautiful or ugly, friendly or malicious. That must have been a colorful life experience in that period. In his childhood, he was sent to the warehouse to do some boring and harsh work. He completely felt the freezing cold and hunger in the moors. Then he became a lawyer and enjoyed a high-class life. At first, he met J Steerforth, a generous and kind boy, but the society changed him, and money made him greedy. Meanwhile, David developed friendship with Wickfield, but suffered hatred from Heep. Just like other novels, Heep's treachery made Wickfield poor but brought him a lot of power, then David appeared and wrecked his plot. Finally, he lived in a happy life with Agnes.

In this book, I learnt a lot of true life in the Industrial Revolution. From the book I feel during that period the society was full of cruelty, violence, treachery, fraud etc. That must be a night mare in history. In a word, I think it is a great, colorful novel.

A Book Report of *David Copperfield*

Andy

The simplified version began with a smart beginning. The whole story was told by the first person.

In the first chapter, the major character shows up. His name was David Copperfield, a poor boy whose father had been dead before he was born. And when he was a little older, something worse happened to him. Mr Murdstorn married his mother and became his step father. Unfortunately, Mr Murdstorn wasn't a kind man. On the contrary, he was bad and stern and he was strict with David. One day, David was sent to a boarding school. Although the life in the school was difficult, David met his good friend Uriah. Then life played a joke on him, and his mother died and David became an orphan. His life was extremely hopeless. Luckily, David's aunt looked after him and she was good to him. I believed that the story would be over. To my surprise something bad happened to David again. His wife died, and David fell into trouble again. Luckily the book had a good ending. Finally, David became a successful writer and he married Anges.

The book was full of ups and downs. And there were some good sentences in the book. What's more, I got a good lesson, you won't always meet trouble or luck.

A Book Review of *David Copperfield*

Cherry

Recently, I've read a book named *David Copperfield.* David Copperfield was a poor kid that his father had died before he was born. Then his mother married a cruel man named Mr Murdstone. He didn't like David, so he planned to send David to a boarding school. Unluckily, David's mother was dead several months later. Then David was forced to work at a warehouse to make a living. After that, he found his great aunt, Miss Betsey Trotword, and lived a happy life with her.

He was sent to a new school, there he met Mr Mike Field, Agens and had a good time with them. David went to work at a law firm, where he met Uriah Heep, who caused many problems. David solved the problems caused by Heep and married a beautiful young woman. Sadly, she died, but in time David became a successful writer and married Agens.

From this book, I learn a lot and David's experience has inspired me to work towards my own goals. From Uriah Heep, I know we shouldn't cheat friends and we should help others when they are in trouble. From Dora's father, I know that money isn't very important. From the death of some kind men, I know we must keep healthy, because health is the most important possession for us.

At last, work hard and believe yourself, everything will be better!

A Book Review of *David Copperfield*

Carol

This book was written by Charles Dickens. He wrote this story which happened in the Victorian life. Many people became rich whilst others were poor and lived in terrible conditions. Dickens had a poor experience in his life, and in this book, David's experience was similar to him.

David's father died six months before he was born. He lived with his mother and their kind housekeeper Peggotty. But his stepfather was a cruel man who bullied David all the time. David was given good reasons to dislike Mr Murdstone and had similar feelings for his sister. When poor David was sent to the boarding school, his classmates laughed at him, but here he met Steerforth and Tommy Traddles, both of whom he met again later on. When he worked in the warehouse he was accepted by Mr Micawber, but latter he was arrested. David was penniless and the only thing he could do was to find his aunt. Fortunately David's aunt accepted him and gave him a new name. As he grew up, he met Mr Wickfield, his kind daughter Agnes and the most cunning person Uriah Heep. Agnes helped David a lot and made him know Uriah was a powerful enemy. Uriah's scheme made David very angry. After the shipwreck David's best friends died, he was sorry about that. At the end of this story, every good man lived in a good life and David married Agnes at last.

Through David's poor child experience, we can see the dark social background at the time. Through the different characters in this book we can see different human nature in the life. This book is really a good book, Dickens's realism writing style calms me and makes me think of the people around my life and lets me know more about the true life.

A Book That Affects Me the Most

Paul

Thank you, Dear classmates, my topic today is "A book that affects me the most".

When I was fifteen I happened to discover the book *The 7 habits of Highly Effective Teens* written by Sean Covey, and I used it to be a guide to make me become a new man, which continues today—two years later. If only I can roll back the clock to when I was ten, this new book would have saved me five years earlier from loneliness and frustration. This book makes me as a brand new self.

Next, I would like to share two instances in my personal revelation. We teens are busier than any generations before. We have more objectives on our schedule and we work harder. We are immersed in school work, sports teams, clubs, students union. We are out of strength. So how do we manage the time? As Sean said, put first thing first. Personally, I have to be really stressed out many times a month. I am a big fan of Model United Nations, also the class monitor and student council member. There are still academic work ready to be finished everyday. Alas, people cannot be two places at once, right? This issue has troubled me for years until I found this book. Fortunately, Sean has the key to deal with this problem. Keep awareness about my works and consideration of the progress.

The other one I would like to talk about is Sharpen the Saw. As the answer of the question: "If you have eight hours to saw down a tree, how would you do it?" Abraham Lincoln said, "I would use four hours to sharp my saw." I didn't have enough materials before doing a poster once, I got a amount of rework and wasted so much time. I never have the same experience until the cultivation of the good habit, Sharpen the Saw.

Do you like this book? However, it is a real-life guide to help me be my best.

The Book That Lightened Me

Cheryl

It's an impressing book. It talks about a girl's real experience learning English. As we all know, she is poor at English and failed for several times, but at last, she achieved her dream.

It's a magical book. It lets me know a lot about how to succeed. I'd like to say, the door to all the best things in the world will open to me, but the key to that door is in my hand. I must do my part. I must faithfully follow the plans I make and take actions. I must never quit. I must never fear.

In my mind, I can see clearly the things I want to have, the places I intend to go to, the relationships I desire to develop, and the positions I aspire to reach. I can hear my laughter of joy and happiness on the day when everything happens as I dreamed. I can see the smiles on the people around me when the magic moment strikes.

I will no longer fear making new sounds, showing new facial expressions, using my body in different ways, approaching new people, and asking new questions. I will live every single day of my life with absolute passion, and I will show my passion through the words I speak and the actions I take.

I will focus all my time and effort on the most important goal of my life. I will never succumb to challenges of hardships. I will never waver in my pursuit of excellence. After all, I'm the best, and I deserve the best.

Thank you !

The Book That Impressed Me
Echo

April 23 was the seventeenth "world reading day". The theme of it is "reading, make our world more rich". Books are the carrier of human knowledge and culture. It is also the crystallization of human wisdom. It can break through the limitations of time and space, different times, different geographical knowledge and the dissemination of culture.

There is a book that gave me a deep impression. The "pride and prejudice" written by Jane Austin. Believe it or not, I had read it over 10 times in my spare time and I could find different things every time.

Under my poor life experience and knowledge in my adolescence, however, it only seems to be a simple love story between the young men and young women for me. To be honest, I was not able to understand the different social barriers caused by economic conditions.

As time went by, I was in the middle school. I had had the privilege of history lessons about the situation of England in nineteenth Century. Thus I seems to know the different concepts of family status marriage and life between British upper class and common class at that time.

As for now, I've found something new in this masterpiece. Several days ago, we watched the movie of "Pride and Prejudice". It really hit me. To my amazement, I realized that what the author really wanted to shape is opposite and true love, which can transcend the different sectors of the elimination of pride and prejudice.

In a word, I really enjoyed the story.

Reading is an important means for people to obtain knowledge and information. Meanwhile it is an important way to absorb spiritual energy.

The Book That Encourages Me
Peter

Ladies and gentlemen, it is my great honor to stand here and give this speech. Today I would like to introduce a book to you, the book that encourages me. One of the greatest authors, Bacon, once remarked that reading makes a full man, conference a ready man and writing an exact man. I can't agree more, for the reason that there is a book that does encourage me and does me a favor to regain my confidence. It is *Stray Birds*.

The knowledge revealed in *Stray Birds* is enormous and provides me with much energy to move on. There are 384 pieces of verses in it and most of them contain much philosophy of living. One of the most classical verse is that " the branches are the roots in the sky, and the roots are the branches in the ground." This line makes me believe that some failures may mentally hurt us a lot. However, they would help us as well to deal with the frustrations in the future much better than before.

Maybe you are wondering why I would favour this book. That's just because the Stray Bird used to stick a sympathy chord in the heart of me. It was nearly two years ago right after the High School Entrance Exam. I failed to be admitted to the ideal school which I had been longing for since I was six. Though I was told to ignore it for I still have a long way to go, not satisfying the demand really made a hard time for me. I thought I was a loser at that time. I locked myself in my room and refused to acknowledge the fact. Quite by accident I caught sight of a book named *Stray Birds* in my room. What fascinated me most was the sentence printed on the cover which said " if you shed tears when you miss the sun, you also miss the stars". It occurred to me that this exam is not the decisive factor in my life. What's more, I realized that something I will never lose is my magnificent future if I am not going to drop away my confidence of course.

Now I firmly believe it is the book *Stray Birds* that helps me to find out how important the confidence is. And it is the book *Stray Birds* that urged me to look forward but not to look back to the past. It encourages me indeed. Thus I recommend it to you sincerely.

Thank you.

The Book That Has Awaited Me
Lydia

Thank you for giving me such a chance to stand there to deliver a speech.

As is known to all, there are trillions of books in this world. Piling on the shelves, showing off their well designed covers, they are always waiting for someone to pick them out and read them.

There are too many books in this world. There are weeds among seedlings. Books are like people, they have thoughts. Bad thoughts are formidable, for they can be planted in peoples' mind without being noticed. However, those good books in which good thoughts are hidden are like gentle sunshine. They are soft but energetic. They spread the seeds of wisdom and melt the hearts of the girm. That's what good books do.

And there is always a book, waiting for me to explore the good thoughts, building me to be a better person. *Little prince*, a fairy tale about a boy's adventure, taught me the importance of being pure. *A Study in Scarlet*, revealed the charm of logic for me. And *the*

Analects of Confucius, the fountain of ancient wisdom, let me have a taste of the thinking at that age. *Cloud Atlas*, a book I read recently, shows me the immensity of the universe and the variation of people. Before I read them, they are all kinds of books that wait for me, after my reading, they become parts of my soul. There is always a book, waiting for me, to explore the unknown world in them. The good books have their own glory, attracting me to touch on their covers, to read them.

And I am convinced that there is always a book waiting for me to write, to write down all these fabulous thoughts bouncing in my heart. However, before that, I still have a long way to go.

Now, the adventure has started. Let the books be my company. Let's go.

The Book That Attracts Me

Linda

Good afternoon, ladies and gentlemen,

I feel honored to be here to deliver my speech. Today, I want to introduce you the book that comforts me. Its name is *A Thousand and One Nights*. It might sound ridiculous that I, a Senior Two student, am deeply into some bed-side stories for children. To explain this, I'll tell you a story first. It is also the origin of the book. Now here's the story.

Once upon a time, there was a brutal king. The previous queen betrayed him, making him so furious that he did something excessively terrible. Every morning, he married a virgin, then killed her at midnight. He did this for years. People began to move away in a panic, leaving the country deserted.

To save the country, a daughter of the vizier volunteered to marry the king. Everything went the same old way until that night. Then the king was standing at her door. Instead of sobbing, he heard her talking to her sister. Out of curiosity, he stood and listened. It was a story. When she finished, the dawn was breaking. The sister asked for one more, then she answered, " If my Master would let me live for one more night, I would love to". In order to hear another story, he left in silence without killing her.

And that was it. Night after night, the girl told stories one after another. They could be any type, but amazing all the time. The girl was clever. She successfully controlled the pace of the story so that the climax always came with the sunrise, when she stopped speaking. In this way, she managed to survive. Finally, after a thousand and one nights, the king was moved by her sincerity and determination. He made her the queen and lived happily ever after.

It is a typical romantic story, the typical "happily ever after" ending. Perfect, isn't it? However, life isn't always what you think it ought to be. Sometimes, everything just goes wrong, and therefore we'll need a story like this to cheer us up, to keep us optimistic and hopeful. And that's why I love this book so much, especially when I'm down. Beautiful and imaginary as it is, it creates a dream world, a shelter for me to run away from the reality for a while, to bring back the courage to face the world.

That's all for my speech. Thanks for listening.

The Book That Has Changed Me

Sandy

Good afternoon, ladies and gentlemen. Today it's my honor to stand here and to share my own story of a book. As the saying goes books are to mankind what memory is to the individuation. It shows the importance of reading books. However, I wasn't aware of the significance of reading books until Junior 1. Someone may say it was too late. Unwillingly but I was obliged to admit that it was true. At that time, I was immersed into my own world and hardly communicated with others. Until one day, I was teased by my classmates for the simple reason that I had never read the book *Pride and prejudice* . Certainly I was so angry that I began to read the book. The moment I picked up the book, I couldn't put it down. So every time I got up I read the book, every time I went to the bed I read the book and even during the lunch time. It was a story whose main idea was the love between different social statuses. The story followed the main character Elizabeth Bennet as she dealt with issues of manners, upbringing, morality, education, and marriage in the society of early 19th-century England. I was attracted by the personality of Elizabeth. Gradually I began to understand the importance of reading books and enjoyed the happiness of appreciating the literature.

Magical but real I have changed from a lonely girl to an active girl. It is because what I have learned from the literature really leads me to become an excellent person. I have learned the independence from Elizabeth, the modesty from Mr Darcy and the lifestyle in the early England. It also lets me believe the true love can beat everything.

Finally, I have found that not only do I obtain a pleasant feeling, I also have fulfilled my spiritual accomplishment from reading literature. That's all the things I have learned from my whole story, Thank you.

附录三　"文学圈"阅读模式分工清单

Discussion Director/Summarizer

Date：＿＿＿＿＿＿＿＿

Novel you're reading：＿＿＿＿＿＿＿＿＿＿＿＿＿

Pages read to prepare for this discussion：＿＿＿＿＿＿＿

As the Discussion Director, it is your job to be in charge of your group discussion and also write down some good questions that you think your group would want to talk about. List a minimum of five thought provoking questions below. (Think of these starters：Why…, If…, What…, Who…, and How…)

1）

2）

3）

4）

5）

Summary

Language Master/ Literary Luminary/Passage Person

Date: _____

Novel you're reading: _____

Pages read to prepare for this discussion: _____

As the Language Master/Literary Luminary, it is your job to read aloud some sentences or paragraphs in order to help your group members remember some interesting, powerful, puzzling, or important sections of the text. You decide which passages or paragraphs are worth reading aloud, and justify your reasons for selecting them. Write the page numbers and paragraph numbers on this form along with the reason you chose each passage. You must choose a minimum of 3 passages.

Language selected and page # where found:	Reasons why the language was selected:

Connector/Theme Analyst

Date: _____

Novel you're reading: _____

Pages read to prepare for this discussion: _____

As the Connector, it is your job to find connections between the novel your group is reading and the outside world. This means connection the reading to:

* Your own life * Happenings at school or in the neighborhood
* Similar events at other times and places * Other books or stories
* Other writings on same topic * Other writings by the same author

Think about a minimum of two connections today's reading reminded you of. List the connection and explain how the events are similar.

1)

2)

Character Captain/Character Analyst

Date: _____

Novel you're reading: _____

Pages read to prepare for this discussion: _____

As the Character Captain, it is your job to share observations you have about the main character(s). Select three adjectives that describe one or more of the characters in your novel, and support your selection with an example taken from your reading assignment.

Character	Specific Example of behavior/action:
Character Adjective:	Page: _____ Paragraph: _____
Character Adjective:	Page: _____ Paragraph: _____
	Page: _____ Paragraph: _____

Plot Analyst

Date：＿＿＿＿＿＿

Novel you're reading：＿＿＿＿＿＿＿＿＿＿＿

Pages read to prepare for this discussion：＿＿＿＿＿＿

As the Plot Analyst, it is your job to read the novel carefully and fill in the blanks using some key events or some words.

Setting
Beginning
Development Plot
Turning point（points）
Climax
Ending

Artistic Adventurer（**Optional**）

Date：_____

Novel you're reading：_____

Pages read to prepare for this discussion：_____

As the Artistic Adventurer it is your responsibility for sharing an artistic representation of the material you read for today's Literature Circle. Some ideas for sharing may include：a character, the setting, a problem, an exciting part, a surprise, a prediction, or anything else. Examples of genres for expression may include：

* Artwork * Music * Poetry * Collage * Mobile

Have fun! Let your imagination soar!

What I shared：_____

In the space below please provide a written description of what you shared and explain how it represents a facet of the assigned reading.

附件四　选修课课程纲要

英文原著阅读与欣赏：《相约星期二》
课程纲要

课程名称：英文原著阅读与欣赏：《相约星期二》
开发者：Z 省 X 中学 XX
课程类型：知识拓展类效本选修课程
授课对象：高一、高二学生
课时安排：16 课时

一、前言

　　传统的英语教学大多是遵循"教学—考试"的路子，这样的教学往往把生动的充满灵性的语言肢解成为语言知识和语言技能来灌输，这种教学方式造成片面注重语言的工具性而忽略语言的人文性的被动局面，可以说这也正是目前语言教学"费时多，效率低"的罪魁祸首。该选修课就是针对语言教学中的这一弊端尝试在高中英语教学中引进英文文学原著作为教学内容的方式，旨在凸显语言的工具性的同时，更加注重挖掘语言的人文性。

　　《相约星期二》是一个真实的故事：年逾七旬的社会学教授莫里在 1994 年罹患肌萎性侧索硬化症（ALS，俗称"渐冻人"），一年以后与世长辞。作为莫里早年的得意门生，米奇在老教授缠绵病榻的 14 周里，每周二都上门与他相伴，聆听他最后的教诲，并在他死后将老师的醒世箴言缀珠成链，冠名《相约星期二》，这是一本进行人生教育和生命教育的绝佳教材。高中学生逐渐步入成年期，对生活中比如家庭、情感、金钱、死亡等一些重大问题已经开始有自己的思考，而我们传统教育中对这些和分数无关的问题往往避而不谈，《相约星期二》正是人生教育和生命教育的绝佳教材。可以说这本书直视青少年成长的过程中遇到的困惑和烦恼，在英美国家该书被广泛选为文学阅读教材，并被改编成为电影、话剧等艺术形式。这本书在 F 中学的高一年级作为必读的英语教材，读后在学生中引起了强烈的共鸣，很多学生说这本书是目前为止他们最喜欢阅读的一本书。

二、课程目标

1. 语言知识和语言技能

- 通过阅读和理解该小说的内容，起到扩大学生的词汇和提高学生英语原著的阅读理解能力。
- 通过课堂的讨论和分享，提高学生的文学鉴赏能力和思维能力。
- 通过写书评，加强专项写作技能。

2. 文化意识和情感态度

- 理解小说中出现的基本的美国文化现象，培养学生的国际视野和对异域文化的判断和融合能力。
- 探讨小说中有关社会、人生的问题，能批判地接受和理解作者的观点并能从不同的角度思考这些重大问题，进而培养学生的评判性思维能力和独立思考的能力。
- 通过发掘小说中积极的人生观和价值观，让学生反思自己的人生观和价值观进而帮助学生形成正确的人生观和价值观。
- 激发学生对英文原著的兴趣，为今后的英语学习和终身的发展打好坚实的基础。

3. 学习策略和方法

- 通过阅读、讨论、诵读、话题讨论等课堂活动，培养学生对文学作品的阅读和欣赏能力。
- 通过小组活动，培养实践和探究的能力，发现最适合自己的学习方式。

三、课程内容

1. 课程构成

本课程以英文原著 *Tuesdays with Morrie* 为教材，在 18 节课(40 分钟一节课)内完成全书的阅读教学任务。全书的阅读分为导读、主题阅读、总结提升等几部分。在导读部分共安排两节课，主要是让学生阅读小说主体前做好铺垫，内容包括小说的写作背景、人物、主要情节等。主题阅读共安排十节课左右，包括小说的主干内容，莫里教授和学生的 14 周的谈话，这些谈话的主题涵盖了世界、死亡、爱情、人性等主题，通过阅读和欣赏旨在引发学生的思考。总结提升部分的教学包括整本小说阅读的任务展示和书评写作等内容。

2. 课程安排

该小说主体部分共 14 章，每节课大概完成一章的阅读和教学任务，根据小说的情节和内容在具体教学中会采用不同的课型，具体的课型如下：

任务展示课：阅读前把阅读任务分配给各小组（通常是周末或假期前，以确保学生有充足的阅读时间），这些任务包括小说的情节(plot)、人物分析(character analysis)、精彩语句或段落赏析(good paragraphs)等，每个小组可以选择一个主题做好展示作业（大多是 PPT 形式）发到指定的邮箱，在学生展示前老师会批阅学生的作业，提出修改意见，然后集中在某个教学时段让学生展示他们的作业，其他同学可以根据同学的展示做好笔记并就同学的展示提出问题。

读写实践课：学生在课外的阅读时间还是有限的，在课堂上也要保证学生一定的阅读时间和阅读量，课堂上的阅读形式以精读和出声朗读为主，主要是让学生阅读一些重点章节，重点段落，让学生一起阅读品读分享，要给学生读出声的机会，让学生展示自己优美的语音和语调，诵读出经典文学作品的魅力，还可以结合一些主题来读，比如让学生读人物对话、读人物描写、读景物描写、读心情描写、读最喜欢的段落等。读后偶尔会穿插一些写的活动，目前我尝试过的写的活动有阅读后回答问题，这个活动基本上是每章节都有，每章节读后会以 Reading Comprehension Check 的形式设置 4~5 个经典的问题来检查学生的理解，几章读完后或整本书读完后会让学生选取一个角度写小书评

（book review）

综合分析课：综合分析课以讨论、分享为主，讨论是针对所读作品某一问题或信息，小组成员发表意见，同伴间交流看法、交换意见，讨论是交互影响、相互启发的小组合作学习。分享时个体与群体的互动，分享的内容包括人物分析、情节分析、解析难懂的语句和段落、谈论阅读心得、体会和经验、换位思考、预测下章等活动，综合分析课的课堂组织形式有师生互动式分析、生生互动式分析、小组互动式分析等形式。

欣赏表演课：阅读完部分章节或整本书后，根据具体情况让学生观看该书的电影版、电视版或者话剧等其他艺术形式的片段或全部，然后让同学选取部分章节尝试表演，他们分工明确，有的同学改写剧本，有的同学导演，有的同学负责旁白，有的同学负责剧务，经过同学们的分组排练后，再集中分组表演他们选取的章节或精彩片段，学生甚至还可以通过手机或相机摄像，拍摄表演过程，再拿到课堂上和同学一起分享。

附：课时安排

总课时	授课内容	课时数
16 课时	Introduction+pp. 1—41	1
	The First Tuesday pp. 48—54	1
	The Second Tuesday pp. 55—61	1
	The Third Tuesday pp. 62—80	1
	The Fourth Tuesday pp. 81—89	1
	The Fifth Tuesday pp. 90—99	1
	The Sixth Tuesday pp. 100—113	1
	The Seventh Tuesday pp. 114—121	1
	The Eight Tuesday pp. 123—128	1
	The Ninth Tuesday pp. 130—141	1
	The Tenth Tuesday pp. 142—151	1
	The Eleventh Tuesday pp. 152—163	1
	The Twelfth Tuesday pp. 163—170	1
	The Thirteenth Tuesday pp. 171—17961	1
	The Fourth Tuesday pp. 181—192	1
	Conclusion	1
		16

四、课程实施

（一）本课程教学应当遵循的基本原则

　　1. 以学定教的原则。学是教学过程中的关键，阅读教学中根据学生的实际情况以学定教，并且尽力充分发挥学生的主观能动性，尊重学生的个性差异，尽力让全体学生都有所收获。

　　2. 阅读和思考结合的原则。这本小说充满了哲理，处处都是值得思考的名言警句，阅读中尽力打开学生的思维，让学生结合自己的生活经历去思考作者对一些重大问题的观点，旨在培养学生的独立阅读能力和评判性思维能力。

　　(二)教学评价的原则和要求

　　1. 成绩评定

　　本课程的成绩评定由三部分组成：课堂活动(30%)+出勤率(10%)+作业(20%)+测试(40%)。其中课堂活动包括在教学过程中的任务展示、讨论等活动，作业包括课程小论文、回答问题等，测试的形式是写书评。

　　2. 学分认定

　　缺勤不超过两次、成绩 60 分以上均给予 1 个学分。

附录五　文学阅读导学案选

Literature learning plan 4:

Undersea Travel with the *Nautilus*

I. Comprehension

1. Write down the names of the route of the undersea travel, and then mark them on the world map.

North Pacific Ocean→_____ (P29)→along the _____ (P30)
→head north to _____ (P30) →sailed south past _____ (P36)
→_____ (P36)→spotted _____ (P37)
→through _____ (P37)→toured _____ (P37)
→passed by _____ (P47)→into _____ (P57)
→_____ (P66) →drifting passed _____ (P74)
→off _____ (P85)→the Lofoden Isles

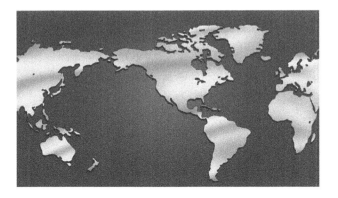

2. During the adventures with the Nautilus, Aronnax, Conseil and Ned Land plotted mainly 4 escapes. Find the information in the story and finish the table below.

Escapes	What was the plan/what happened	Aronnax's attitude	result
Stay at the Island of Gilboa			
Escape to New York			
Escape to the battleship			
Escape to Norway			

3. The sea in the eyes of Aronnax, Nemo and Ned.

Aronnax	
Nemo	
Ned	

4. The story tells of the adventures of three men, who are held captive at sea by Captain Nemo. They adventure across the world beneath the oceans meeting many challenges.

adventures	What they experienced	result
Bird Island		
Shark attack		
Iceberg trapping		
Fight against squids		

5. How different are the attitudes towards the following two incidents.

Incidents	Different opinions
Massacre orcas	
Sinking the battle ship	

II. *20000 Leagues Under the Sea* is a classic science fiction by French writer Jules Verne, published in 1870. Find some background information about the author and the novel.

_____

_____

_____

_____

_____

III. It seems that Conceil is a flat character. Why does the writer create such a character in the story?

_____

_____

_____

IV. Further thinking

1. List the conflicts of the story, and which is the main conflict in your opinion? Why?

_____

_____

_____

2. Analyze the themes of the story.

The main theme:

_____

_____

_____

Minor theme:

_____

_____

_____

_____

3. What do you think happened to the Nemo after the incident with the whirlpool?

_____

_____

_____

4. Talk about whale hunting. Why do some people hunt whales? What's your opinion of it? Why?

_____

_____

_____

_____

5. Think critically and talk about something in the novel that you think is unreasonable or impossible in reality.

_____

_____

_____

_____

6. Write a short summary of the story. (about 100 words)

_____

_____

_____

_____

附录六　高三群文阅读时文及解读样例

Lesson 1　Journal of the First Voyage toAmerica
Christopher Columbus

This account begins nine days after Columbus landed on San Salvador.

SUNDAY, OCT. 21ST[1492].

At 10 o'clock, we arrived at a cape of the island, and anchored, the other vessels in company. After having dispatched a meal, I went ashore, and found no habitation save a single house, and that without an occupant; we had no doubt that the people had fled in terror at our approach, as the house was completely furnished. I suffered nothing to be touched, and went with my captains and some of the crew to view the country. This island even exceeds the others in beauty and fertility. Groves of lofty and flourishing trees are abundant, as also large lakes, surrounded and overhung by the foliage, in a most enchanting manner. Everything looked as green as in April in Andalusia. The melody of the birds was so exquisite that one was never willing to part from the spot, and the flocks of parrots obscured the heavens. The diversity in the appearance of the feathered tribe from those of our country is extremely curious. A thousand different sorts of trees, with their fruit were to be met with, and of a wonderfully delicious odor. It was a great affliction to me to be ignorant of their natures, for I am very certain they are all valuable; specimens of them and of the plants I have preserved. Going round one of these lakes, I saw a snake, whither we killed, and I have kept the skin for your Highnesses; upon being discovered he took to the water, whither we followed him, as it was not deep, and dispatched him with our lances; he was seven spans in length; I think there are many more such about here. I discovered also the aloe tree, and am determined to take on board the ship tomorrow, ten quintals of it, as I am told it is valuable. While we were in search of some good water we came upon a village of the natives about half a league from the place where the ships lay; the inhabitants on discovering us abandoned their houses, mad took to flight, carrying off their goods to the mountain. I ordered that nothing which they had left should be taken, not even the value of a pin. Presently we saw several of the natives advancing towards our party, and one of them came up to us, to whom we gave some hawk's bells and glass beads, with which he was delighted. We asked him in return, for water, and after I had gone on board the ship, the natives came down to the shore with their calabashes full, and showed great pleasure in presenting us with it. I ordered more glass beads to be given them, and they promised to return the next day.

A. Author and Background

A. Author and Background

Christopher Columbus（1451—1506）one of the most famous Italian explorers in history. He led a series of four voyages to the Americas between 1492 and 1502. In the 1450s the only known way, to India from Europe involved travelling through Turkey. When the Turks announced a new tax on Europe's profitable overland trade with India in 1453, Portugal and Spain began to look for a sea route to India.

B. Vocabulary and Discrimination

B1. New Vocabularies.

cape	*n.*	海角
anchor	*v.*	抛锚
dispatch	*v.*	处理
save	*prep.*	除……以
exceed	*v.*	领先；超过
fertility	*n.*	肥沃
foliage	*n.*	植物的叶子(总称)
melody	*n.*	旋律
exquisite	*adj.*	精致的；优美的
obscure	*vt.*	使……模糊不清，掩盖
affliction	*n.*	痛苦
whither	*adv.*	到哪里，什么目的
Highness	*n.*	殿下，阁下(用作对皇室成员的尊称)
lance	*n.*	长矛，标枪；长矛骑兵
quintal	*n.*	公担(公制重量单位，＝100 公斤)
abandon	*vt.*	放弃，抛弃；离弃，丢弃
hawk	*n.*	鹰
bead	*n.*	有孔小珠，念珠
calabash	*n.*	葫芦

B2. 难句译注

1. After having dispatched a meal, I went ashore, and found no habitation save a single house, and that without an occupant.

匆忙吃完饭后，我上了岸，发现除了一栋空无一人的房子外，这里没有人烟的迹象。

save 在句中是介词，相当于 except。

例如：They knew nothing about her save her name. 除名字外，他们对她一无所知。

2. The diversity in the appearance of the feathered tribe from those of our country is

extremely curious.

这里的鸟类和我们国家的鸟类看起来极其不同。句中 the feathered tribe 指鸟类。

3. While we were in search of some good water we came upon a village of the natives about half a league from the place where the ships lay; the inhabitants on discovering us abandoned their houses, mad took to flight, carrying off their goods to the mountain.

我们在寻找饮用水的过程中，我们在停船半里格的地方见到了一座当地人的村庄，那里的居民一发现我们就弃家逃走，还把值钱的东西带到山里。

league 里格，长度单位，约等于 4000 米。

B3. Essential Words：在例句中选出和文本中画线词汇同义的选项。

1. At 10 o'clock, we arrived at a cape of the island, and anchored, the other vessels in company.

A. If the company refuses to pay you more, then find another job.

B. I have company this evening.

C. There was almost no wind—only the flowers of our fire for company.

2. …we had no doubt that the people had fled in terror at our approach…

A. Our approach frightened the birds away.

B. At the meeting they discussed three different approaches to the study of mathematics.

C. All approaches to the town were blocked.

3. Everything looked as green as in April in Andalusia. The melody of the birds was so exquisite that one was never willing to part from the spot,

A. The long wall parts the city into two areas.

B. We parted at the airport unwillingly.

C. The wind parted the smoke just enough for him to catch sight of her.

4. While we were in search of some good water we came upon a village of the natives about half a league from the place where the ships lay;

A. The survivors lay on the beach, tired and shocked.

B. A desert lay before us.

C. The value of diamond lies in hardness.

C. Understanding and Thinking

C1. Understanding of the Text（根据文章的内容回答下列问题）

Answer the following questions based on the text you have just read.

1. How did Columbus reacted to the scenery on the island?

2. How long did Columbus plan to stay on the island?

3. Based on Columbus' journal, how he get on with the local people?

C2. Inferential Thinking Based on the Text（根据文章的内容回答下列问题）

Cite some evidence to support your opinion on Columbus reaction to the scenery on the island.

1. Supposed you were a local, what was your response to Columbus' arrival?
2. What do you think of the value of Columbus' exploration?

D. Extension and Usage

D1. Language in Use(阅读下列材料，在空白处填入适当的单词或括号内单词的适当形式)

Columbus Day, _____ (1) is on the second Monday of October, remembers Christopher Columbus' _____ (2) to the Americas on October 12, 1492. Some Americans celebrate the anniversary of the discovery of their country with church services and other _____ (3). In some towns and cities, special church services, parades and large events _____ (hold) (4). Many celebrations happen in the Italian-American community. The celebrations in New York and San Francisco are _____ (particular) (5) noteworthy. In Hawaii Columbus Day is also known _____ (6) Landing Day or Discoverer's Day.

Columbus day is a public holiday in many parts of the United states, but is not a day _____ (7) in some states. Some government offices are closed because Columbus Day is still a federal government holiday. But many businesses and shops are open in states that don't have Columbus Day as a public holiday. Schools are not required _____ (close) (8) but check with your school district _____ (9) school calendar. The same _____ (go) (10) for post offices-check with your local post office.

D2. Literary Bank：文学积累：朗读从文中摘录的文字，注意划线部分的词和短语，并选用文中划线部分的短语翻译后面的句子。

This island even <u>exceeds the others</u> in beauty and fertility. Groves of lofty and flourishing trees are abundant, as also large lakes, <u>surrounded</u> and overhung by the foliage, <u>in a most enchanting manner</u>. Everything looked as green as in April in Andalusia. The melody of the birds was so exquisite that one was never <u>willing to part from</u> the spot, and the flocks of parrots <u>obscured the heavens</u>. The diversity in the appearance of the feathered tribe from those of our country is extremely curious. A thousand different sorts of trees, with their fruit were <u>to be met with</u>, and of a wonderfully delicious odor. It was a great affliction to me to <u>be ignorant of</u> their natures, for I am very certain they are all valuable; specimens of them and of the plants I have preserved.

1. 他对现代科技一无所知。
2. 这座小村庄是如此美丽以致村民们都不愿意离开它。
3. 我们学校被群山包围。
4. 乌云遮蔽了天空。
5. 他的建议受到了表扬。